BEGINNING
SPANISH
BILINGUAL DICTIONARY
A BEGINNER'S GUIDE IN WORDS AND PICTURES

Gladys C. Lipton

Coordinator of Foreign Language Workshops
Department of Modern Languages and Linguistics
University of Maryland, Baltimore County
Baltimore, Maryland

Olivia Muñoz

Director of Foreign Languages
Board of Education, Houston Public Schools,
Houston, Texas

Second Edition

Barron's Educational Series, Inc.

Dedicated, with affection, to
Robert Lipton and Raúl Muñoz

All inquiries should be addressed to:
Barron's Educational Series, Inc.
250 Wireless Boulevard
Hauppauge, New York 11788

Library of Congress Catalog Card No. 89-6850

International Standard Book No. 0-8120-4274-3

Library of Congress Cataloging in Publication Data

Lipton, Gladys C.
    Beginning Spanish bilingual dictionary: a beginner's
guide in words and pictures / by Gladys C. Lipton,
Olivia Muñoz. — 2nd ed.
        p.   cm.
    English and Spanish.
    Summary: Approximately 2600 entries include the
definition, phonetic transcription, use of word in a sentence,
translation, and a picture, if feasible.
    ISBN 0-8120-4274-3
    1. Spanish language—Dictionaries, Juvenile—English.
2. English language—Dictionaries, Juvenile—Spanish.
[1. Spanish language—Dictionaries—English.   2. English
language—Dictionaries—Spanish.]   I. Muñoz, Olivia.
II. Title.
PC4628.L5 1989
463'.21—dc20   89-6850
                                                      CIP
                                                       AC

PRINTED IN THE UNITED STATES OF AMERICA

456   5500   12 11 10

Table of Contents
Tabla de materias

INTRODUCTION

The *Beginning Spanish Bilingual Dictionary* is a book which will provide both pleasure and functional service. While it is primarily a tool for students in school who are studying Spanish or English as a new language, it will also bring many hours of "thumbing-through" enjoyment to everyone (children and adults) who likes to look at pictures, who delights in trying to pronounce new sounds, and who is enthralled with the discovery of reading words they already know how to say and understand.

This dictionary will assist in the understanding of written Spanish and English and will be an aid in the expansion of vocabulary. It can also be a motivational instrument as students are able to look up what they want to say, thus making their foreign language study relevant to their needs and interests. This functional use of the dictionary would apply to beginners of all ages studying in formal class situations or on an individualized, exploratory basis.

In addition to providing assistance with speaking and reading activities in Spanish and English, the dictionary will be a guide for helping beginning language students to write simple compositions based on dialogues learned in class. It will also be a ready reference for the writing of pen-pal letters, for homework assignments involving idiomatic usage, for answering questions in Spanish, and for creative language projects, such as cartoons and poetry.

Basis of Word Selection

The selection of words in the Spanish listing is based on a survey of basic words and idiomatic expressions used in beginning language programs in FLES and Level I and in simple reading materials. The words in the English listing have been checked with the first thousand most frequently used words on the *Thorndike-Lorge Frequency List* as well as with a survey of words and expressions used by beginning students and words found in juvenile and adolescent literature.

Use of Pictures

An important component of this dictionary is the use of pictures throughout the book. Pictures are used widely in foreign language and English as a second language classes for a number of reasons. First, they are used for presentation of new work in order to establish direct meaning for the students, without interference by the native language. It must be remembered, however, that pictures that convey exact meaning are not always feasible, and this is why not every word listed in the dictionary has an accompanying picture. A second use of pictures at this level is as a cue to conversation after a dialogue has been learned. Pictures are also used for review of materials learned previously. Therefore, pupils who have had extensive practice in associating pictures with meanings in the foreign language will be able to use this dictionary with ease.

Special Features
The dictionary has a number of unique features.

1. The controlled vocabulary and idiomatic listings make it highly usable for beginners because they are not overwhelmed by too many words, explanations, and definitions. Other dictionaries of this type have tended to discourage beginners from consulting them because the definitions have all been in Spanish or English.
2. The pronunciation key,* pictures, definitions, and sentences in Spanish and English will aid the student in using this dictionary independently. The use of both languages will facilitate understanding and will promote activities of exploration and self-instruction.
3. The selection of words and idiomatic expressions has been based on frequency lists, content of courses, and reading materials at the beginning language student's level and on the natural interests of young people. It should be noted that

---

*The *phonemic* alphabet is based on a comparative analysis of English and Spanish sounds; it uses only Roman letters, with minimal modifications.

current words have been included to appeal to expanding interests and experiences.

4. Several special sections have been included to extend the interests of students of Spanish and English. Among these are:

   a. personal names in Spanish and English
   b. parts of speech in Spanish and English
   c. numbers 1-100 in Spanish and English
   d. days of the week, months of the year in Spanish and English
   e. Spanish verb supplement

HOW TO USE THIS DICTIONARY

The dictionary contains approximately 1300 entries in the Spanish-English vocabulary listing and an equal number of English words and expressions in the English-Spanish vocabulary listing. Each Spanish entry consists of the following:

1. Spanish word
2. phonemic transcription
3. part of speech
4. English definition(s)
5. use of word in Spanish sentence
6. English translation of Spanish sentence

Each English entry consists of the following:

1. English word
2. phonemic transcription
3. part of speech
4. Spanish definition(s)
5. use of word in English sentence
6. Spanish translation of English sentence

In addition, many word entries in both the English and Spanish sections include an illustration.

To Find the Meaning of a Spanish Word or Expression

To find the meaning in English of a Spanish word, look through the alphabetical Spanish-English listing for the word or expression and the above-mentioned information about the word.

To Find the Spanish Equivalent of an English Word or Expression

To find the meaning in Spanish of an English word, look through the alphabetical English-Spanish Word Finder listing for the word or expression. Then, look up the word in the Spanish-English vocabulary for the above-mentioned information about the word.

CAUTION: Some words have more than one meaning. Read the entry carefully to determine the most suitable equivalent.

You may also wish to check the English-Spanish vocabulary for the information listed above.

To Find Verb Forms

Special mention should be made of the treatment of verbs in this dictionary. Since only the present tense is used actively in most beginning language programs, verb forms only in the present tense have been included, except for past participles used as adjectives and the conditional of *gustar*. For regular verbs, only the infinitive is listed, with all the forms of the verb in the present tense included in the entry. There is no cross-listing of the forms of regular verbs. For some irregular verbs, each form of the present tense is given (first, second and third persons, singular and plural) in a separate listing with cross-reference to the infinitive. Here, too, under the infinitive listing, all the forms of the verb in the present tense are included in the entry.

NOTE: The "vosotros" form of the verb has been included in parentheses for each complete listing of verbs; it should be noted that the use of this form is limited outside of Spain.

Since a conjugated verb form (e.g. *estoy, estás, está*.) carries an understood subject (e.g. *yo, tú, ella*, etc.) many examples will not have an expressed subject (e.g. *Tiene un libro.* She has a book).

All forms of selected irregular verbs also appear in the Spanish verb supplement.

Alphabetical Listing

In the Spanish-English listing, words beginning with *CH* follow the listings for *C*; words beginning with *LL* follow the listings for *L*; in the English-Spanish listing, all words are in alphabetical order.

ESPAÑOL-INGLÉS
SPANISH-ENGLISH

Spanish Pronunciation Key

1. Many Spanish sounds do not have an exact English equivalent.
2. The Spanish-American pronunciation is used throughout.
3. Capital letters in the phonemic symbols indicate the syllable which receives the emphasis. For example, den-TEES-ta.
4. Consonants not listed are approximately the same in Spanish and English.

VOWELS

Spanish Spelling	Spanish Example	Phonemic Symbol	Sounds something like English word
a	la	a	father
e	pero	e	pet
i, y	disco, y	ee	keep
o	oficina	o	open
u	útil	u	too
ie	cierto	ye	yesterday
ei	seis	ay	say
ai	bailar	aee	fight

CONSONANTS

Spanish Spelling	Phonemic Symbol in this Dictionary
b, v	b
c + a, o, u	k (as in *kitten*)
c + e, i	s (as in *sit*)
ch	ch
g + a, o, u	g (as in *go*)
g + e, i	j (like the *h* in *house*)
gu + e, i	g (as in *go*)
h (silent)	—
j	j (like the *h* in *house*)
ll	ly (as in *million*): y (Spanish American)
ñ	ny (as in *onion*)
qu	k
rr	rr (strong rolling sound)
v	b
x	ks, gs
y	y (as in *yellow*)
z	s

x

A

a A preposition   at, in, to
Ellos van a México.
They are going to Mexico.

---

a causa de a-KAU-sa-de   adverb   because of
A causa de esta fiebre, tengo que ver al doctor.
Because of this fever, I have to see the doctor.

---

a la derecha a-la-de-RE-cha   preposition   to the right
El auto dobla a la derecha.
The car turns to the right.

---

a la izquierda a-la-is-KYER da   to the left
Enrique se sienta a la izquierda de Carlos.
Henry sits to the left of Charles.

---

el abanico a-ba-NEE-co   noun, masc.   fan
Usa el abanico porque hace calor.
She uses the fan because it's hot.

---

la abeja a-BE-ja   noun, fem.   bee
A la abeja le gustan las flores.
The bee likes flowers.

---

abierto a-BYER-to   adjective, masc.   open
abierta (fem.)
La caja está abierta.
The box is open.

---

el abogado a-bo-GA-do   noun, masc.   lawyer, attorney
Mi papá es abogado.
My father is a lawyer.

---

el abrigo a-BREE-go noun, masc. coat
Hace mucho frío. ¿Dónde está mi abrigo?
It's very cold. Where's my coat?

---

abril A-BREEL noun, masc. April
En abril llueve mucho.
It rains a lot in April.

---

abrir A-BREER verb to open

Yo abro	Nosotros abrimos
Tú abres	(Vosotros abrís)
Él, Ella, Usted abre	Ellos, Ellas, Ustedes abren

Marcos abre la puerta.
Mark opens the door.

---

la abuela a-BUE-la noun, fem. grandmother
La abuela prepara la comida.
The grandmother prepares the food.

---

el abuelo a-BUE-lo noun, masc. grandfather
Mi abuelo va a la pesca.
My grandfather goes fishing.

---

aburrirse a-bu-RRIR-se verb to be bored

Yo me aburro	Nosotros nos aburrimos
Tú te aburres	(Vosotros os aburrís)
Él, Ella, Usted se aburre	Ellos, Ellas, Ustedes se aburren

¿Cómo puede aburrirse con tanta película de televisión?

How can anyone be bored with so many TV movies?

---

acabar de a-ka-BAR-de idiomatic expression to have just

Yo acabo	Nosotros acabamos
Tú acabas	(Vosotros acabáis)
Él, Ella, Usted acaba	Ellos, Ellas, Ustedes acaban

El acaba de tomar un refresco.
He just had a drink.

---

el aceite a-SAY-te noun, masc. oil

El motor necesita aceite.
The motor needs oil.

---

la acera a-SE-ra noun, fem. sidewalk

Ellos caminan por la acera.
They walk along the sidewalk.

---

acompañar a-com-pa-NYAR verb to go along, to accompany

Yo acompaño	Nostros acompañamos
Tú acompañas	(Vosotros acompañáis)
Él, Ella, Usted acompaña	Ellos, Ellas, Ustedes acompañan

El muchacho acompaña a su hermana.
The boy accompanies his sister.

---

acordarse a-kor-DAR-se verb to remember

Yo me acuerdo	Nosotros nos acordamos
Tú te acuerdas	(Vosotros os acordáis)
Él, Ella Usted se acuerda	Ellos, Ellas, Ustedes se acuerdan

Yo me acuerdo de su cumpleaños cada año.
I remember her birthday every year.

---

acostarse a-kos-TAR-se verb to go to bed

Yo me acuesto	Nosotros nos acostamos
Tú te acuestas	(Vosotros os acostáis)
Él, Ella, Usted se acuesta	Ellos, Ellas, Ustedes se acuestan

Los niños se acuestan a las nueve.
The children go to bed at nine.

---

el acuario a-KUA-reeo   noun, masc.   aquarium, fish tank

Hay peces en el acuario.
There are fish in the aquarium.

---

adiós a-DEEOS   interjection   Good-bye
El papá dice "adiós."
The father says "Good-bye."

---

adivinar a-dee-bee-NAR   verb   to guess

Yo adivino	Nosotros adivinamos
Tú adivinas	(Vosotros adivináis)
Él, Ella, Usted adivina	Ellos, Ellas, Ustedes adivinan

Adivina lo que traigo.
Guess what I have.

---

adrede a-DRE-de   adverb   on purpose, intentionally
El niño rompe el vaso adrede.
The boy breaks the glass on purpose.

---

la aeromoza ae-ro-MO-sa   noun, fem. airline stewardess
La aeromoza ayuda a los pasajeros.
The airline stewardess helps the passengers.

---

el aeropuerto ae-ro-PUER-to   noun, masc.   airport
El avión sale del aeropuerto.
The plane leaves the airport.

---

afuera a-FUE-ra   adverb   outside
El jardín está afuera.
The garden is outside.

---

agarrar a-ga-RRAR   verb   to catch, to get

Yo agarro	Nosotros agarramos
Tú agarras	(Vosotros agarráis)
Él, Ella, Usted agarra	Ellos, Ellas, Ustedes agarran

Yo también quiero agarrar un pollito.
I also want to catch a chick.

---

agosto   a-GOS-to   noun, masc.   August
Su cumpleaños es en agosto.
Her birthday is in August.

---

agradable   a-gra-DA-ble   adjective   pleasant, nice
Mi maestra es agradable.
My teacher is nice.

---

el agricultor   a-gri-kul-TOR   noun, masc.   farmer
El agricultor cuida las legumbres.
The farmer takes care of the vegetables.

---

agua   A-gua   noun, fem.   water
Tengo sed. Dame agua.
I'm thirsty. Give me some water.

---

la aguja   a-GU-ja   noun, fem.   needle
La señora usa la aguja para coser.
The lady uses the needle to sew.

---

el agujero   a-gu-JE-ro   noun, masc.   hole
¡Cuidado! No quieres caer en ese agujero.
Careful! You don't want to fall in that hole.

---

ahora   a-O-ra   adverb   now
Ahora no podemos ir.
We can't go now.

---

ahorrar   a-o-RRAR   verb   to save
Yo ahorro   Nosotros ahorramos
Tú ahorras   (Vosotros ahorráis)

Él, Ella, Usted   Ellos, Ellas, Ustedes
  ahorra   ahorran
Juan ahorra su dinero.
John saves his money.

---

el ala   A-la   noun, fem.   wing
  las alas

El pájaro usa las alas para volar.
The bird uses his wings to fly.

---

la alberca   al-BER-ka   noun, fem.   pool
Roberto nada en la alberca. (la piscina)
Robert swims in the pool.

---

la alcancía   al-kan-SEE-a   noun, fem.   (piggy) bank
Eloísa guarda el dinero en su alcancía.
Eloise keeps the money in her bank.

---

la alcoba   al-KO-ba   noun, fem.   bedroom

Mi hermana y yo dormimos en la misma alcoba.
My sister and I sleep in the same bedroom.

---

alegre   a-LE-gre   adjective   cheerful, gay, glad
Hoy los niños están alegres.
The children are cheerful today.

---

alejado   a-le-JA-do   adjective, masc.   distant
  alejada   (fem.)

El maestro está muy alejado de los estudiantes.
The teacher is very distant from the students.

---

el alfabeto   al-fa-BE-to   noun, masc.   alphabet
¿Cuántas letras tiene este alfabeto?
How many letters does this alphabet have?

---

la alfombra   al-FOM-bra   noun, fem.   rug
La alfombra de la sala es hermosa.
The rug in the living room is beautiful.

---

algo   AL-go   pronoun, masc.   something
Hay algo en la caja.
There is something in the box.

---

el algodón al-go-DON noun, masc. cotton
El vestido es de algodón.
The dress is made of cotton.

---

alguien AL-gyen pronoun someone
Alguien está en la puerta.
Someone is at the door.

---

alguna cosa al-gu-na-KO-sa pronoun something
Buscamos alguna cosa interesante.
We're looking for something interesting.

---

algunas veces al-GU-nas-BE-ses adverb sometimes
Algunas veces vamos al parque zoológico.
Sometimes we go to the zoo.

---

allá a-LYA, a-YA adverb down there, over there
Allá está el avión.
The plane is over there.

---

allí a-LYEE, a-YEE adverb there
Tu libro está allí.
Your book is there.

---

la almohada al-mo-A-da noun, fem. pillow
Duermo en una almohada suave.
I sleep on a soft pillow.

---

el almuerzo al-MUER-so noun, masc. lunch
El almuerzo en la escuela es a las doce.
Lunch at school is at twelve.

---

alrededor al-rre-de-DOR adverb around
El jardín está alrededor de la casa.
The garden is around the house.

---

alto AL-to adjective, masc. tall, high
alta (fem.)
Enrique es muy alto y juega al básquetbol.
Henry is very tall and plays basketball.

7

el alumno a-LUM-no   noun, masc.   pupil
  la alumna (fem.)

El alumno hace la lección en clase.
The pupil does his lesson in class.

---

amarillo a-ma-RI-llo   adjective   yellow

Ese pájaro es amarillo.
That bird is yellow.

---

amar a-MAR   verb   to love

Yo amo	Nosotros amamos
Tú amas	(Vosotros amáis)
Él, Ella, Usted ama	Ellos, Ellas, Ustedes aman

Mi mamá ama a mi papá.
My Mom loves my Dad.

---

la ambulancia am-bu-LAN-seea   noun, fem.   ambulance

La ambulancia va al hospital.
The ambulance is going to the hospital.

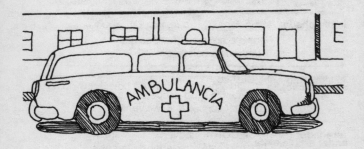

---

americano a-me-ree-KA-no   adjective, masc.   American
  americana (fem.)

Mi maestro es americano de los Estados Unidos.
My teacher is an American from the United States.

---

el amigo a-MEE-go noun, masc. friend, chum
  la amiga (fem.)
> El amigo de Ricardo está en la piscina
> (la alberca).
> Richard's friend is in the pool.

---

el amor a-MOR noun, masc. love
> El amor de madre es muy grande.
> A mother's love is very big.

---

anaranjado a-na-ran-JA-do adjective, masc. orange
  anaranjada (fem.)
  color de naranja
> Su camisa es anaranjada.
> His shirt is orange.

---

ancho AN-cho adjective, masc. wide, broad
  ancha (fem.)
> La calle es muy ancha.
> The street is very wide.

---

andar an-DAR verb to go, to walk, to run
  (as a machine)

Yo ando	Nosotros andamos
Tú andas	(Vosotros andáis)
Él, Ella, Usted	Ellos, Ellas, Ustedes
anda	andan

> La máquina no anda.
> The machine is not running.

---

andar a caballo idiomatic to go horseback riding
  expression
> Cada domingo anda a caballo.
> Every Sunday he goes horseback riding.

andar en bicicleta,
  montar en bicicleta to go bicycle riding
> Le gusta montar en bicicleta.
> She likes to go bicycle riding.

---

el anillo a-NEE-lyo, a-NEE-yo noun, masc. ring
> ¡Qué anillo tan bonito!
> What a beautiful ring!

---

el animal   a-nee-MAL   noun, masc.   animal, beast
El perro es un animal favorito en mi país.
The dog is a favorite animal in my country.

---

el animal consentido   a-ni-mal-kon-sen-TI-do   noun,   pet
masc.
Chiquita es el animal consentido de los Smith.
Chiquita is the Smith's pet.

---

el aniversario   a-nee-ber-SA-reeo   noun, masc.   anniversary
Mis padres celebran su aniversario.
My parents are celebrating their anniversary.

---

la antena de televisión   television antenna
an-TE-na-de-te-le-bee-SEEON   noun, fem.
Las casas tienen antenas de televisión.
The houses have television antennas.

---

antes   AN-tes   preposition   before
Antes de mirar la televisión, hay que hacer
las tareas.
Before watching television, we have to do
our homework.

---

el año   A-nyo   noun, masc.   year
Roberto tiene quince años.
Robert is fifteen years old.

---

apacible   a-pa-SEE-ble   adjective   calm
Mi madre habla mucho; mi padre es apacible.
My mother talks a lot; my father is calm.

---

apagar   a-pa-GAR   verb   to turn off
Yo apago   Nosotros apagamos
Tú apagas   Vosotros apagáis
Él, Ella, Usted   Ellos, Ellas, Ustedes
   apaga   apagan
El papá apaga la luz.
The father turns off the light.

10

---

el aparador   a-pa-ra-DOR   noun, masc.   store window
Hay ropa en el aparador. (la vitrina)
There are clothes in the store window.

---

el aparato de televisión   television set
   a-pa-RA-to-de-te-le-bee-SEEON   noun, masc.
El aparato de televisión es moderno.
The television set is modern.

---

la apariencia   a-pa-RYEN-cia   noun, fem.   appearance
La apariencia de este actor en la escuela es
   una sorpresa.
The appearance of this actor at school is a
   surprise.

---

el apartamento   a-par-ta-MEN-to   noun, masc.   apartment
Ellos viven en un apartamento cerca
   de la escuela.
They live in an apartment near the school.

---

el apetito   a-pe-TEE-to   noun, masc.   appetite
Mi hermano come con buen apetito.
By brother has a good appetite.

---

el apio   A-peeo   noun, masc.   celery
Me gusta el apio en la ensalada.
I like celery in the salad.

---

aprender   a-pren-DER   verb   to learn
       Yo aprendo   Nosotros aprendemos
       Tú aprendes   (Vosotros aprendéis)
       Él, Ella, Usted   Ellos, Ellas, Ustedes
          aprende   aprenden
       Se va a la escuela a aprender.
       One goes to school to learn.

---

apretado   a-pre-TA-do   adjective, masc.   tight
   apretada   (fem.)
El saco está apretado.
The coat (jacket) is tight.

---

aquí a-KEE   adverb   here
Aquí están los zapatos.
The shoes are here.

aquí tiene idiomatic   here is, are
expression
Aquí tiene usted su paquete.
Here is your package.

la araña a-RA-nya   noun, fem.   spider
Hay una araña en la pared.
There is a spider on the wall.

el árbol AR-bol   noun, masc.   tree
El árbol tiene muchas ramas.
The tree has many branches.

el arco iris AR-co-EE-rees   noun, masc.   rainbow
El arco iris tiene muchos colores.
The rainbow has many colors.

la arena a-RE-na   noun, fem.   sand
En la playa hay arena.
There is sand on the beach.

el armario ar-MA-reeo   noun, masc.   cupboard
Los platos hondos están en el armario.
The bowls are in the cupboard.

el aro A-ro   noun, masc.   hoop
Yo llevo los aros para brincar y jugar.
I will bring the hoops so we can jump and play.

---

arrancar(se) a-rran-KAR-se   verb   to take out, to pull out

El camión arranca el árbol.
The truck pulls the tree out.

---

arrastrar   a-rras-TRAR   verb   to drag

Yo arrastro   Nosotros arrastramos
Tú arrastras   (Vosotros arrastráis)
Él, Ella, Usted   Ellos, Ellas, Ustedes
   arrastra   arrastran

David arrastra un costal.
David drags a sack.

---

arreglar   a-rre-GLAR   verb   to repair, to fix

Yo arreglo   Nosotros arreglamos
Tú arreglas   (Vosotros arregláis)
Él, Ella, Usted   Ellos, Ellas, Ustedes
   arregla   arreglan

El trabajador arregla la máquina.
The worker repairs the machine.

---

arrestar   a-rres-TAR   verb   to arrest

Yo arresto   Nosotros arrestamos
Tú arrestas   (Vosotros arrestáis)
Él, Ella, Usted   Ellos, Ellas, Ustedes
   arresta   arrestan

El policía arresta a los ladrones.
The policeman arrests the robbers.

---

arriba   a-RREE-ba   adverb   upstairs

Mi recámara está arriba.
My bedroom is upstairs.

---

arrollar   a-rro-LYAR, a-rro-YAR   verb   to roll

Yo arrollo	Nosotros arrollamos
Tú arrollas	(Vosotros arrolláis)
Él, Ella, Usted arrolla	Ellos, Ellas, Ustedes arrollan

Los muchachos arrollan los periódicos.
The boys are rolling the newspapers.

---

el arroz   a-ROS   noun, masc.   rice
Me gusta el arroz con pollo.
I like rice with chicken.

---

el artista   ar-TEES-ta   noun, masc.   artist
Ese hombre es artista de televisión.
That man is a television artist.

---

así   a-SEE   adverb   this way, so
Así comen los españoles.
The Spanish eat this way.

---

el asiento   a-ƐYEN-to   noun, masc.   seat
Este asiento es para usted.
This seat is for you.

---

asistir   a-sees-TEER   verb   to attend

Yo asisto	Nosotros asistimos
Tú asistes	(Vosotros asistís)
Él, Ella, Usted asiste	Ellos, Ellas, Ustedes asisten

Los padres asisten a las reuniones de la escuela.
The parents attend the school meetings.

---

la aspiradora   as-pee-ra-DO-ra   noun, fem.   vacuum cleaner
La aspiradora limpia la alfombra.
The vacuum cleaner cleans the rug.

---

el astronauta   as-tro-NAU-ta   noun, masc.   astronaut
El astronauta es muy valiente.
The astronaut is very courageous.

---

astuto   as-TU-to   adjective, masc.   cunning

14

astuta (fem.)
>> Es un hombre astuto.
>> He is a cunning man.

---

a través   a-tra-BES   prepositional phrase   by, through
>> A través de este diccionario, vamos a
>> aprender mucho.
>> Through this dictionary, we are going to learn
>> a lot.

---

atreverse   a-tre-BER-se   verb   to dare

Yo me atrevo	Nosotros nos atrevemos
Tú te atreves	(Vosotros os atrevéis)
Él, Ella, Usted se	Ellos, Ellas, Ustedes se
atreve	atreven

>> ¿Quién se atreve a subir el árbol?
>> Who dares to climb the tree?

---

ausente   au-SEN-te   adjective   absent
>> ¿Quién está ausente hoy?
>> Who is absent today?

---

el autobús   au-to-BUS   noun, masc.   bus
>> Rafael toma el autobús a las siete de la mañana.
>> Ralph takes the bus at seven A.M.

---

el automóvil   au-to-MO-beel   noun, masc.   automobile, car
>> Acaban de comprar un automóvil.
>> They have just bought an automobile.

---

la avenida   a-be-NEE-da   noun, fem.   avenue
>> El edificio está cerca de la avenida Madero.
>> The building is near Madero Avenue.

---

la aventura   a-ben-TU-ra   noun, fem.   adventure
María cuenta su aventura.
Mary is telling her adventure.

---

avergonzarse   a-ber-gon-SAR-se   verb   to be ashamed
Yo me avergüenzo   Nosotros nos avergonzamos
Tú te avergüenzas   (Vosotros os avergonzáis)
Él, Ella, Usted   Ellos, Ellas, Ustedes
se avergüenza   se avergüenzan
Se avergüenza cuando no hace la tarea.
He is ashamed when he does not do his homework.

---

el avión   a-BEEON   noun, masc.   plane
El avión se despega del aeropuerto.
The plane takes off from the airport.

el avión a chorro   noun, masc.   jet airplane
El avión a chorro es muy rápido.
The jet airplane is very rapid.

¡ay!   AEE   interjection   (Alas!), Oh!
¡Ay! La hora llega.
Oh! The hour is here.

---

ayer   a-YER   adverb   yesterday
En el refrigerador hay comida de ayer.
There is food from yesterday in the refrigerator.

---

ayudar   a-yu-DAR   verb   to help, to aid
Yo ayudo   Nosotros ayudamos
Tú ayudas   (Vosotros ayudáis)
Él, Ella, Usted   Ellos, Ellas, Ustedes
ayuda   ayudan
Los señores en la ambulancia van a ayudar.
The men in the ambulance are going to help.

---

el azúcar   a-SU-car   noun, masc.   sugar
El azúcar es dulce.
Sugar is sweet.

---

azul   a-SUL   adjective   blue
A veces el cielo está azul.
Sometimes the sky is blue.

B

bailar   baee-LAR   verb   to dance

Yo bailo	Nosotros bailamos
Tú bailas	(Vosotros bailáis)
Él, Ella, Usted	Ellos, Ellas, Ustedes
baila	bailan

Me gusta bailar.
I like to dance.

bajar   ba-JAR   verb   to go down, to lower

Yo bajo	Nosotros bajamos
Tú bajas	(Vosotros bajáis)
Él, Ella, Usted	Ellos, Ellas, Ustedes
baja	bajan

Ellos bajan por la escalera.
They go down the stairway.

bajo   BA-jo   adjective, masc.   low
  baja (fem.)

El techo es bajo.
The roof is low.

bañarse   ba-NYAR-se   verb   to take a bath

Yo me baño	Nosotros nos bañamos
Tú te bañas	(Vosotros os bañais)
Él, Ella, Usted	Ellos, Ellas, Ustedes
se baña	se bañan

En casa nos bañamos por la noche.
At home we take a bath at night.

el banco   BAN-ko   noun, masc.   bank

Ponga el dinero en el banco.
Put your money in the bank.

la bandera   ban-DE-ra   noun, fem.   flag

La bandera de mi país es roja, blanca y azul.
My country's flag is red, white and blue.

el baño   BA-nyo   noun, masc.   bath

Ella está en el baño ahora.
She is in the bath now.

17

el baño de regadera

el baño de regadera   noun, masc.   shower
Mi papá prefiere el baño de regadera.
My father prefers the shower.

el baño de sol   noun, masc.   sunbath
Juanita toma un baño de sol en el patio.
Juanita takes a sunbath on the patio.

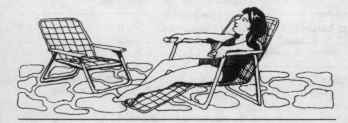

barato   ba-RA-to   adjective,masc.   cheap
barata   (fem.)
Es un juguete barato.
It is a cheap toy.

la barba   BAR-ba   noun, fem.   beard, chin
Santa Claus tiene una barba blanca.
Santa Claus has a white beard.

el barco   BAR-co   noun, masc.   boat
Ellos pasean en el barco.
They take a ride in the boat.

el básquetbol   BAS-ket-bol   noun, masc.   basketball
A mi hermano le gusta jugar al básquetbol.
My brother likes to play basketball.

el baúl   ba-UL   noun, masc.   trunk
El camión lleva el baúl de Jorge.
The truck is carrying George's trunk.

el bebé   be-BE   noun, masc.   baby
El bebé de mi tía llora mucho.
My aunt's baby cries a lot.

18

---

beber bə-BER verb to drink

Yo bebo	Nosotros bebemos
Tú bebes	(Vosotros bebéis)
Él, Ella, Usted bebe	Ellos, Ellas, Ustedes beben

Ella bebe refrescos; yo bebo agua.
She drinks soft drinks; I drink water.

---

el béisbol BAYS-bol noun, masc. baseball
El béisbol es mi deporte favorito.
Baseball is my favorite sport.

---

bello BE-lyo, BE-yo adjective, masc. beautiful
  bella (fem.)
El jardín es bello.
The garden is beautiful.

---

el beso BE-so noun, masc. kiss
La madre le da un beso al hijo.
The mother gives her son a kiss.

---

la bestia BES-tya noun, fem. beast
El leopardo puede ser una bestia feroz.
The leopard can be a fierce beast.

---

la biblioteca bee-bleeo-TE-ka noun, fem. library
En la biblioteca hay libros de toda clase.
There are all kinds of books in the library.

---

la bicicleta bee-see-KLE-ta noun, fem. bicycle
La bicicleta tiene dos ruedas.
The bicycle has two wheels.

---

bien BYEN adjective all right
¡Está bien! Juan puede jugar.
It's all right. Juan can play.

---

bien BYEN adverb well
Jorge escribe bien.
George writes well.

19

bien hecho   adverb   Well done!

El trabajo está bien hecho.

The work is well done.

---

el billete   bee-YE-te   noun, masc.   bill (of money)

Tengo un billete de veinte dólares.

¿Tiene cambio?

I have a twenty dollar bill. Do you have change?

---

el bistek   bees-TEK   noun, masc.   beefsteak

Siempre ordena un bistek en el restaurante.

He always orders a beefsteak in the restaurant.

---

blanco   BLAN-ko   adjective, masc.   white

blanca   (fem.)

El coche es blanco.

The car is white.

---

la boca   BO-ka   noun, fem.   mouth

Se come con la boca.

One eats with his mouth.

---

la bodega   bo-DE-ga   noun, fem.   cellar

Hay muchas botellas de vino en la bodega.

There are many bottles of wine in the cellar.

---

la bola   BO-la   noun, fem.   doorknob

(para abrir una puerta)

Usa la bola de la puerta para abrirla.

Use the doorknob to open the door.

---

el boleto   bo-LE-to   noun, masc.   ticket

¿Tiene Ud. un boleto?

Do you have a ticket?

---

el bolígrafo   bo-LI-gra-fo   noun, masc.   ballpoint pen

Luis tiene un bolígrafo en su bolsillo.

Luis has a ballpoint pen in his pocket.

---

la bolsa   BOL-sa   noun, fem.   purse, pocket, bag

La señora pone el dinero en la bolsa.

The lady puts the money in her purse.

la bolsa de mano   noun, fem.   handbag
Su bolsa de mano está en el ropero.
Her handbag is in the closet.

---

el bolsillo bol-SEE-lyo, bol-SEE-yo noun, masc. pocket
Hay un bolsillo dentro del saco.
There is a pocket inside the coat (jacket).

---

el bombero bom-BE-ro noun, masc. fireman
Los bomberos están en el camión.
The firemen are on the truck.

---

bondadoso bon-da-DO-so adjective, masc. kind
bondadosa (fem.)
El jefe de este grupo no es bondadoso.
The leader of this group is not kind.

---

bonito bo-NEE-to adjective, masc. pretty
bonita (fem.)
El vestido es muy bonito.
The dress is very pretty.

---

el borrador bo-rra-DOR noun, masc. eraser
El borrador del lápiz es de hule.
The pencil eraser is made of rubber.

---

borrar bo-RRAR verb to erase
Yo borro   Nosotros borramos
Tú borras   (Vosotros borráis)
Él, Ella, Usted   Ellos, Ellas, Ustedes
  borra   borran
La maestra borra la pizarra.
The teacher erases the chalkboard.

---

el bosque BOS-ke noun, masc. forest

21

Hay muchos árboles en el bosque.
There are many trees in the forest.

---

la bota   BO-ta   noun, fem.   boot
¡Qué bonita bota!
What a pretty boot!

---

la botella   bo-TE-lya, bo-TE-ya   noun, fem.   bottle
La botella de agua está en el refrigerador.
The bottle of water is in the refrigerator.

---

la botica   bo-TEE-ka   noun, fem.   drugstore
La señora va a la botica para comprar medicina.
The lady goes to the drugstore to buy medicine.

---

el botón   bo-TON   noun, masc.   button
El saco tiene un botón grande.
The coat (jacket) has a large button.

¡Bravo!   BRA-bo   interjection   Hurrah! Well done!
¡Bravo! Acaba de sacar una buena nota.
Hurrah! He just got a good grade.

---

el brazo   BRA-so   noun, masc.   arm
Tiene dolor en el brazo.
He has a pain in the arm.

---

brincar   breen-KAR   verb   to jump

Yo brinco	Nosotros brincamos
Tú brincas	(Vosotros brincáis)
Él, Ella, Usted brinca	Ellos, Ellas, Ustedes brincan

No brincamos en la sala de clase.
We do not jump in the classroom.

brincar la cuerda   idiomatic expression   to jump rope
Nos gusta brincar la cuerda.
We like to jump rope.

---

buen, bueno,   BUEN   adjective, masc.   good
buena (fem.)

22

La fruta es buena.
Fruit is good.

Buena suerte bue-na-SUER-te idiomatic Good luck!
expression

Cuando el juego comienza, todos dicen
"¡Buena suerte!"
When the game begins, everyone says
"Good luck!"

Buenas noches bue-nas-NO-ches idiomatic Good
expression night

Voy a acostarme. ¡Buenas noches!
I am going to bed. Good night!

Buenas tardes idiomatic Good afternoon.
bue-nas-TAR-des expression Good evening

Los niños dicen a la maestra "Buenas tardes."
The children say "Good afternoon" to the teacher.

¡Buen provecho! buen-pro-BE-cho idiomatic Hearty
expression Appetite

¡Vamos a empezar a comer! ¡Buen provecho!
Let's start eating. Hearty appetite!

Buenos días bue-nos-DEE-as idiomatic Good morning
expression

Cuando nos despertamos decimos "Buenos
días."
When we wake up, we say "Good morning."

---

el bulevar bu-le-VAR noun, masc. boulevard
El desfile es en el bulevar de San Miguel.
The parade is on St. Michael's Boulevard.

---

el buque BU-ke noun, masc. ship
Es un buque de guerra.
It is a war ship.

---

el burro BU-rro noun, masc. donkey
Todos quieren montar el burro.
Everyone wants to ride the donkey.

---

buscar bus-KAR verb to look for

Yo busco	Nosotros buscamos
Tú buscas	(Vosotros buscáis)
Él, Ella, Usted busca	Ellos, Ellas, Ustedes buscan

Yo busco mi lápiz amarillo.
I am looking for my yellow pencil.

---

el buzón bu-SON noun, masc. mailbox

El cartero deja la carta en el buzón.
The mailman leaves the letter in the mailbox.

C

---

el caballo ka-BA-yo noun, masc. horse

Hay caballos en esa granja.
There are horses on that farm.

---

el cabello ka-BE-yo noun, masc. hair

La señora peina el cabello de la niña.
The lady combs the girl's hair.

---

la cabeza ka-BE-sa noun, fem. head

Le duele la cabeza a ella.
She has a headache.

---

el cacahuate ka-ka-UA-te noun, masc. peanut
(el cacahuete)

Cuando vamos al juego de béisbol, comemos
cacahuetes.
When we go to the baseball game, we eat
peanuts.

---

cada KA-da adjective each, every

Cada alumno tiene que tocar un instrumento.
Each pupil has to play an instrument.

---

cada uno pronoun, masc. everyone, each one

Cada uno va a hacer su parte.
Everyone is going to do his part.

---

caer   ka-ER   verb   to fall
El vaso va a caer en el suelo.
The glass is going to fall on the ground.

caerse   verb   to fall, to fall down
Yo me caigo   Nosotros nos caemos
Tú te caes   (Vosotros vos caéis)
El, Ella, Usted   Ellos, Ellas, Ustedes
  se cae   se caen
El bebé se cae de la cama.
The baby falls from the bed.

el café   ka-FE   noun, masc.   coffee
A mis padres les gusta el café.
My parents like coffee.

la caída   ka-EE-da   noun, masc.   fall
La caída de la nieve es bonita.
The snowfall is pretty.

la caja   KA-ja   noun, fem.   box
¿Es una caja de dulces?
Is it a box of candy?

la caja para dinero   noun, masc.   money box

el cajón   ka-JON   noun, masc.   box; drawer
Pongan los peines en el cajón
Put the combs in the drawer.

la calabaza   ka-la-BA-sa   noun, fem.   pumpkin
En octubre mamá hace pastel de calabaza.
Mother makes pumpkin pie in October.

el calcetín   kal-se-TEEN   noun, mas.   sock
los calcetines (plu.)
En invierno llevo calcetines gruesos.
I wear thick socks in winter.

el calendario   ka-len-DA-reeo   noun, masc.   calendar
El calendario indica los meses del año.
The calendar indicates the months of the year.

---

caliente ka-LYEN-te adjective hot, warm
La sopa está caliente.
The soup is hot.

---

callado ka-YA-do adjective, masc. quiet
callada (fem.)

Todos en la clase están callados.
Everyone in class is quiet.

---

callarse ka-YAR-se verb to be quiet

Yo me callo Nosotros nos callamos
Tú te callas (Vosotros os calláis)
Él, Ella, Usted Ellos, Ellas, Ustedes
  se calla se callan
El señor quiere que se callen.
The man wants us to be quiet.

---

la calle KA-lye, KA-ye noun, fem. street
Yo vivo en esa calle.
I live on that street.

---

calmado kal-MA-do adjective, masc. calm
calmada (fem.)

Ya no hace viento. El día está calmado.
It is not windy anymore. The day is calm.

---

la cama KA-ma noun, fem. bed
El niño duerme en su cama.
The boy is sleeping in his bed.

---

la cámara KA-ma-ra noun, fem. camera
El toma (saca) una foto con su cámara.
He takes a picture with his camera.

---

cambiar kam-BYAR   verb   to change

        Yo cambio   Nosotros cambiamos
        Tú cambias   (Vosotros cambiáis)
        Él, Ella Usted   Ellos, Ellas, Ustedes
          cambia   cambian
        Vamos a cambiar de coche; éste no corre bien.
        Let's change cars; this one is not running well.

---

el cambio KAM-beeo   noun, masc.   change

        No traigo cambio en la bolsa.
        I don't have change in my pocket.

---

caminar ka-mee-NAR   verb   to walk

        Yo camino   Nosotros caminamos
        Tú caminas   (Vosotros camináis)
        Él, Ella, Usted   Ellos, Ellas, Ustedes
          camina   caminan
        Mis abuelos tienen que caminar todos los días.
        My grandparents have to walk everyday.

---

el camino ka-MEE-no   noun, masc.   highway, road

        El camión va por el camino.
        The truck is going down the highway.

---

el camión ka-MEEON   noun, masc.   truck

        El camión es rojo.
        The truck is red.

  el camión de bomberos   noun, masc.   fire truck

---

la camisa ka-MEE-sa   noun, fem.   shirt

        La camisa es de muchos colores.
        The shirt is of many colors.

---

la campana kam-PA-na   noun, fem.   bell

        Si usted necesita algo, suene la campana.
        If you need anything, ring the bell.

---

el campo KAM-po   noun, masc.   camp, field, country

        Hay muchas flores en el campo.
        There are many flowers in the country.

el campo de recreo   noun, masc.   playground
       Ellos juegan al fútbol en el campo de recreo.
       They are playing football in the playground.

---

la canasta   ka-NAS-ta   noun, fem.   basket
   el canasto   (masc.)
       Hay fruta en la canasta
       There is fruit in the basket.

---

la canción   kan-SEEON   noun, fem.   song
       Cante usted una canción en español, por favor.
       Please sing a song in Spanish.

---

el canguro   kan-GU-ro   noun, masc.   kangaroo
       En el zoológico hay un canguro recién nacido.
       There is a newborn kangaroo at the zoo.

---

la canica   ka-NI-ca   noun, fem.   marble
       ¿Quieres jugar a las canicas?
       Do you want to play marbles?

---

cansado - kan-SA-do   adjective, masc.   tired
   cansada   (fem.)
       Mamá está muy cansada.
       Mother is very tired.

---

cantar   kan-TAR   verb   to sing

Yo canto	Nosotros cantamos
Tú cantas	(Vosotros cantáis)
Él, Ella, Usted	Ellos, Ellas, Ustedes
canta	cantan

       ¿Sabes cantar?
       Do you know how to sing?

---

la capital   ka-pee-TAL   noun, fem.   capital

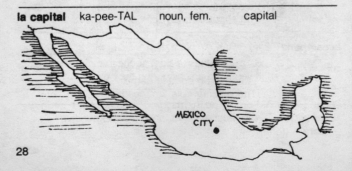

MEXICO CITY

La Ciudad de Mexico es la capital de Mexico.
Mexico City is the capital of Mexico.

---

capturar kap-tu-RAR   verb   to capture, to catch
Yo capturo   Nosotros capturamos
Tú capturas   (Vosotros capturáis)
El, Ella, Usted   Ellos, Ellas, Ustedes
  captura   capturan
El policía captura al ladrón.
The policeman captures the thief.

---

la cara KA-ra   noun, fem.   face
Trae la cara sucia.
His face is dirty.

---

el caramelo ka-ra-ME-lo   noun, masc. lollipop
¿Gustas un caramelo?
Would you like a lollipop?

---

la carne KAR-ne   noun, fem.   meat
Juan come mucha carne.
John eats a lot of meat.

---

la carnicería kar-nee-se-REE-a   noun, fem. butcher shop,
  meat market
En la carnicería venden carne.
They sell meat in the meat market.

---

el carnicero kar-nee-SE-ro   noun, masc.   butcher
El carnicero corta la carne.
The butcher cuts the meat.

---

caro KA-ro   adjective, masc.   expensive
cara (fem.)

Es caro comer en el restaurante.
It is expensive to eat in the restaurant.

---

la carretera ka-rre-TE-ra noun, fem. highway

Los coches corren rápidamente en la carretera.
The cars go fast on the highway.

---

la carta KAR-ta noun, fem. letter, menu

El cartero lleva mis cartas.
The postman carries my letters.

---

el cartero kar-TE-ro noun, masc. mailman, postman

El cartero siempre lleva el correo.
The mailman always carries the mail.

---

la casa KA-sa noun, fem. house, home

En nuestra casa, mi papá es rey.
In our home, my father is king.

---

en casa de en-KA-sa-de idiomatic expression at the home of

En casa de mi tía, hacen una gran comida los domingos.
At my aunt's house there is a big meal on Sundays.

---

casarse ka-SAR-se verb to marry

Yo me caso	Nosotros nos casamos
Tú te casas	(Vosotros os casáis)
Él, Ella, Usted se casa	Ellos, Ellas, Ustedes se casan

Mi hermano tiene treinta años pero no quiere casarse.
My brother is thirty years old but does not want to marry.

---

casi KA-see adverb almost

Casi tiene doce años.
He is almost twelve years old.

---

castigar kas-tee-GAR verb to punish

Yo castigo	Nosotros castigamos
Tú castigas	(Vosotros castigáis)

El, Ella, Usted   Ellos, Ellas, Ustedes
castiga   castigan
Cuando los alumnos son traviesos, la maestra
los castiga.
When the children are naughty, the teacher
punishes them.

---

el castillo   kas-TEE-lyo, kas-TEE-yo   noun, masc.   castle
La reina vive en el castillo.
The queen lives in the castle.

---

catorce   ka-TOR-se   adjective   fourteen
Hay catorce niñas y quince niños en la sala
de clase.
There are fourteen girls and fifteen boys in
the classroom.

---

el cazador   ka-sa-DOR   noun, masc.   hunter
El cazador quiere agarrar o matar ciertos
animales.
The hunter wants to catch or kill certain animals.

---

la cebolla   se-BO-lya, se-BO-ya   noun, fem.   onion
A mí no me gusta la sopa de cebolla.
I don't like onion soup.

---

la cebra   SE-bra   noun, fem.   zebra
La cebra es un animal blanco de rayas negras.
The zebra is a white animal with black stripes.

---

la cena   SE-na   noun, masc.   dinner
La cena está lista.
Dinner is ready.

---

cepillar se-pee-LYAR, se-pi-YAR verb to brush

Yo cepillo	Nosotros cepillamos
Tú cepillas	(Vosotros cepilláis)
El, Ella, Usted cepilla	Ellos, Ellas, Ustedes cepillan

El señor cepilla el saco.
The man brushes the jacket.

cepillarse verb to brush oneself
Me cepillo el pelo.
I brush my hair.

---

el cepillo se-PEE-lyo, se-PEE-yo noun, masc. brush
El cepillo está en el cajón.
The brush is in the drawer.

el cepillo de dientes noun, masc. toothbrush
Mi cepillo de dientes es verde.
My toothbrush is green.

el cepillo de pelo noun, masc. hairbrush
El cepillo de pelo está sobre la mesa.
The hairbrush is on the table.

---

cerca de SER-ka-de preposition near, close to

La silla está cerca de la mesa.
The chair is near the table.

---

la cereza se-RE-sa noun, fem. cherry
Me gusta mucho el pastel de cereza.
I like cherry pie very much.

---

el cerillo se-REE-lyo, se-REE-yo noun, masc. match
la cerilla ¿Tiene Ud. un cerillo?
Do you have a match?

---

el cero SE-ro noun, masc. zero
Si no haces el trabajo, la maestra escribe un cero en tu papel.
If you don't do the work, the teacher writes a zero on your paper.

---

cerrar se-RRAR   verb   to close

Yo cierro	Nosotros cerramos
Tú cierras	(Vosotros cerráis)
El, Ella, Usted cierra	Ellos, Ellas, Ustedes cierran

Cierran las puertas de la escuela a las cuatro.
They close the school doors at four o'clock.

---

la cesta SES-ta   noun, fem.   basket
  el cesto (masc).

Esta cesta es para la fruta.
This basket is for fruit.

---

ciego SYE-go   adjective, masc.   blind
  ciega (fem.)

Ese señor es ciego.
That man is blind.

---

el cielo SYE-lo   noun, masc.   sky

Hay muchas nubes en el cielo.
There are many clouds in the sky.

---

el cielo raso sye-lo-RA-so   noun, masc.   ceiling

En esta casa no necesitamos pintar el cielo
  raso.
We don't need to paint the ceiling in this house.

---

cien, ciento SYEN   adjective   hundred

Rolando tiene cien canicas.
Roland has a hundred marbles.

---

la ciencia SYEN-cea   noun, fem.   science

La lección trata de la ciencia.
The lesson is about science.

---

el científico syen-TI-fi-ko   noun, masc.   scientist

Es científico porque trabaja con la ciencia.
He's a scientist because he works with science.

---

cierto SYER-to   adjective, masc.   certain, sure
  cierta (fem.)

¿Viene a cierta hora?
Is he coming at a certain hour?

el cigarrillo see-ga-REE-lyo,   noun, masc.   cigarette
         see-ga-REE-yo
No es bueno fumar cigarrillos.
It is not good to smoke cigarettes.

cinco SEEN-ko   adjective   five
Hay cinco personas en mi familia.
There are five persons in my family.

cincuenta seen-KUEN-ta   adjective   fifty
Hay cincuenta cosas en la tienda.
There are fifty things in the store.

el cine SEE-ne   noun, masc.   movies
Le gustaría ir al cine?
Would you like to go to the movies?

la cinta SEEN-ta   noun, fem.   ribbon
Margarita lleva una cinta color de rosa en el pelo.
Margaret is wearing a pink ribbon in her hair.

el cinto SEEN-to   noun, masc.   belt
El vestido tiene un cinto negro.
The dress has a black belt.

la cintura SEEN-tu-ra   noun, fem.   waist
Paco lleva una faja en la cintura.
Paco is wearing a belt at the waist.

el cinturón sin-tu-RON   noun, masc.   belt
Los muchachos buscan un cinturón con plata.
The boys are looking for a belt with silver.

el circo SEER-ko   noun, masc.   circus
El circo es muy divertido.
The circus is very amusing.

---

el círculo SEER-ku-lo noun, masc. circle
El círculo es redondo.
The circle is round.

---

la ciudad seeu-DAD noun, fem. city
Vivimos en una ciudad muy grande.
We live in a very large city.

---

claro KLA-ro adjective, masc. clear
  clara (fem.)
El día está claro.
The day is clear.

---

la clase KLA-se noun, fem. class
Me gusta esta clase.
I like this class.

---

el clavo KLA-bo noun, masc. nail
La puerta necesita un clavo.
The door needs a nail.

---

la cobija ko-BEE-ja noun, fem. blanket
La cobija está en la cama.
The blanket is on the bed.

---

el coche KO-che noun, masc. carriage, car
La reina está en el coche.
The queen is in the carriage.

  el coche del bebé noun, masc. baby carriage
La muñeca está en el coche del bebé.
The doll is in the baby carriage.

---

la cochera ko-CHE-ra noun, fem. garage
El auto está en la cochera.
The automobile is in the garage.

---

el cochino ko-CHEE-no noun, masc. pig
El cochino siempre tiene hambre.
The pig is always hungry.

35

---

la cocina ko-SEE-na noun, fem. kitchen
Mamá prepara la comida en la cocina.
Mother prepares the food in the kitchen.

---

cocinar ko-see-NAR verb to cook
Yo cocino Nosotros cocinamos
Tú cocinas (Vosotros cocináis)
El, Ella, Usted Ellos, Ellas, Ustedes
cocina cocinan
¿Quién cocina todos los días?
Who cooks every day?

---

el cohete ko-E-te noun, masc. rocket, firework
El cohete viaja por el espacio.
The rocket travels through space.

---

la col KOL noun, fem. cabbage
Aquí sirven jamón y col.
They serve cabbage and ham here.

---

la cola KO-la noun, fem. tail
La cola del perro es corta.
The dog's tail is short.

---

el color ko-LOR noun, masc. color
¿Cuál es tu color favorito?
What is your favorite color?

colorado ko-lo-RA-do adj., masc. red
colorada (fem.)
Ella busca zapatos colorados.
She is looking for red shoes.

color café noun, masc. brown
Sus ojos son color café.
Her eyes are brown.

color de rosa   ko-lor-de-RO-sa   noun, masc.   pink (color)

> La falda es color de rosa.
> The skirt is pink.

color violeta   ko-lor-byo-LE-ta   noun, masc.   violet

> El traje es color violeta.
> The suit is violet.

---

colorear   ko-lo-re-AR   verb   to color

> Yo coloreo   Nosotros coloreamos
> Tú coloreas   (Vosotros coloreáis)
> Él, Ella, Usted   Ellos, Ellas, Ustedes
>   colorea   colorean
>
> Roberto y sus amigos colorean en sus
>   cuadernos.
> Robert and his friends are coloring in
>   their notebooks.

---

el columpio   ko-LUM-peeo   noun, masc.   swing

> Ella se divierte en el columpio.
> She has fun on the swing.

---

el comedor   ko-me-DOR   noun, masc.   dining room

> La familia come en el comedor.
> The family eats in the dining room.

---

comenzar   ko-men-SAR   verb   to begin

> Yo comienzo   Nosotros comenzamos
> Tú comienzas   (Vosotros comenzáis)
> Él, Ella, Usted   Ellos, Ellas, Ustedes
>   comienza   comienzan
>
> Mañana comienzo la clase de español.
> Tomorrow I begin Spanish class.

---

comer   ko-MER   verb   to eat

> Yo como   Nosotros comemos
> Tú comes   (Vosotros coméis)
> Él, Ella, Usted   Ellos, Ellas, Ustedes
>   come   comen
>
> ¿En qué restaurante quieren comer?
> At which restaurant do you want to eat?

---

la comida   ko-MEE-da   noun, fem.   food, meal
La comida está en la mesa.
The food is on the table.

---

como   KO-mo   conjunction; adverb   as
Ellos hacen como hacen los payasos.
They do as the clowns do.

¿Cómo?   KO-mo   interrogative   How are you?
¿Cómo está?   KO-mo-es-TA   adverb
¿Cómo estás?

¿Cómo está usted, señor Fernández?
How are you, Mr. Fernández?

✓ **cómodo**   KO-mo-do   adjective, masc.   comfortable
cómoda   (fem.)
El sillón es cómodo.
The chair is comfortable.

---

la compañía   kom-pa-NYEE-a   noun, fem.   company
Esos señores son de la compañía de galletas.
Those men are from the cookie company.

✓ **compartir**   kom-par-TEER   verb   to share
Yo comparto   Nosotros compartimos
Tú compartes   (Vosotros compartís)
Él, Ella, Usted   Ellos, Ellas, Ustedes
   comparte   comparten
Vamos a compartir el pastel.
Let's share the pie.

---

completamente   kom-ple-ta-MEN-te   adverb   completely
El acuario está completamente lleno de agua.
The aquarium is completely full of water.

✓ **comportarse**   kom-por-TAR-se   verb   to behave
Yo me comporto   Nosotros nos comportamos
Tú te comportas   (Vosotros os comportáis)
Él, Ella, Usted   Ellos, Ellas, Ustedes
   comporta   comportan

Todo el mundo se comporta bien cuando la
maestra está aquí.
Everyone behaves well when the teacher is here.

---

comprar   kom-PRAR   verb   to buy

Yo compro	Nosotros compramos
Tú compras	(Vosotros compráis)
Él, Ella, Usted	Ellos, Ellas, Ustedes
compra	compran

Se compra pan en la panadería.
One buys bread at the bakery.

---

comprender   kom-pren-DER   verb   to understand

Yo comprendo	Nosotros comprendemos
Tú comprendes	(Vosotros comprendéis)
Él, Ella, Usted	Ellos, Ellas, Ustedes
comprende	comprenden

Los estudiantes no comprenden esa lección.
The students do not understand that lesson.

---

con   KON   preposition   with

Yo paseo en bicicleta con mi prima.
I go bicycle riding with my cousin.

---

la concha   KON-cha   noun, fem.   shell

Vamos a la playa a buscar conchas.
Let's go to the beach to look for shells.

---

conducir   kon-du-SEER   verb   to drive

Yo conduzco	Nosotros conducimos
Tú conduces	(Vosotros conducís)
Él, Ella, Usted	Ellos, Ellas, Ustedes
conduce	conducen

Mi padre conduce un autobús.
My father drives a bus.

conducir un avión   verb   to fly a plane
El piloto conduce el avión sobre el océano.
The pilot flies the plane over the ocean.

---

el conductor   kon-duk-TOR   noun, masc.   driver
El conductor del camión tiene mucho cuidado.
The truck driver is very careful.

---

el conejo   ko-NE-jo   noun, masc.   rabbit
El conejo tiene los ojos color rosa.
The rabbit has pink eyes.

---

el conmutador   kon-mu-ta-DOR   noun, masc.   switch
Aquí está el conmutador para poner el televisor.
Here is the switch to turn on the television.

---

conocer   ko-no-SER   verb   to know,
to be acquainted

Yo conozco	Nosotros conocemos
Tú conoces	(Vosotros conocéis)
Él, Ella, Usted	Ellos, Ellas, Ustedes
conoce	conocen

Nosotros conocemos la ciudad de Madrid.
We know the city of Madrid.

---

conocer a alguien   verb   to know someone
Yo conozco a Carmen.
I know Carmen.

---

conseguir kon-se-GEER verb to get
(*See* seguir)

¿Dónde podemos conseguir sellos de correo?
Where can we get postage stamps?

---

la conserva kon-SER-ba noun, fem. preserves, jam
Nos gusta la conserva de fresa con pan.
We like strawberry jam on bread.

---

contar kon-TAR verb to count, to tell
Yo cuento   Nosotros contamos
Tú cuentas   (Vosotros contáis)
Él, Ella, Usted   Ellos, Ellas, Ustedes
    cuenta   cuentan
Los niños pueden contar hasta ciento.
The children can count to one hundred.

---

contento kon-TEN-to adjective, masc. happy, glad
contenta (fem.)

Los alumnos están contentos porque van
    al parque.
The pupils are happy because they are going
    to the park.

---

continuar kon-tee-NUAR verb to continue
Yo continúo   Nosotros continuamos
Tú continúas   (Vosotros continuáis)
Él, Ella, Usted   Ellos, Ellas, Ustedes
    continúa   continúan
El cuento continúa en la página siguiente.
The story continues on the next page.

---

contra KON-tra preposition against
La escoba está contra la pared.
The broom is against the wall.

---

copiar ko-PEEAR verb to copy
Yo copio   Nosotros copiamos
Tú copias   (Vosotros copiáis)
Él, Ella, Usted   Ellos, Ellas, Ustedes
    copia   copian

Hay que copiar el trabajo de la pizarra.
We have to copy the work from the board.

---

el corazón ko-ra-SON   noun, masc.   heart
José tiene un corazón fuerte.
Joe has a strong heart.

---

el cordón kor-DON   noun, masc.   string
El cordón del papalote es largo.
The kite's string is long.

---

correcto ko-RREK-to   adjective, masc.   correct, right
correcta (fem.)
Las oraciones están correctas.
The sentences are correct.

---

corregir ko-rre-JEER   verb   to correct
Yo corrijo   Nosotros corregimos
Tú corriges   (Vosotros corregís)
Él, Ella, Usted   Ellos, Ellas, Ustedes
  corrige   corrigen
Los maestros corrigen el trabajo de la clase.
The teachers correct the class work.

---

el correo ko-RRE-o   noun, masc.   post office, mail
Enrique va al correo a echar las cartas.
Henry goes to the post office to mail the letters.

---

correr ko-RRER   verb   to run
Yo corro   Nosotros corremos
Tú corres   (Vosotros corréis)
Él, Ella, Usted   Ellos, Ellas, Ustedes
  corre   corren
Los muchachos corren en el campo de recreo.
The boys run in the playground.

---

cortar kor-TAR   verb   to cut
Yo corto   Nosotros cortamos
Tú cortas   (Vosotros cortáis)
Él, Ella, Usted   Ellos, Ellas, Ustedes
  corta   cortan

El señor corta la hierba.
The man cuts the grass.

---

cortés   kor-TES   adjective   courteous, polite
María es muy cortés con los maestros.
Mary is very polite with teachers.

---

la cortina   kor-TEE-na   noun, fem.   curtain
Las cortinas de mi recámara son blancas.
The curtains in my bedroom are white.

---

corto   KOR-to   adjective, masc.   short
  corta   (fem.)

Ester lleva una falda corta
Esther is wearing a short skirt.

---

la cosa   KO-sa   noun, fem.   thing
¿Qué es esa cosa?
What is that thing?

---

coser   ko-SER   verb   to sew

Yo coso	Nosotros cosemos
Tú coses	(Vosotros coséis)
Él, Ella, Usted	Ellos, Ellas, Ustedes
cose	cosen

Mi tía cose mis pantalones.
My aunt is sewing my pants.

---

el costal   kos-TAL   noun, masc.   sack
Es un costal de papas.
It is a sack of potatoes.

---

costar   kos-TAR   verb   to cost
          cuesta   It costs . . .
          cuestan   They cost . . .
          La ropa cuesta mucho.
          Clothes cost a lot.

---

crecer   kre-SER   verb   to grow
          Yo crezco   Nosotros crecemos
          Tú creces   (Vosotros crecéis)
          Él, Ella, Usted   Ellos, Ellas, Ustedes
            crece   crecen
          Algunos niños crecen muy rápido.
          Some children grow very fast.

---

creer   kre-ER   verb   to believe
          Yo creo   Nosotros creemos
          Tú crees   (Vosotros creéis)
          Él, Ella, Usted   Ellos, Ellas, Ustedes
            cree   creen
          Yo no creo esa historia.
          I don't believe that story.

---

la criada   kree-A-da   noun, fem.   maid
          La criada plancha la ropa.
          The maid irons the clothes.

---

cruzar   kru-ZAR   verb   to cross
          Yo cruzo   Nosotros cruzamos
          Tú cruzas   (Vosotros cruzáis)
          Él, Ella, Usted   Ellos, Ellas, Ustedes
            cruza   cruzan
          Juan y Enrique cruzan la calle con cuidado.
          John and Henry cross the street carefully.

---

el cuaderno   kua-DER-no   noun, masc.   notebook
          Cada alumno tiene un cuaderno.
          Each pupil has a notebook.

---

cuadrado   cua-DRA-do   adj., masc.   square
cuadrada   (fem.)

La casa es cuadrada.
The house is square.

---

el cuadro   KUA-dro   noun, masc.   picture, painting
Hay cuatro gatos en el cuadro.
There are four cats in the picture.

---

cualquier   kual-KYER   adjective, masc.   any
cualquiera   (fem.)
Vengan cualquier día de la semana.
Come any day of the week.

---

cuando   KUAN-do   adverb   when
Cuando mis primos están en casa, jugamos
al béisbol.
When my cousins are home, we play baseball.

Cuánto   KUAN-to   adverb   How much?
Cuánta   (fem.)
Cuántos   KUAN-tos   adverb   How many?
Cuántas   (fem.)
¿Cuánto cuesta este cinturón?
How much is this belt?

---

cuarenta   kua-REN-ta   adjective   forty
Hay cuarenta ventanas en este edificio.
There are forty windows in this building.

---

cuarto   KUAR-to   adjective, masc.   fourth
cuarta   (fem.)
Juan se come la cuarta parte del pastel.
John eats a fourth of the pie.

---

el cuarto   KUAR-to   noun, masc.   room, quart
Mi cuarto es pequeño.
My room is small.

---

el cuarto de baño   noun, masc.   bathroom
Me lavo y me peino en el cuarto be baño.
I wash up and comb my hair in the bathroom.

---

cuatro   KUA-tro   adjective   four
  En la familia hay cuatro hermanos.
  There are four brothers in the family.

---

la cubeta;   ku-BE-ta   noun, fem.   pail, bucket
  el cubo   Lleva agua en la cubeta.
  He is carrying water in the pail.

---

cubierto   ku-BYER-to   adjective, masc.   covered
cubierta   (fem.)

  El jardín está cubierto de flores.
  The garden is covered with flowers.

---

cubrir   ku-BREER   verb   to cover
  Yo cubro   Nostros cubrimos
  Tú cubres   (Vosotros cubrís)
  Él, Ella, Usted   Ellos, Ellas, Ustedes
  cubre   cubren
  Las mujeres se cubren la cabeza cuando llueve.
  The women cover their heads when it rains.

---

la cuchara   ku-CHA-ra   noun, fem.   spoon
  La cuchara está cerca del plato.
  The spoon is near the plate.

---

el cuchillo   ku-CHEE-lyo, cu-CHEE-yo   noun, masc.   knife
  El cuchillo está sobre la mesa.
  The knife is on the table.

---

el cuello   KUE-lyo,   noun, masc.   neck (of a person),
  KUE-yo   collar
  La señora lleva una joya magnífica en el cuello.
  The lady is wearing a magnificent jewel around
  her neck.

La camisa tiene un cuello blanco.
The shirt has a white collar.

---

la cuenta　　KUEN-ta　　noun, fem.　　　　bill, check
Papá paga la cuenta.
Dad pays the bill.

---

el cuento　　KUEN-to　　noun, masc.　　　tale, story
¿Quieren oír un cuento?
Do you want to hear a story?

　el cuento de hadas　　noun, masc.　　fairytale
"Cenicienta" es un cuento de hadas.
"Cinderella" is a fairytale.

---

la cuerda　　KUER-da　　noun, fem.　　　rope
Vamos a brincar la cuerda.
Let's jump rope.

---

el cuero　　KUE-ro　　noun, masc.　　　　leather
Para Navidad, quiero una chaqueta de cuero.
For Christmas, I want a leather jacket.

¡Cuidado!　　kuee-DA-do　　interjection　　Be careful!
¡Cuidado! Hay mucho tráfico ahora.
Be careful! There's a lot of traffic now.

　con cuidado　　kon-kuee-DA-do　　adverb　　carefully
Ellas patinan sobre el hielo con cuidado.
They skate over the ice carefully.

---

cuidar　　kuee-DAR　　verb　　　　to look after, to take care of,
　　　　　　　　　　　　　　　　　to guard

47

Yo cuido	Nosotros cuidamos
Tú cuidas	(Vosotros cuidáis)
Él, Ella, Usted	Ellos, Ellas, Ustedes
· cuida	cuidan

Cuando mis padres salen a pasear, yo tengo que cuidar al bebé.

When my parents go out, I have to take care of the baby.

---

el cumpleaños kum-ple-A-nyos noun, masc. birthday

Mi cumpleaños es el dieciocho de diciembre.

My birthday is December eighteenth.

---

la cuna KU-na noun, fem. cradle

El bebé está en la cuna.

The baby is in the cradle.

---

curioso ku-REEO-so adjective, masc. curious
curiosa (fem.)

Alejandro es una persona curiosa. Siempre hace preguntas.

Alex is a curious person. He always asks questions.

CH

---

el chabacano cha-ba-KA-no noun, masc. apricot

El chabacano no es mi fruta favorita.

The apricot is not my favorite fruit.

---

el chapulín cha-pu-LEEN noun, masc. grasshopper

El muchacho agarra un chapulín (el saltón)

The boy catches a grasshopper.

---

la chaqueta cha-KE-ta noun, fem. jacket

Lleva una chaqueta porque hace frío.

He wears a jacket because it is cold.

---

el charol cha-ROL noun, masc. patent leather

Los zapatos son de charol.

The shoes are of patent leather.

---

los chícharos   CHEE-cha-ros   noun, masc.   peas

Mamá pone chícharos (guisantes) en el arroz.
Mother puts peas in the rice.

el chico   CHEE-ko   noun, masc.   boy
 la chica   (fem.)   girl

El chico tiene diez años.
The boy is ten years old.

la chimenea   chee-me-NE-a   noun, fem.   chimney;
fireplace

La casa tiene chimenea.
The house has a chimney.

la chiva   CHEE-ba   noun, fem.   goat

La chiva come hierba.
The goat is eating grass.

el chocolate   cho-ko-LA-te   noun, masc.   chocolate

¡Qué bueno está el chocolate!
The chocolate is good!

el chófer   cho-FER   noun, masc.   driver

El chófer lleva a los estudiantes al aeropuerto.
The driver takes the students to the airport.

el chubasco   chu-BAS-ko   noun, masc.   shower, storm ✓

En abril hay chubascos.
There are showers in April.

49

---

la chuleta   chu-LE-ta   noun, fem.   chop, cutlet
Estas chuletas de puerco están deliciosas.
These pork chops are delicious.

  la chuleta de ternera   noun, fem.   lamb chop
Hay chuletas de ternera para la comida.
There are lamb chops for dinner.

D

---

da lo mismo   da-lo-MEES-mo   idiomatic   It does not make
                                   expression   any difference
Da lo mismo. Me gustan los dos programas
   de televisión.
It doesn't make any difference. I like both
   television programs.

---

dar   DAR   verb   to give
Yo doy   Nosotros damos
Tú das   (Vosotros dais)
Él, Ella, Usted   Ellos, Ellas, Ustedes
   da   dan
Nos dan libros para leer en la biblioteca.
They give us books to read in the library.

---

de   DE   preposition   from, out of
Él llama de su casa.
He calls from his house.

---

de   DE   preposition   of, 's (showing
(del, de la, de las, de los)   ownership
Es la bicicleta de mi vecino.
It is my neighbor's bicycle.

---

de acuerdo   de-a-KUER-do   idiomatic   O.K.
                                 expression
Yo limpio la cocina y tú limpias el comedor
   ¿de acuerdo?
I clean the kitchen and you clean the dining
   room. O.K.?

---

debajo de   de-BA-jo-de   prep.   under
La pelota está debajo de la cama.
The ball is under the bed.

---

débil   DE-beel   adjective   weak
Hoy el muchacho está débil.
The boy is weak today.

---

de buena conducta   prepositional phrase   well-behaved
de-bue-na-kon-DUK-ta
Son estudiantes de buena conducta.
They are well-behaved students.

---

decir   de-SEER   verb   to say

Yo digo	Nosotros decimos
Tú dices	(Vosotros decís)
Él, Ella, Usted dice	Ellos, Ellas, Ustedes dicen

Nunca dicen "gracias."
They never say "Thank you."

---

decorar   de-ko-RAR   verb   to decorate

Yo decoro	Nosotros decoramos
Tú decoras	(Vosotros decoráis)
Él, Ella, Usted decora	Ellos, Ellas, Ustedes decoran

Nosotros decoramos la casa para Navidad.
We decorate the house for Christmas

---

el dedo   DE-do   noun, masc.   finger
Ella indica con el dedo.
She points with her finger.

el dedo del pie   noun, masc.   toe
Me duele el dedo del pie.
My toe hurts.

---

dejar   de-JAR   verb   to leave (something)

Yo dejo	Nosotros dejamos
Tú dejas	(Vosotros dejáis)
Él, Ella, Usted deja	Ellos, Ellas, Ustedes dejan

51

El muchacho deja el periódico en frente
  de la casa.
The boy leaves the newspaper in front
  of the house.

dejar de   verb   to stop (doing something)
Yo dejo de comer.
I stop eating.

---

de la mañana de-la-ma-NYA-na prepositional in the
                               phrase   morning
Son las seis de la mañana.
It is six o'clock in the morning.

---

el delantal de-lan-TAL noun, masc. apron

El hombre lleva delantal.
The man is wearing an apron.

---

delante de de-LAN-te-de prepositional in front of
                               phrase
La silla está delante del sofá.
The chair is in front of the sofa.

---

delgado del-GA-do adj. masc.   thin
delgada (fem.)
El profesor es alto y delgado.
The teacher is tall and thin.

---

delicioso de-lee-SEEO-so adjective, masc. delicious
deliciosa (fem.)
Este almuerzo está delicioso.
This lunch is delicious.

---

demasiado de-ma-SEEA-do adjective, masc. too much
  demasiados (plural)   (too many)
        Hay demasiados platos en el armario.
        There are too many plates in the cupboard.

  demasiado   adverb   too much
        El juguete cuesta demasiado.
        The toy costs too much.

---

de nada de-NA-da idiomatic   You're welcome
                 expression
        Gracias por el regalo. De nada.
        Thanks for the gift. You're welcome.

---

el dentista den-TEES-ta noun, masc.   dentist
        El dentista cuida los dientes de mi padre.
        The dentist takes care of my father's teeth.

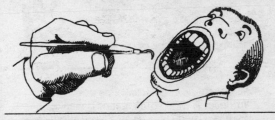

---

de pie de-PYE adverb   standing
        Ella está de pie.
        She is standing.

---

el deporte de-POR-te noun, masc. sport, sports
        Le gustan mucho los deportes.
        He likes sports very much.

---

de repente de-re-PEN-te adverb   suddenly
        De repente, el niño grita.
        Suddenly, the child screams.

---

el desayuno de-sa-YU-no noun, masc.   breakfast
        El desayuno en casa es a las siete.
        Breakfast at home is at seven.

---

descansar des-kan-SAR verb to rest
> Yo descanso   Nosotros descansamos
> Tú descansas   (Vosotros descansáis)
> Él, Ella, Usted   Ellos, Ellas, Ustedes
>   descansa   descansan
> ¡María nunca descansa!
> Mary never rests!

descender de-sen-DER verb to go down
> Yo desciendo   Nosotros descendemos
> Tú desciendes   (Vosotros descendéis)
> Él, Ella, Usted   Ellos, Ellas, Ustedes
>   desciende   descienden
> El avión va a descender; pronto llegamos.
> The plane is descending; we will arrive soon.

desde luego des-de-LUE-go idiomatic of course
> expression
> Vas a la fiesta, ¿verdad?
> Desde luego.
> You're going to the party. Aren't you?
> Of course.

desear de-se-AR verb to want
> Yo deseo   Nosotros deseamos
> Tú deseas   (Vosotros deseáis)
> Él, Ella, Usted   Ellos, Ellas, Ustedes
>   desea   desean
> ¿Qué desean comer?
> What would you like to eat?

el deseo de-SE-o noun, masc. wish
> Tengo un deseo muy especial.
> I have a very special wish.

el desfile des-FEE-le noun, masc. parade
> Mañana hay un desfile.
> Tomorrow there is a parade.

el desierto de-SYER-to noun, masc. desert
> Hay mucha arena en el desierto.
> There is a lot of sand in the desert.

---

desobediente   des-o-be-DYEN-te   adjective   naughty
Roberto no es desobediente.
Robert is not naughty.

---

despacio   des-PA-seeo   adverb   slowly
Gloria camina despacio.
Gloria walks slowly.

---

el despertador   des-per-ta-DOR   noun, masc.   alarm clock
El despertador suena a las seis.
The alarm clock rings at six.

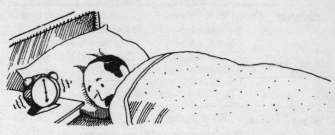

---

despertar   des-per-TAR   verb   to wake up

Yo despierto	Nosotros despertamos
Tú despiertas	(Vosotros despertáis)
Él, Ella, Usted	Ellos, Ellas, Ustedes
despierta	despiertan

¿Despiertas tú a las seis de la mañana?
Do you wake up at six in the morning?

---

después   des-PUES   adverb   afterwards, after
Después de la cena, vamos al cine.
After dinner, we are going to the movies.

---

detener   de-te-NER   verb   to stop

Yo detengo	Nosotros detenemos
Tú detienes	(Vosotros detenéis)
Él, Ella, Usted	Ellos, Ellas, Ustedes
detiene	detienen

El director detiene a los muchachos.
The principal stops the boys.

55

---

detestar   de-tes-TAR   verb   detest

          Yo detesto   Nosotros detestamos
          Tú detestas   (Vosotros detestáis)
          Él, Ella, Usted   Ellos, Ellas, Ustedes
            detesta   detestan
          Todos detestan los zancudos.
          Everyone detests mosquitoes.

---

detrás   de-TRAS   adverb   behind

          Yo me siento detrás de Juan.
          I sit behind John.

---

devolver   de-bol-BER   verb   to give back, to return

          Yo devuelvo   Nosotros devolvemos
          Tú devuelves   (Vosotros devolvéis)
          Él, Ella, Usted   Ellos, Ellas, Ustedes
            devuelve   devuelven
          Los alumnos devuelven los libros.
          The students give back the books.

---

el día   DEE-a   noun, masc.   day

          Ellos celebran el Día de Año Nuevo.
          They celebrate New Year's Day.

el día de fiesta   DEE-a-de-fyes-ta   noun, masc.   holiday

          El día de las madres es día de fiesta
            para todos.
          Mother's Day is a holiday for everyone.

---

un día libre   un-DEE-a- LEE-bre   noun, masc.   a day off

          Trabaja seis días y tiene un día libre.
          He works six days and has one day off.

---

dibujar   dee-bu-JAR   verb   to draw

          Yo dibujo   Nosotros dibujamos
          Tú dibujas   (Vosotros dibujáis)
          Él, Ella, Usted   Ellos, Ellas, Ustedes
            dibuja   dibujan
          Ellos dibujan en la pizarra.
          They draw on the blackboard.

---

el diccionario deek-seeo-NA-reeo noun, masc. dictionary

Buscamos las palabras en el diccionario.
We look for the words in the dictionary.

diciembre di-SYEM-bre noun, masc. December

Mi cumpleaños es en diciembre.
My birthday is in December.

diecinueve dye-see-NUE-be adjective nineteen

Hay diecinueve huevos en el refrigerador.
There are nineteen eggs in the refrigerator.

dieciocho dye-see-O-cho adjective eighteen

Ocho y diez son dieciocho.
Eight and ten are eighteen.

dieciséis dye-see-SAYS adjective sixteen

Hay dieciséis dulces en la caja.
There are sixteen candies in the box.

diecisiete dye-see-SYE-te adjective seventeen

Yo tengo diecisiete primos.
I have seventeen cousins.

el diente DYEN-te noun, masc. tooth

Le duele el diente.
He has a tooth ache.

los dientes noun, masc. teeth

Tiene dientes bonitos.
She has pretty teeth.

---

diez   DYES   adjective   ten
Nosotros tenemos diez libros.
We have ten books.

---

diferente   dee-fe-REN-te   adjective   different
Es una historia diferente.
It is a different story.

---

difícil   dee-FEE-seel   adjective   difficult
Si estudias, no es difícil.
If you study, it is not difficult.

---

el dinero   dee-NE-ro   noun, masc.   money
El muchacho tiene su dinero listo.
The boy has his money ready.

---

la dirección   dee-rek-SEEON   noun, masc.   address
¿Cuál es la dirección de la casa?
What is the address of the house?

---

dirigir   dee-ree-JEER   verb   to direct, to lead

Yo dirijo   Nosotros dirigimos
Tú diriges   (Vosotros dirigís)
Él, Ella, Usted   Ellos, Ellas, Ustedes
   dirige   dirigen
El señor Almeida dirige a los músicos.
Mr. Almeida directs the musicians.

---

el disco   DEES-ko   noun, masc.   record
Me gusta el disco de Guillermo.
I like William's record.

---

disgustado   dees-gus-TA-do   adjective, masc.   displeased
disgustada   (fem.)

doce

La señora está disgustada con el perro.
The lady is displeased with the dog.

---

dispénseme usted   dees-PEN-se-me   idiomatic   excuse
dispénsenme ustedes   (plural)   expression   me
> Dispénseme, por favor. Tengo que salir.
> Excuse me, please. I have to leave.

---

divertido   dee-ber-TEE-do   adjective, masc.   amusing
divertida   (fem.)
> Es un juego muy divertido.
> It is an amusing game.

---

divertirse   dee-ber-TEER-se   verb   to have a good time

Yo me divierto	Nosotros nos divertimos
Tú te diviertes	(Vosotros os divertís)
Él, Ella, Usted	Ellos, Ellas, Ustedes
se divierte	se divierten

> Ellos siempre se divierten en la playa.
> They always have a good time at the beach.

---

doblar   do-BLAR   verb   to turn

Yo doblo	Nosotros doblamos
Tú doblas	(Vosotros dobláis)
Él, Ella, Usted	Ellos, Ellas, Ustedes
dobla	doblan

> El coche dobla a la izquierda
> The car turns left.

---

doce   DO-se   adjective   twelve
> Mi hermana tiene doce discos.
> My sister has twelve records.

59

---

la docena   do-SE-na   noun, fem.   dozen
María compra una docena de naranjas.
Mary buys a dozen oranges.

---

el doctor   dok-TOR   noun, masc.   doctor
El doctor está en el hospital.
The doctor is at the hospital.

---

el dólar   DO-lar   noun, masc.   dollar
Cuesta un dólar.
It costs a dollar.

---

el dolor   do-LOR   noun, masc.   ache, pain

el dolor de estómago   noun, masc.   stomach ache
do-LOR-de-es-TO-ma-go
Él tiene dolor de estómago.
He has a stomach ache.

---

el dominó   do-mee-NO   noun, masc.   dominoes
Vamos a jugar al dominó.
Let's play dominoes.

---

dónde   DON-de   adverb   where
¿Dónde está mi libro de inglés?
Where is my English book?

---

dormir   dor-MEER   verb   to sleep

Yo duermo	Nosotros dormimos
Tú duermes	(Vosotros dormís)
Él, Ella, Usted	Ellos, Ellas, Ustedes
duerme	duermen

El bebé duerme.
The baby is sleeping.

---

dos   DOS   adjective   two
Yo tengo dos hermanos.
I have two brothers.

dos veces   expression   twice

---

dulce DUL-se   adjective   sweet
El pastel está muy dulce.
The pie is very sweet.

el dulce DUL-se   noun   candy
¿Quieres un dulce de chocolate?
Would you like a chocolate candy?

---

durante du-RAN-te   preposition   during
Él va a México durante las vacaciones.
He is going to Mexico during vacation.

---

el durazno du-RAZ-no   noun, masc.   peach
El durazno es delicioso.
The peach is delicious.

---

duro DU-ro   adjective, masc.   hard
dura (fem.)
La cama es dura.
The bed is hard.

E

---

echar una carta e-char-u-na CAR-ta   idiomatic   to mail
                                    expression   a letter
Vamos al correo a echar una carta.
We are going to the post office to mail a letter.

---

la edad e-DAD   noun, fem.   age
¿Cuál es la edad del señor?
What is the man's age?

---

el edificio e-dee-FEE-seeo   noun, masc.   building
La oficina está en ese edificio.
The office is in that building.

---

el ejército e-JER-see-to   noun, masc.   army
Guillermo está en el ejército de los
Estados Unidos.
William is in the United States Army.

---

los ejotes   e-JO-tes   noun, masc.   string beans
Mamá sirve ejotes (habichuelas) con papas.
Mom serves string beans with potatoes.

él   EL   pronoun   he
Ella y él van a la iglesia cerca de la casa.
She and he go to the church near home.

---

el   EL   article   the
El sofá está en la sala.
The sofa is in the living room.

---

eléctrico   e-LEC-tri-ko   adjective, masc.   electric
eléctrica   (fem.)

Michael tiene un tren eléctrico.
Michael has an electric train.

---

el elefante   e-le-FAN-te   noun, masc.   elephant
El elefante es el animal más grande del circo.
The elephant is the largest animal in the circus.

---

ella   E-ya   pronoun, fem.   she
Ella juega al tenis todos los días.
She plays tennis every day.

---

el que   EL-KE   idiomatic   the one that,
expression   the one who
Juan es el que no va.
John is the one who is not going.

---

ellos   E-lyos, E-yos   pronoun, masc.   they
ellas   (fem.)
Ellos brincan y bailan.
They jump and dance.

ellos mismos   pronoun   they themselves
Ellos mismos hacen el trabajo.
They themselves do the work.

---

el emparedado   em-pa-re-DA-do   noun, masc. sandwich
¿Le gusta un emparedado de queso?
Do you like a cheese sandwich?

---

empezar em-pe-SAR   verb   to begin

        Yo empiezo   Nosotros empezamos
        Tú empiezas   (Vosotros empezáis)
        Él, Ella, Usted   Ellos, Ellas, Ustedes
          empieza   empiezan

        ¿Cuándo empiezan las clases el año nuevo?
        When do the classes start in the new year?

---

empujar em-pu-JAR   verb   to push

        Yo empujo   Nosotros empujamos
        Tú empujas   (Vosotros empujáis)
        Él, Ella, Usted   Ellos, Ellas, Ustedes
          empuja   empujan

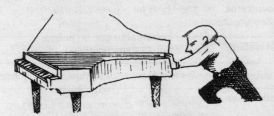

El hombre trata de empujar el piano.
The man tries to push the piano.

---

en EN   preposition   at, on, by

        ¿Están en casa ahora?
        Are they at home now?

---

encantado en-kan-TA-do   adjective, masc.   delighted
  encantada (fem.)

        Ella está encantada con Mónica.
        She's delighted with Monica.

---

el enchufe en-CHU-fe   noun, masc.   electric plug

        ¿Dónde hay enchufe? Quiero conectar
          el televisor.
        Where is a plug? I want to connect the
          television set.

---

encima de   en-SEE-ma-de   prepositional phrase   on

La pluma está encima del libro.
The pen is on the book.

---

encontrar   en-kon-TRAR   verb   to find

Yo encuentro	Nosotros encontramos
Tú encuentras	(Vosotros encontráis)
Él, Ella, Usted	Ellos, Ellas, Ustedes
encuentra	encuentran

No podemos encontrar los discos de
Julio Iglesias.
We can not find Julio Iglesias's records.

---

encontrarse   en-kon-TRAR-se   verb   to meet
(*See* encontrar)

Él va a encontrarse con su amigo.
He is going to meet his friend.

---

se encuentra   se-en-KUEN-tra   idiomatic   is located
expression

La iglesia se encuentra en esa ciudad.
The church is located in that city.

---

enero   e-NE-ro   noun, masc.   January

Hace mucho frío en enero.
It is very cold in January.

---

la enfermera   en-fer-ME-ra   noun, fem.   nurse

La enfermera ayuda al médico.
The nurse helps the doctor.

---

enfermo   en-FER-mo   adjective, masc.   ill, sick
enferma (fem.)

Él nunca está enfermo.
He is never ill.

---

enfrente de   en-FREN-te-de   adverbial   in front of
phrase

64

La iglesia está enfrente de la escuela.
The church is in front of the school.

---

en forma de   prepositional   in the form of,
   en-la-FOR-ma-de   phrase   in the shape of

Tiene una alcancía en forma de un puerco.
She has a bank in the form of a pig.

---

engañar   en-ga-NYAR   verb   to deceive

Yo engaño   Nosotros engañamos
Tú engañas   (Vosotros engañáis)
Él, Ella, Usted   Ellos, Ellas, Ustedes
   engaña   engañan
No es bueno engañar.
It is not good to deceive.

---

en medio de   en-ME-deeo-de   prepositional   in the
   phrase   middle of

Ella baila en medio de un grupo.
She dances in the middle of a group.

---

enojado   e-no-JA do   adjective, masc.   angry
enojada   (fem.)

Mi padre está enojado conmigo.
My father is angry at me.

---

enrollar   en-ro-YAR   verb   to roll

Yo enrollo   Nosotros enrollamos
Tú enrollas   (Vosotros enrolláis)
Él, Ella, Usted   Ellos, Ellas, Ustedes
   enrolla   enrollan
El muchacho tiene que enrollar los papeles.
The boy has to roll the papers.

---

la ensalada   en-sa-LA-da   noun, fem.   salad

65

La familia come ensalada de lechuga y tomate.
The family eats lettuce and tomato salad.

---

en seguida   en-se-GEE-da   adverb   right away,
immediately

Lo hago en seguida.
I'll do it right away.

---

enseñar   en-se-NYAR   verb   to teach, to show
Yo enseño   Nosotros enseñamos
Tú enseñas   (Vosotros enseñáis)
Él, Ella, Usted   Ellos, Ellas, Ustedes
   enseña   enseñan
El profesor enseña a los alumnos.
The teacher teaches the pupils.

---

entender   en-ten-DER   verb   to understand
Yo entiendo   Nosotros entendemos
Tú entiendes   (Vosotros entendéis)
Él, Ella, Usted   Ellos, Ellas, Ustedes
   entiende   entienden
En los Estados Unidos hay muchas personas
   que entienden español.
There are many persons in the United States
   who understand Spanish.

---

entero   en-TE-ro   adjective, masc.   entire, whole
entera   (fem.)

Se come el tomate entero.
He eats the whole tomato.

---

en todas partes   en-to-das-PAR-tes   adverb   everywhere
¿En todas partes hay Coca Cola?
Is Coca Cola everywhere?

---

entonces   en-TON-ses   adverb   then
Hasta entonces, no vamos a la playa.
Until then we will not go to the beach.

---

entrar   en-TRAR   verb   to enter
Yo entro   Nosotros entramos

Tú entras   (Vosotros entráis)
Él, Ella, Usted   Ellos, Ellas, Ustedes
  entra   entran

A veces los muchachos entran tarde en la clase.
Sometimes the boys enter class late.

---

entre   EN-tre   preposition   between

La carne está entre dos pedazos de pan.
The meat is between two pieces of bread.

---

enviar   en-BYAR   verb   to send

Yo envío   Nosotros enviamos
Tú envías   (Vosotros enviáis)
Él, Ella, Usted   Ellos, Ellas, Ustedes
  envía   envían

¿Cómo podemos enviar este paquete?
How can we send this package?

---

en voz alta   en-bo-SAL-ta   adverb   aloud, in a loud voice

Leemos en voz alta algunas veces.
We read aloud sometimes.

---

el equipaje   e-kee-PA-je   noun, masc.   baggage

Ayúdeme con el equipaje.
Help me with the baggage.

---

el equipo   e-KEE-po   noun, masc.   team

El equipo de fútbol va a jugar en Chile.
The football team is going to play in Chile.

---

el error   e-RROR   noun, masc.   error, mistake

Hay un error en este papel.
There is an error in this paper.

---

la escalera   es-ka-LE-ra   noun, fem.   staircase

Hay que subir al segundo piso por la escalera.
You have to go up to the second floor by the
  staircase.

---

el escalón   es-ka-LON   noun, masc.   step
Voy a subir al último escalón.
I'm going to climb to the last step.

la escoba   es-KO-ba   noun, fem.   broom

Ella barre con una escoba.
She sweeps with a broom.

escoger   es-ko-JER   verb   to pick, to choose
Yo escojo   Nosotros escogemos
Tú escoges   (Vosotros escogéis)
Él, Ella, Usted   Ellos, Ellas, Ustedes
  escoge   escogen
Los niños escogen a Raúl como jefe del grupo.
The children choose Raúl as leader of the group.

esconder   es-kon-DER   verb   to hide
Yo escondo   Nosotros escondemos
Tú escondes   (Vosotros escondéis)
Él, Ella, Usted   Ellos, Ellas, Ustedes
  esconde   esconden
Ellos esconden las cartas.
They hide the cards.

escribir   es-kree-BEER   verb   to write
Yo escribo   Nosotros escribimos
Tú escribes   (Vosotros escribís)
Él, Ella, Usted   Ellos, Ellas, Ustedes
  escribe   escriben
Juan le escribe una carte a María.
John writes Mary a letter.

---

el escritorio es-kree-TO-reeo noun, masc. desk
El libro está en el escritorio.
The book is on the desk.

---

escuchar es-ku-CHAR verb to listen

Yo escucho	Nosotros escuchamos
Tú escuchas	(Vosotros escucháis)
Él, Ella, Usted	Ellos, Ellas, Ustedes
escucha	escuchan

Los maestros siempre dicen que hay que
escuchar.
The teachers always say that we must listen.

---

la escuela es-KUE-la noun, fem. school
Estudiamos y nos divertimos en la escuela.
We study and have fun in school.

ése E-se pronoun that one
Ése es de mi primo.
That one is my cousin's.

---

ese E-se adjective, masc. that
esa (fem.)

Ese impermeable es nuevo.
That raincoat is new.

---

eso E-so pronoun that
Eso me gusta mucho.
That I like very much.

---

la espalda es-PAL-da noun, fem. back
Me duele la espalda.
My back hurts.

69

---

espantoso es-pan-TO-so adjective, masc. frightening
  espantosa (fem.)

  Ese es un cuento espantoso.
  That is a frightening tale.

---

especialmente es-pe-syal-MEN-te adverb especially

  Me gusta la fruta, especialmente las naranjas.
  I like fruit, especially oranges.

---

el espejo es-PE-jo noun, masc. mirror

  La muchacha se mira en el espejo.
  The girl looks at herself in the mirror.

---

esperar es-pe-RAR verb to wait, to expect, to hope

  Yo espero Nosotros esperamos
  Tú esperas (Vosotros esperáis)
  Él, Ella, Usted Ellos, Ellas, Ustedes
    espera   esperan
  Silvia espera a Carlos.
  Sylvia waits for Charles.

---

las espinacas es-pee-NA-kas noun, fem. spinach

  Sirven carne con papas y espinacas.
  They serve meat with potatoes and spinach.

---

la esposa es-PO-sa noun, fem. wife

  Carmen es la esposa del doctor Ortiz.
  Carmen is Dr. Ortiz's wife.

---

el esposo es-PO-so noun, masc. husband

  El esposo de la señora Rodríguez es licenciado.
  Mrs. Rodriguez's husband is a lawyer.

---

la esquina es-KEE-na noun, masc. corner

  El televisor está en una esquina del cuarto.
  The television is in a corner of the room.

---

la estación es-ta-SEEON noun, fem. season

  Mi estación favorita es el verano.
  My favorite season is summer.

  la estación de tren noun, fem. train station

70

Esperan a su tío en la estación de tren.
They wait for their uncle in the train station.

---

estacionar   es-ta-seeo-NAR   verb   to park

Yo estaciono	Nosotros estacionamos
Tú estacionas	(Vosotros estacionáis)
Él, Ella, Usted estaciona	Ellos, Ellas, Ustedes estacionan

El chofer estaciona el coche.
The chauffeur parks the car.

---

el estado   es-TA-do   noun, masc.   state

Nosotros vivimos en el estado de Colorado.
We live in the state of Colorado.

---

estar   es-TAR   verb   to be

Yo estoy	Nosotros estamos
Tú estás	(Vosotros estáis)
Él, Ella, Usted está	Ellos, Ellas, Ustedes están

Estamos en la Argentina para las vacaciones.
We are in Argentina for vacation.

estar equivocado   verb   to be wrong
es-TAR e-kee-bo-KA-do

Yo estoy equivocado.
I am wrong.

---

el este   ES-te   noun, masc.   east

Para ir de Texas a Nueva York, se viaja al este.
To go from Texas to New York, you travel east.

éste   ES-te   pronoun, masc.   this one
ésta (fem.)

Éste es azul oscuro.
This one is dark blue.

---

este   ES-te   adjective, masc.   this
esta (fem.)

Este auto es negro.
This auto is black.

---

estirar es-tee-RAR verb to pull

Yo estiro	Nosotros estiramos
Tú estiras	(Vosotros estiráis)
Él, Ella, Usted estira	Ellos, Ellas, Ustedes estiran

Él estira las cintas de los zapatos.
He pulls the shoe laces.

---

esto ES-to pronoun this

No entiendo esto
I don't understand this.

---

el estómago es-TO-ma-go noun, masc. stomach

Siempre le duele el estómago.
His stomach always hurts.

---

estornudar es-tor-nu-DAR verb to sneeze

Yo estornudo	Nosotros estornudamos
Tú estornudas	(Vosotros estornudáis)
Él, Ella, Usted estornuda	Ellos, Ellas, Ustedes estornudan

Cuando tengo resfriado, estornudo muchas veces.
When I have a cold, I sneeze many times.

---

estrecho es-TRE-cho adjective, masc. narrow
estrecha (fem.)

Esta carretera es estrecha.
This highway is narrow.

---

la estrella es-TRE-lya, es-TRE-ya noun, fem. star

¡Ay! Mira las estrellas en el cielo.
Oh! Look at the stars in the sky.

---

el estudiante es-tu-DEEAN-te   noun, masc.   student
  la estudiante (fem.)
           El estudiante lee su libro.
           The student reads his book.

---

estudiar es-tu-DEEAR   verb   to study
           Yo estudio   Nosotros estudiamos
           Tú estudias   (Vosotros estudiáis)
           Él, Ella, Usted   Ellos, Ellas, Ustedes
             estudia   estudian
           A veces estudiamos en la biblioteca.
           Sometimes we study in the library.

---

la estufa es-TU-fa   noun, fem.   stove
           La carne está en la estufa.
           The meat is on the stove.

---

estúpido es-TU-pee-do   adjective, masc.   stupid
  estúpida (fem.)
           ¡No! Yo no soy estúpido.
           No! I'm not stupid.

---

el examen ek-SA-men   noun, masc.   test, examination
           Los estudiantes tienen examen de ciencia.
           The students have a science exam.

---

excelente ek-se-LEN-te   adjective   excellent
           La niña prepara una comida excelente.
           The girl prepares an excellent meal.

---

explicar es-plee-KAR   verb   to explain
           Yo explico   Nosotros explicamos
           Tú explicas   (Vosotros explicáis)
           Él, Ella, Usted   Ellos, Ellas, Ustedes
             explica   explican
           La profesora explica la lección.
           The teacher explains the lesson.

---

extraño es-TRA-nyo   adjective, masc.   strange
  extraña (fem.)
           Es una persona muy extraña.
           He is a very strange person.

---

el extranjero es-tran-JE-ro noun, masc. foreigner, stranger

Aquí mi tío es un extranjero.
My uncle is a stranger here.

---

extraordinario adjective, masc. extraordinary, unusual
es-tra-or-dee-NA-reeo
  extraordinaria (fem.)

Es una película extraordinaria.
It is an extraordinary movie.

F

---

la fábrica FA-bree-ka noun, fem. factory

Hay muchas máquinas en esa fábrica.
There are many machines in that factory.

---

fácil FA-seel adjective easy

Cuando estudio, la lección es fácil.
The lesson is easy when I study.

---

la faja FA-ja noun, fem. belt

¿Le gusta esta faja?
Do you like this belt?

---

la falda FAL-da noun, fem. skirt

Lleva una falda roja.
She is wearing a red skirt.

---

falso FAL-so adjective, masc. false, fake
  falsa (fem.)

La joya es falsa.
The jewel is false.

---

la falta FAL-ta noun, fem. error
No tengo faltas en mi papel.
I have no errors on my paper.

---

la familia fa-MEE-leea noun, fem. family
En la familia de los García hay dos niños y
dos niñas.
In the García family there are two boys and
two girls.

---

famoso fa-MO-so adjective, masc. famous
famosa (fem.)
Los museos de la Ciudad de México son famosos.
The Mexico City museums are famous.

---

la farmacia far-MA-seea noun, fem. pharmacy,
drugstore
Vamos a la farmacia por la medicina.
We go to the pharmacy for the medicine.

---

favorito fa-bo-REE-to adjective, masc. favorite
favorita (fem.)
Mi color favorito es el amarillo.
My favorite color is yellow.

---

febrero fe-BRE-ro noun, masc. February
El cumpleaños de Jorge Washington es el
veintidós de febrero.
George Washington's birthday is February
twenty-second.

---

la fecha FE-cha noun, fem. date
La fecha de hoy es el 9 de marzo.
Today's date is March 9.

---

feliz fe-LEES adjective happy, glad
felices (plural)
Los niños son felices porque no hay clases en
el verano.

75

¡Feliz cumpleaños!

The children are happy because there are no classes in summer.

¡Feliz cumpleaños!	idiomatic	Happy Birthday!
fe-LEES-kum-ple-A-nyos	expression	

---

feo FE-o adjective, masc. ugly
fea (fem.)

Ese animal es muy feo.
That animal is very ugly.

---

la feria FE-reea noun, fem. fair

Siempre hay cosas interesantes en la feria.
There are always many interesting things
at the fair.

---

feroz fe-ROS adjective ferocious, fierce, wild

El tigre es un animal feroz.
The tiger is a fierce animal.

---

el ferrocarril fe-rro-ka-RREEL noun, masc. railroad

¿Dónde está el ferrocarril?
Where is the railroad?

---

la fiebre FYE-bre noun, fem. fever

Tiene una fiebre alta.
He has a high fever.

---

la fiesta FYES-ta noun, fem. party

Vamos a tener una fiesta en la playa.
We are going to have a party on the beach.

---

fijar fee-JAR verb to set

Yo fijo	Nosotros fijamos
Tú fijas	(Vosotros fijáis)
Él, Ella, Usted	Ellos, Ellas, Ustedes
fija	fijan

Papá tiene que fijar la lámpara en esa mesa.
Dad has to set the lamp on that table.

---

la fila FEE-la noun, fem. row

Ella se sienta en la primera fila.
She sits in the first row.

76

---

el fin   FEEN   noun, masc.   end
Éste es el fin de la historia.
This is the end of the story.

---

la flor   FLOR   noun, fem.   flower
La rosa es una flor hermosa.
The rose is a beautiful flower.

---

el fonógrafo   fo-NO-gra-fo   noun, masc.   phonograph
Yo uso el fonógrafo de mis padres para tocar
discos.
I use my parents' phonograph to play records.

---

la fotografía   fo-to-gra-FEE-a   noun, fem.   photograph
Hay una fotografía de mi hermano en la sala.
There is a photograph of my brother in the
living room.

---

francés   fran-SES   adjective   French
Nos gusta mucho el pan francés.
We like French bread a lot.

---

la frase   FRA-se   noun, fem.   sentence
Necesito la frase en inglés.
I need the sentence in English.

---

frecuentemente   fre-kuen-te-MEN-te   adverb   frequently,
often
Frecuentemente, paseamos en coche.
We take a car ride frequently.

---

con frecuencia   kon-fre-KUEN-cia   adverb   often
Se bañan con frecuencia.
They bathe often.

---

la fresa   FRE-sa   noun, fem.   strawberry
Me gusta un postre de fresa.
I like a strawberry dessert.

---

fresco   FRES-ko   adjective, masc.   fresh, cool
fresca   (fem.)
Hay legumbres frescas en la tienda.
There are fresh vegetables in the store.

---

frío FREE-o   adjective. masc.   cold
  fría (fem.)

El café está frío.
The coffee is cold.

---

la fruta FRU-ta   noun, fem.   fruit

Yo como fruta todos los días.
I eat fruit every day.

---

el fuego FUE-go   noun. masc.   fire

Hay fuego en la chimenea.
There is fire in the fireplace.

---

fuerte FUER-te   adjective   strong

Gustavo es muy fuerte
Gus is very strong.

---

fuerte FUER-te   adverb   loud, loudly

El policía habla fuerte.
The policeman speaks loudly.

---

fumar fu-MAR   verb   to smoke

Yo fumo   Nosotros fumamos
Tú fumas   (Vosotros fumáis)
Él, Ella. Usted   Ellos, Ellas, Ustedes
  fuma   fuman

Nosotros no fumamos.
We do not smoke.

---

el futuro fu-TU-ro   noun, masc.   future

¿En el futuro. van a vivir en la luna?
In the future are they going to live on the moon?

G

la galleta ga-LYE-ta, ga-YE-ta   noun, fem.   cracker, cookie

Voy a tomar sopa y galletas.
I am going to have soup and crackers.

la galletita   noun, fem.   cookie
ga-lye-TEE-ta, ga-ye-TEE-ta

la galletica ga-lye-TEE-ka, ga-ye-TEE-ka

Nos gustan mucho las galletitas de chocolate.
We like chocolate cookies a lot.

la gallina ga-LYEE-na, ga-YEE-na   noun, fem.   chicken

La gallina pone los huevos.
The chicken lays eggs.

el gallo GA-yo   noun, masc.   rooster

Este gallo es rojo y amarillo.
This rooster is red and yellow.

ganar ga-NAR   verb   to earn, to win

Yo gano	Nosotros ganamos
Tú ganas	(Vosotros ganáis)
Él, Ella, Usted gana	Ellos, Ellas, Ustedes ganan

Nuestro equipo siempre gana.
Our team always wins.

el garaje ga-RA-je   noun, masc.   garage

Hay dos coches en el garaje.
There are two cars in the garage.

la garganta gar-GAN-ta   noun, fem.   throat

Le duele la garganta.
His throat hurts him.

el gas GAS   noun, masc.   gas

La señora cocina en una estufa de gas.
The lady cooks on a gas stove.

---

la gasolina ga-so-LEE-na noun, fem. gasoline

El coche necesita gasolina.

The car needs gasoline.

---

gastar (dinero) gas-TAR verb to spend (money)

Yo gasto	Nosotros gastamos
Tú gastas	Vosotros gastáis
Él, Ella, Usted gasta	Ellos, Ellas, Ustedes gastan

Cuando van de compras, gastan mucho dinero.

When they go shopping, they spend a lot of money.

---

el gatito ga-TEE-to noun, masc. kitten

Rafael es mi gatito consentido.

Ralph is my pet kitten.

---

el gato GA-to noun, masc. cat

El gato pelea con el perro.

The cat fights with the dog.

---

el gendarme jen-DAR-me noun, masc. policeman

El gendarme cuida el banco.

The policeman takes care of the bank.

---

generoso je-ne-RO-so adjective, masc. kind, generous
generosa (fem.)

Mi abuelita es muy generosa.

My grandmother is very generous.

---

la gente JEN-te noun, fem. people

La gente quiere ver al presidente.

The people want to see the president.

---

la geografía   je-o-gra-FEE-a   noun, fem.   geography
En la clase de geografía estudiamos los mapas de los países diferentes.
In geography class we study maps of different countries.

el gigante   jee-GAN-te   noun, masc.   giant
En el cuento el gigante se come a la gente.
In the story the giant eats people.

el globo   GLO-bo   noun, masc.   balloon
Quiero el globo amarillo.
I want the yellow balloon.

el golpe   GOL-pe   noun, masc.   blow, knock
El señor le da un golpe al ladrón.
The man gives the thief a blow.

gordo   GOR-do   adjective, masc.   fat
gorda   (fem.)
¡Qué hombre tan gordo!
What a fat man!

la grabadora   gra-ba-DO-ra   noun, fem.   tape recorder
Enrique usa su grabadora.
Henry uses his tape recorder.

¡Gracias!   GRA-seeas   interjection   Thanks! Thank you!
Muchas gracias por el regalo.
Thank you for the gift.

gracioso   gra-SEEO-so   adjective, masc.   cute, amusing,
graciosa   (fem.)   funny
El niño es gracioso.
The boy is cute.

gran   GRAN   adjective   great
El cuatro de julio hay una gran fiesta.
There is a great celebration on the fourth of July.

grande GRAN-de   adjective   large, big
               La casa es muy grande.
               The house is very large.

más grande mas-GRAN-de   adjective   bigger
               Necesito unas botas más grandes.
               I need bigger boots.

la granja GRAN-ja   noun, fem.   farm

               Hay muchas plantas en la granja.
               There are many plants on the farm.

gris GREES   adjective   gray
               El traje es gris.
               The suit is gray.

gritar gree-TAR   verb   to scream, to shout
               Yo grito   Nosotros gritamos
               Tú gritas   (Vosotros gritáis)
               Él, Ella, Usted   Ellos, Ellas, Ustedes
                 grita   gritan

               El muchacho grita cuando quiere algo.
               The boy shouts when he wants something.

grueso GRUE-so   adjective, masc.   thick
gruesa (fem.)
               El cuaderno de Jorge es grueso.
               George's notebook is thick.

el guajolote gua-jo-LO-te   noun, masc.   turkey
               El guajolote es gris y negro.
               The turkey is gray and black.

---

los guantes GUAN-tes noun, masc. gloves
Llevamos guantes cuando hace frío.
We wear gloves when it is cold.

---

guapo GUA-po adjective, masc. handsome,
 guapa (fem.) good looking
Mi papá es muy guapo.
My father is very good looking.

---

guardar guar-DAR verb to store, to keep, to save

Yo guardo	Nosotros guardamos
Tú guardas	(Vosotros guardáis)
Él, Ella, Usted guarda	Ellos, Ellas, Ustedes guardan

Nosotros guardamos el dinero en el banco.
We keep our money in the bank.

---

la guerra GE-rra noun, fem. war
En una guerra mueren muchas personas.
Many people die in a war.

---

guitarra gee-TA-rra noun, fem. guitar
Mi amigo toca la guitarra muy bien.
My friend plays the guitar very well.

---

el gusano gu-SA-no noun, masc. worm
Hay gusanos en la basura.
There are worms in the trash.

---

gustar(le) algo gus-TAR verb to like something

me gusta	nos gusta
(me gustan)	(nos gustan)
te gusta	(os gusta)
(te gustan)	(os gustan)
le gusta	les gusta
(le gustan)	(les gustan)

A ellos les gusta caminar en el jardín.
They like to walk in the garden.

me gustaría me-gus-ta-RI-a verb I would like
Me gustaría viajar a la luna.
I would like to go to the moon.

H

hablar   a-BLAR   verb   to speak, to talk

Yo hablo	Nosotros hablamos
Tú hablas	(Vosotros habláis)
Él, Ella, Usted habla	Ellos, Ellas, Ustedes hablan

Los estudiantes hablan inglés y español.

The students speak English and Spanish.

---

hace   A-se   idiomatic   It (the weather) is . . .
                            expression

Hace frío en el invierno.

It is cold in winter.

hace calor   A-se-ka-LOR   idiomatic   It is hot
                                expression

Hoy hace mucho calor.

Today it is very hot.

Hace sol.   A-se-SOL   idiomatic   It is sunny.
                            expression

---

hacer   a-SER   verb   to do, to make

Yo hago	Nosotros hacemos
Tú haces	(Vosotros hacéis)
Él, Ella, Usted hace	Ellos, Ellas, Ustedes hacen

Ella quiere hacer un vestido.

She wants to make a dress.

hacer un paseo al campo   verb   to have a picnic

> En junio hacen un paseo al campo.
> In June they have a picnic.

hacer un viaje   verb   to take a trip

> Queremos hacer un viaje a San Juan, Puerto Rico.
> We want to take a trip to San Juan, Puerto Rico.

---

hacerse   a-SER-se   verb   to become
(*See* hacer)

> Mi hijo quiere hacerse doctor en medicina.
> My son wants to become a doctor of medicine.

---

hacia   A-seea   adverb   toward

> El avión viaja hacia el mar.
> The plane is traveling toward the sea.

---

el hada   A-da   noun, fem.   fairy

> El hada del cuento tiene el pelo rubio.
> The fairy in the story has blond hair.

---

hallar   a-YAR   verb   to find

> | Yo hallo | Nosotros hallamos |
> | Tú hallas | (Vosotros halláis) |
> | Él, Ella, Usted halla | Ellos, Ellas, Ustedes hallan |
>
> Hay que hallar la puerta para entrar.
> You have to find the door to enter.

---

hasta   AS-ta   adverb   until

> Vamos a nadar desde las dos hasta las tres.
>
> We are going to swim from two until three.

hasta pronto   as-ta-PRON-to   idiomatic expression   see you soon

> Al salir de la casa, ella dice "Hasta pronto."
> As she leaves the house, she says "see you soon."

hasta luego   as-ta-LUE-go   idiomatic expression   see you soon

85

Es hora de salir. Hasta luego.
It's time to go. See you later.

---

hay AEE idiomatic   there is, there are
expression

¿Qué hay de nuevo?
What is new?

Hay una flor en el jardín.
There is a flower in the garden.

hay que idiomatic   you have to, you must
expression

Hay que leer el periódico.
You must read the newspaper.

---

hecho de vidrio e-cho-de-VEE-drio adjective,   made of
masc.   glass

Ese pájaro está hecho de vidrio.
That bird is made of glass.

---

el helado e-LA-do noun, masc.   ice cream

¿Te gusta el helado?
Do you like ice cream?

el helado e-LA-do noun, masc.   ice cream
(de chocolate)   (chocolate)

Mi postre favorito es el helado de chocolate.
My favorite dessert is chocolate ice cream.

---

el helicóptero e-lee-KOP-te-ro noun, masc.   helicopter

Vamos en helicóptero al aeropuerto.
We are going to the airport by helicopter.

---

el heno E-no noun, masc.   hay

El heno es para los caballos.
Hay is for horses.

---

la hermana er-MA-na noun, fem.   sister

Anita es la hermana de Roberto.
Anita is Robert's sister.

---

el hermano er-MA-no noun, masc.   brother

Mi hermano es amigo de Enrique.
My brother is Henry's friend.

---

hermoso   er-MO-so   adjective, masc.   beautiful
  hermosa (fem.)

        Michael es un niño hermoso.
        Michael is a beautiful child.

---

el hielo   YE-lo   noun, masc.   ice

        Ellos patinan en el hielo.
        They skate on the ice.

---

la hierba   YER-ba   noun, fem.   grass

        Hay mucha hierba en frente de la casa.
        There is a lot of grass in front of the house.

---

el hierro   YE-rro   noun, masc.   iron

        El buzón es de hierro.
        The mailbox is iron.

---

la hija   EE-ja   noun, fem.   daughter

        La señora Sánchez tiene cuatro hijas.
        Mrs. Sánchez has four daughters.

---

el hijo   EE-jo   noun, masc.   son

        El hijo de la señora Treviño juega al golf.
        Mrs. Treviño's son plays golf.

---

la historia   ees-TO-rya   noun, fem.   story

        La historia de California es muy interesante.
        California's history is very interesting.

---

la hoja   O-ja   noun, fem.   leaf

        En otoño las hojas caen de los árboles.
        In the fall the leaves fall from the trees.

la hoja de papel

---

la hoja de papel noun, fem. sheet of paper
Saquen una hoja de papel.
Take out a sheet of paper.

¡Hola! O-la interjection Hello! Hi!
Hola, Conchita. ¿Cómo estás?
Hi, Conchita. How are you?

---

el hombre OM-bre noun, masc. man
Mi padrino es un hombre muy alto.
My godfather is a very tall man.

el hombre (hecho) noun, masc. snowman
de nieve
Vamos a hacer un hombre de nieve.
Let's make a snowman.

---

el hombro OM-bro noun, masc. shoulder
Lleva un saco en el hombro.
He is carrying a coat (jacket) on his shoulder.

---

hondo ON-do adjective, masc. deep
honda (fem.)
Es un lago muy hondo.
It is a very deep lake.

---

en honor de en-o-NOR-de idiomatic in honor of
expression
La fiesta es en honor de los soldados.
The party is in honor of the soldiers.

---

la hora O-ra noun, fem. time, hour
¿Qué hora es?
What time is it?

la hora del almuerzo noun, fem. lunchtime
¿Es la hora del almuerzo? Tengo hambre.
Is it lunchtime? I'm hungry.

---

la hormiga or-MEE-ga noun, fem. ant
Esa hormiga es grande y roja.
That ant is big and red.

---

el hospital os-pee-TAL   noun, masc.   hospital

Cuando la gente está enferma, tiene que ir al hospital.
When people are ill, they have to go to the hospital.

el hotel o-TEL   noun, masc.   hotel

Es un hotel grande y cómodo.
The hotel is large and comfortable.

hoy   OEE adverb   today

Hoy es el cinco de septiembre.
Today is September fifth.

el huevo WE-bo noun, masc.   egg

Todo el mundo come huevos.
Everybody eats eggs.

el hule U-le noun, masc.   rubber

La muñeca es de hule.
The doll is of rubber.

húmedo U-me-do adjective, masc.   humid, damp,
húmeda (fem.)   moist

La toalla está húmeda.
The towel is damp.

I

la idea ee-DE-a noun, fem.   idea

Es una buena idea. Vamos al cine.
It's a good idea. Let's go to the movies.

la iglesia ee-GLE-seea noun, fem. church

Los domingos ellos van a la iglesia.
Sundays they go to church.

igual ee-GUAL adjective   equal, alike

Dos y dos es igual a cuatro.
Two and two is equal to four.

---

impar eem-PAR adjective   odd (number)
Es un número impar.
It is an odd number.

---

el impermeable eem-per-me-A-ble noun, masc. raincoat
Su impermeable es amarillo.
His raincoat is yellow.

---

importante eem-por-TAN-te adjective   important
Una persona importante viene a visitar la ciudad.
An important person is coming to visit the city.

---

imposible eem-po-SEE-ble adjective   impossible
Es imposible cruzar la calle a pie.
It's impossible to cross the street on foot.

---

indicar een-dee-KAR verb   to show, to indicate,
                                              to point

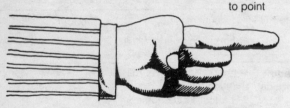

Yo indico   Nosotros indicamos
Tú indicas   (Vosotros indicáis)
Él, Ella, Usted   Ellos, Ellas, Ustedes
  indica   indican
El termómetro indica la temperatura.
The thermometer indicates the temperature.

---

infeliz een-fe-LEES adjective   unhappy
La historia tiene un fin infeliz (triste).
The story has an unhappy ending.

---

el ingeniero een-je-NYE-ro noun, masc.   engineer
El ingeniero y los trabajadores construyen
  un puente.
The engineer and the workers construct a bridge.

---

inglés   een-GLES   adjective, masc.   English
  inglesa (fem.)

        Nuestro profesor es inglés.
        Our teacher is English.

---

inmediatamente   adverb   immediately
      een-me-deea-ta-MEN-te

        Vamos inmediatamente al hospital.
        Let's go to the hospital immediately.

---

el insecto   een-SEK-to   noun, masc.   insect

        Ese insecto vive en los árboles.
        That insect lives in trees.

---

inteligente   een-te-lee-JEN-te   adjective   intelligent

        Mi mamá es muy inteligente.
        My mother is very intelligent.

---

interesante   een-te-re-SAN-te   adjective   interesting

        Esa película es muy interesante.
        That movie is very interesting

---

el invierno   eem-BYER-no   noun, masc.   winter

        Hace frío en el invierno.
        It is cold in winter.

---

invitar   eem-bee-TAR   verb   to invite

        Yo invito   Nosotros invitamos
        Tú invitas   (Vosotros invitáis)
        Él, Ella, Usted   Ellos, Ellas, Ustedes
          invita   invitan
        Ellos invitan a sus amigos a la fiesta.
        They invite their friends to the party.

---

ir   EER   verb   to go

        Yo voy   Nosotros vamos
        Tú vas   (Vosotros vais)
        Él, Ella, Usted   Ellos, Ellas, Ustedes
          va   van
        Voy a la casa de mi vecino.
        I am going to my neighbor's house.

ir a trabajar   to go to work
> Nadie quiere ir a trabajar hoy.
> No one wants to go to work today.

ir de compras   to go shopping
> Las mujeres siempre quieren ir de compras.
> Women always want to go shopping.

ir de pesca   eer-de-PES-ka   to go fishing
> Mis amigos van de pesca en Baja California.
> My friends go fishing in Baja California.

---

irse   IR-se   verb   to leave
(*See* ir)
> Connie se va a las cinco.
> Connie leaves at five.

---

la isla   EES-la   noun, fem.   island
> Los turistas visitan la isla.
> The tourists visit the island.

---

izquierdo   ees-KYER-do   adjective, masc.   left
izquierda   (fem.)
> Le duele el brazo izquierdo.
> His left arm hurts.

a la izquierda   idiomatic   to the left
                        expression

J

el jabón   ja-BON   noun, masc.   soap
> Este jabón huele tan bonito.
> This soap smells so pretty.

---

jamás   ja-MAS   adverb   never
> Jamás uso la pistola.
> I never use the gun.

---

el jamón   ja-MON   noun, masc.   ham
> Yo quiero un sandwich de jamón, por favor.
> I would like a ham sandwich, please.

---

el jardín jar-DEEN noun, masc. garden

> Hay muchas flores en el jardín.
> There are many flowers in the garden.

el jardín zoológico jar-DEEN-so-o-LO-gi-co noun, masc. zoo

> ¿Si vamos al jardín zoológico, qué animal quieres ver primero?
> If we go to the zoo, what animal do you want to see first?

el jefe JE-fe noun, masc. leader

> El jefe del grupo es mi primo Guillermo.
> The leader of the group is my cousin William.

joven JO-ven adjective young

> A la gente joven le gusta mucho esa música.
> The young people like that music a lot.

la joya JO-ya noun, fem. jewel

> Ese anillo tiene una joya preciosa.
> That ring has a precious jewel.

la joyería jo-ye-REE-a noun, fem. jewelry shop

> Hay joyas preciosas en la joyería.
> There are precious jewels in the jewelry shop.

el juego JUE-go noun, masc. game

> ¿Conoces el juego de la gallina ciega?
> Do you know the game of Blindman's Buff?

el juego de mesa noun, masc. setting (table)

> El juego de mesa está completo.
> The table setting is complete.

93

jugar   ju-GAR   verb   to play (game)

Yo juego	Nosotros jugamos
Tú juegas	(Vosotros jugáis)
Él, Ella, Usted	Ellos, Ellas, Ustedes
juega	juegan

Yo juego al béisbol todos los días.
I play baseball everyday.

jugar al ajedrez   verb   to play chess

Los muchachos juegan al ajedrez.
The boys are playing chess.

jugar a la baraja   verb   to play cards
jugar a las cartas
jugar a los naipes

Mi papá y sus amigos juegan baraja.
My dad and his friends play cards.

jugar a las   verb   to play Chinese
damas chinas   checkers

Vamos a jugar a las damas chinas.
Let's play Chinese checkers.

jugar a las   verb   to play
escondidas (el escondido)   hide-and-seek

¿Quién quiere jugar a las escondidas?
Who wants to play hide-and-seek?

jugar a la   verb   to play Blindman's
gallina ciega   Buff

Ellos juegan a la gallina ciega.
They are playing Blindman's Buff.

jugar a "salta la burra"   verb   to play leapfrog

Juegan a "salta la burra."
They play leapfrog.

el jugo   JU-go   noun, masc.   juice

¿Qué clase de jugo quiere usted?
What kind of juice do you want?

el jugo de naranja   noun, masc.   orange juice

Yo quiero un vaso grande de jugo de naranja.
I want a large glass of orange juice.

---

el juguete   ju-GE-te   noun, masc.   toy
Es el juguete favorito del niño.
That's the little boy's favorite toy.

---

el jueves   ju-E-ves   noun. masc.   Thursday
El jueves es día de fiesta.
Thursday is a holiday.

---

julio   JU-leeo   noun. masc.   July
Hace mucho calor en julio.
It's very hot in July.

---

junio   JU-neeo   noun. masc.   June
En junio no hay clases.
There are no classes in June.

---

juntos   JUN-tos   adverb   together
Ellos trabajan juntos en la tienda.
They work together at the store.

---

justo   JUS-to   adjective, masc.   fair
justa   (fem.)

Esta maestra es muy justa.
This teacher is very fair.

K

---

el kilómetro   kee-LO-me-tro   noun, masc.   kilometer
La casa de mi tío está a cinco kilómetros de
    Guadalajara.
My uncle's house is five kilometers from
    Guadalajara.

L

---

la   LA   pronoun, fem.   it, the
Siempre la comemos.
We always eat it

---

el labio   LA-beeo   noun, masc.   lip
Los labios son rojos.
Lips are red.

---

al lado de   al-LA-do-de   idiomatic expression   next to
Eva está en la silla al lado de Virginia.
Eva is in the chair next to Virginia.

---

el ladrón   la-DRON   noun, masc.   burglar
El ladrón entra por la ventana.
The burglar comes in through the window.

---

el lago   LA-go   noun, masc.   lake
Ellos nadan en el lago.
They swim in the lake.

---

la lágrima   LA-gree-ma   noun, masc.   tear
Ella tiene lágrimas en los ojos.
She has tears in her eyes.

---

la lámpara   LAM-pa-ra   noun, fem.   lamp
Esta lámpara no da suficiente luz.
This lamp does not give enough light.

---

la lana   LA-na   noun, fem.   wool
Las ovejas nos dan lana.
Sheep give us wool.

---

el lápiz   LA-pees   noun, masc.   pencil
Aquí está mi lápiz.
Here is my pencil.

el lápiz de color   noun, masc.   crayon, color pencil
El alumno usa un lápiz de color.
The pupil uses a crayon.

---

lavar la-BAR verb — to wash

Yo lavo	Nosotros lavamos
Tú lavas	(Vosotros laváis)
Él, Ella, Usted lava	Ellos, Ellas, Ustedes lavan

La máquina lava la ropa.

The machine washes the clothes.

lavarse verb — to wash oneself

Yo me lavo	Nosotros nos lavamos
Tú te lavas	(Vosotros os laváis)
Él, Ella, Usted se lava	Ellos, Ellas, Ustedes se lavan

Nos lavamos la cara y las manos todos los días.

We wash our face and hands every day.

---

le LE pronoun — him, her

Le hablo a él todos los días.

I speak to him every day.

---

la lección lek-SEEON noun. fem. — lesson

¿Quién sabe la lección de hoy?

Who knows today's lesson?

---

la leche LE-che noun. fem. — milk

Nos gusta mucho la leche.

We like milk a lot.

---

la lechuga le-CHU-ga noun. fem. — lettuce

Es una ensalada de lechuga y tomate.

It is a lettuce and tomato salad.

---

la lechuza le-CHU-sa noun, fem. — owl

La lechuza es un pájaro grande.

The owl is a big bird.

---

leer le-ER verb — to read

Yo leo	Nosotros leemos
Tú lees	(Vosotros leéis)
Él, Ella, Usted lee	Ellos, Ellas, Ustedes leen

Tengo que leer un libro esta noche.

I have to read a book tonight.

---

la legumbre le-GUM-bre   noun, fem.   vegetable

¿Cuál es esa legumbre? ¿Col o lechuga?
What's that vegetable? Cabbage or lettuce?

---

lejos LE-jos adjective   far

La iglesia no está lejos de aquí.
The church is not far from here.

  lejos de   idiomatic   far from
                expression

---

la lengua LEN-gua noun, fem.   tongue

Se usa la lengua para hablar.
You use your tongue to speak.

---

los lentes LEN-tes   noun, masc.   glasses

Roberto ve mejor porque tiene lentes nuevos.
Roberto sees better because he has
new glasses.

---

el león le-ON noun. masc.   lion

El león es el rey de la selva.
The lion is king of the jungle.

---

el leopardo le-o-PAR-do noun, masc.   leopard

El leopardo tiene una piel muy bonita.
The leopard has pretty fur!

---

les LES pronoun   them

Les hablo por teléfono.
I call them by telephone.

---

levantar   le-ban-TAR   verb   to raise
    Yo levanto   Nosotros levantamos
    Tú levantas   (Vosotros levantáis)
    Él, Ella, Usted   Ellos, Ellas, Ustedes
      levanta   levantan
    El alumno levanta la mano cuando quiere
      preguntar algo.
    The student raises his hand when he wants
      to ask something.

levantarse   verb   to get up, to stand
    Yo me levanto   Nosotros nos levantamos
    Tú te levantas   (Vosotros os levantáis)
    Él, Ella, Usted   Ellos, Ellas, Ustedes
      se levanta   se levantan
    ¡No se levanten de los asientos!
    Don't get up from your seats!

el libro   LEE-bro   noun, masc.   book
    Los estudiantes tienen varios libros.
    The students have several books.

el limón   lee-MON   noun, masc.   lemon
    ¿Te gusta el pastel de limón?
    Do you like lemon pie?

el limpiador de   noun, masc.   street cleaner
calles   leem-peea-DOR-de-KA-lyes (KA-yes)

    El limpiador de calles siempre está ocupado.
    The street cleaner is always busy.

limpiar   leem-PEEAR   verb   to clean
    Yo limpio   Nosotros limpiamos
    Tú limpias   (Vosotros limpiáis)
    Él, Ella, Usted   Ellos, Ellas, Ustedes
      limpia   limpian
    ¿Quién limpia la casa hoy?
    Who is cleaning the house today?

limpio   LEEM-peeo   adjective, masc.   clean
  limpia   (fem.)

La casa de mis amigos siempre está limpia.
My friend's house is always clean.

---

listo LEES-to   adjective, masc.   clever
lista (fem.)

Ese niño es muy listo y solo tiene tres años.
That child is very clever and he's only three
    years old.

---

listo LEES-to   adjective, masc.   ready
lista (fem.)

Tienes que estar listo temprano.
You have to be ready early.

---

lo LO   pronoun, masc.   it
los (plural)   them

Juan lo pone en la mesa.
Juan puts it on the table.

---

lo, la LO, LA   pronoun   him, her

¿A Carlos? lo veo todos los días.
Carlos? I see him every day.

---

el lobo LO-bo   noun, masc.   wolf

En el cuento de "Caperucita," el lobo se viste
    como la abuela.
In the story of "Riding Hood," the wolf dresses
    like the grandmother.

---

loco LO-ko   adjective, masc.   crazy, mad
loca (fem.)

Se vuelve loco cuando piensa en pasteles.
He goes crazy when he thinks of pies.

---

el lodo LO-do   noun, masc.   mud

A veces el equipo de fútbol juega en el lodo.
Sometimes the football team plays in the mud.

---

lograr lo-GRAR   verb   to be successful, to succeed

Yo logro   Nosotros logramos
Tú logras   (Vosotros lográis)

Él, Ella, Usted   Ellos, Ellas, Ustedes
logra   logran

Si practicas todos los días vas a lograr éxito.
If you practice every day, you are going to be successful.

---

el loro   LO-ro   noun, masc.   parrot
El loro es un pájaro interesante.
The parrot is an interesting bird.

---

el lugar   lu-GAR   noun, masc.   place
¿Cuál es mi lugar?
Which is my place?

---

la luna   LU-na   noun, fem.   moon

Esta noche hay luna llena.
There is a full moon tonight.

---

el lunes   LU-nes   noun, masc.   Monday
El lunes comenzamos las clases.
Monday we start classes.

---

la luz   LUZ   noun, fem.   light
No veo. ¿Dónde está la luz?
I don't see. Where is the light?

LL

---

llamar   lya-MAR, ya-MAR   verb   to call
Yo llamo   Nosotros llamamos
Tú llamas   (Vosotros llamáis)

llamarse

>>> Él, Ella, Usted   Ellos, Ellas, Ustedes
>>> llama   llaman
>>> Llaman por teléfono.
>>> Someone's calling on the telephone.

llamarse   verb   to call oneself, as in
>>> Me llamo Elena Jiménez.   "What's your
>>> My name is Elena Jiménez.   name?"

---

la llave   LYA-be, YA-be   noun, fem.   key
>>> ¿Dónde está la llave de la casa?
>>> Where is the house key?

---

llegar   ye-GAR   verb   to arrive
>>> Yo llego   Nosotros llegamos
>>> Tú llegas   Vosotros llegáis
>>> Él, Ella, Usted   Ellos, Ellas, Ustedes
>>> llega   llegan
>>> ¿A qué hora llega el avión?
>>> What time does the plane arrive?

---

llenar   lye-NAR, ye-NAR   verb   to fill
>>> Yo lleno   Nosotros llenamos
>>> Tú llenas   (Vosotros llenáis)
>>> Él, Ella, Usted   Ellos, Ellas, Ustedes
>>> llena   llenan
>>> La señora llena la canasta de fruta.
>>> The lady fills the basket with fruit.

---

lleno   LYE-no, YE-no   adjective, masc.   full
llena   (fem.)
>>> La caja está llena de ropa.
>>> The box is full of clothes.

---

llevar   lye-BAR, ye-BAR   verb   to take, to wear, to carry
>>> Yo llevo   Nosotros llevamos
>>> Tú llevas   (Vosotros lleváis)
>>> Él, Ella, Usted   Ellos, Ellas, Ustedes
>>> lleva   llevan
>>> Los niños llevan pantalones negros.
>>> The boys are wearing black pants.

---

llorar lyo-RAR, yo-RAR verb to cry

Yo lloro Nosotros lloramos

Tú lloras (Vosotros lloráis)

Él, Ella, Usted Ellos, Ellas, Ustedes

lloran lloran

El bebé llora cuando quiere algo.

The baby cries when he wants something.

---

llueve YUE-be verb It is raining

¿Llueve aquí en abril?

Does it rain here in April?

---

la lluvia YU-bia noun, fem. rain

Esta lluvia es pesada.

This rain is heavy.

M

la madera ma-DE-ra noun, fem. wood

La mesa es de madera.

The table is of wood.

---

la madre MA-dre noun, fem. mother

La madre sirve la comida.

The mother serves the meal.

---

maduro ma-DU-ro adjective, masc. ripe

madura (fem.)

Este plátano no está maduro.

This banana is not ripe.

---

el maestro ma-ES-tro noun, masc. teacher

la maestra (fem.)

El maestro de español es de México.

The Spanish teacher is from México.

---

magnífico mag-NEE-fee-ko adjective, masc. magnificent,

magnífica (fem.) great

¡Qué magnífica idea!

What a great idea!

---

el maíz ma-EES noun. masc. corn
Me gusta el maíz amarillo.
I like yellow corn.

---

mal MAL adverb badly
La máquina trabaja muy mal.
The machine works very badly.

---

la maleta ma-LE-ta noun. fem. suitcase
La maleta roja es mía.
The red suitcase is mine.

---

malo MA-lo adjective. masc. bad, sick
mala (fem.)
Ésa es una mala palabra.
That is a bad word.

---

la mamá ma-MA noun. fem. mother, mom
La mamá cuida a sus hijos.
The mother takes care of her children.

mamacita ma-ma-SEE-ta noun. fem. mama
Mamacita, ¿ dónde están mis zapatos?
Mom, where are my shoes?

---

la mancha MAN-cha noun. fem. spot, stain
Es una mancha de jugo.
It is a juice spot.

---

mandar man-DAR verb to send, to order

Yo mando	Nosotros mandamos
Tú mandas	(Vosotros mandáis)
Él, Ella, Usted	Ellos, Ellas, Ustedes
manda	mandan

Voy a mandar este paquete por correo.
I am going to send this package by mail.

---

la manecilla ma-ne-SEE-ya noun. fem. doorknob
Usa la manecilla de la puerta si quieres entrar.
Use the doorknob if you want to enter.

---

la mano MA-no noun, fem. hand
Si tienen preguntas, levanten la mano.
If there are questions, raise your hand.

la mano derecha
la mano izquierda left hand
Mi hermano escribe con la mano izquierda.
My brother writes with his left hand.

dar la mano DAR-la-MA-no idiomatic to shake hands
expression
El señor Martínez le da la mano al señor Jones.
Mr. Martínez shakes hands with Mr. Jones.

manso MAN-so adjective, masc. gentle
mansa (fem.)
Es un caballo manso.
He is a gentle horse.

el mantel man-TEL noun, masc. tablecloth
Primero ponemos el mantel y después ponemos
la mesa.
First, we put the tablecloth, and then we set
the table.

la mantequilla man-te-KEE-lya, noun, fem. butter
man-te-KEE-ya
El niño come pan y mantequilla.
The boy is eating bread and butter.

la manzana man-SA-na noun, fem. apple
Esta manzana está dulce.
This apple is sweet.

105

mañana   ma-NYA-na   adverb   tomorrow
                Mañana viajamos a California.
                Tomorrow we travel to California.

la mañana   ma-NYA-na   noun, fem.   morning
                ¿A qué hora te levantas por la mañana?
                What time do you get up in the morning?

el mapa   MA-pa   noun, masc.   map

                Busca esa ciudad en el mapa.
                Look for that city on the map.

la máquina   MA-kee-na   noun, fem.   machine
                La máquina de lavar no anda muy bien.
                The washing machine is not working well.

la máquina   MA-kee-na-de-es-cri-beer   noun,   typewriter
de escribir   fem.
                Claudia escribe muy rápidamente en la
                    máquina de escribir.
                Claudia writes very fast on the typewriter.

maravilloso   adjective, masc.   marvelous, wonderful
           ma-ra-bee-LYO-so, ma-ra-bee-YO-so
maravillosa   (fem.)
                Es un juguete maravilloso.
                It is a marvelous toy.

el mármol   MAR-mol   noun, masc.   marble
                El hotel tiene pisos de mármol.
                The hotel has marble floors.

---

el martes   MAR-tes   noun, masc.   Tuesday

El martes salimos para Los Ángeles.
Tuesday we leave for Los Angeles.

---

el martillo   mar-TEE-lyo,   noun, masc.   hammer
mar-TEE-yo

El trabajador usa el martillo.
The worker uses the hammer.

---

marzo   MAR-so   noun   March

En marzo hace mucho viento.
It is very windy in March.

---

más   MAS   adjective; adverb   more

Él quiere más papas en su plato.
He wants more potatoes on his plate.

   más tarde   idiomatic   later
expression

Más tarde jugamos en el parque.
Later we will play in the park.

---

matar   ma-TAR   verb   to kill

Yo mato	Nosotros matamos
Tú matas	(Vosotros matáis)
Él, Ella, Usted mata	Ellos, Ellas, Ustedes matan

Yo no quiero matar al ratón; mátalo tú.
I don't want to kill the mouse; you kill it.

---

mayo   MA-yo   noun, masc.   May

En mayo hay muchas flores.
In May there are many flowers.

---

me, a mí   ME   pronoun   me, to me

Ella me llama.
She calls me.

---

el mecánico   me-KA-nee-ko   noun, masc.   mechanic

Yo tengo un tío que es mecánico.
I have an uncle who is a mechanic.

---

el mecanógrafo   me-ka-NO-gra-fo   noun, masc.   typist
la mecanógrafa   (fem.)

> Mi amiga es mecanógrafa en esa oficina.
> My friend is a typist in that office.

---

la medicina   me-di-SI-na   noun, fem.   medicine

> Es hora de tomar la medicina.
> It is time to take the medicine.

---

la media   ME-dya   noun, fem.   stocking

> Las medias son rojas; los zapatos negros.
> The stockings are red; the shoes, black.

---

el médico   ME-dee-ko   noun, masc.   doctor

> El médico está en el hospital ahora.
> The doctor is at the hospital now.

---

medio   ME-deeo   adjective, masc.   half
media   (fem.)

> Se come media sandía.
> He eats half a watermelon.

---

mediodía   noon
media hora   half an hour
medianoche   midnight

> En media hora llegamos a San Francisco.
> In half an hour we will be in San Francisco.

---

mejor   me-JOR   adverb   better

> ¿Cuál automóvil es mejor? ¿el Volvo o el Ford?
> Which auto is better? The Volvo or the Ford?

---

menos   ME-nos   adverb   less, minus

> Veinte menos nueve es once.
> Twenty minus nine is eleven.

---

a menudo   a-me-NU-do   adverb   often

> A menudo jugamos al béisbol.
> We play baseball often.

---

la mentira   men-TEE-ra   noun, fem.   falsehood, lie

> Es una mentira; no es la verdad.
> It is a lie; it is not the truth.

---

el menú me-NU   noun, masc.   menu

     Escoja su comida del menú.
     Choose your meal from the menu.

---

el mercado mer-KA-do   noun, masc.   market

     La señora compra legumbres frescas en
       el mercado.
     The lady buys fresh vegetables at the market.

---

la merienda me-RYEN-da   noun, fem.   afternoon,
                                                 snack

     Hay sandwiches y pan dulce para la merienda.
     There are sandwiches and sweet rolls for the
       afternoon snack

---

el mes MES   noun, masc.   month

     ¿En qué mes es tu cumpleaños?
     In which month is your birthday?

---

la mesa ME-sa   noun, fem.   table

     No pongan los libros en la mesa.
     Don't put books on the table.

---

la mesera me-SE-ra   noun, fem.   waitress
el mesero (masc.)   waiter

     Las meseras llevan uniforme blanco en este
       restaurante.
     The waitresses wear white uniforms in this
       restaurant.

---

el metro ME-tro   noun, masc.   subway

     El metro nos lleva a la estación en diez minutos.
     The subway will take us to the station in
       ten minutes.

---

mezclar mes-KLAR verb to mix

    Yo mezclo   Nosotros mezclamos
    Tú mezclas   (Vosotros mezcláis)
    Él, Ella, Usted   Ellos, Ellas, Ustedes
       mezcla   mezclan
    No quiero mezclar el color azul con negro.
    I don't want to mix blue with black.

---

mi MEE adjective my

mis (plural)

    Mi cuaderno es azul.
    My notebook is blue.

---

el miembro MYEM-bro noun, masc. member

    Mi hermano es miembro de un club de béisbol.
    My brother is a member of a baseball club.

---

el miércoles MYER-ko-les noun, masc. Wednesday

    El miércoles vamos a un nuevo restaurante.
    Wednesday we are going to a new restaurant.

---

mil MEEL adjective thousand

    Hay mil palabras en este diccionario.
    There are a thousand words in this dictionary.

---

la milla MEE-lya, MEE-ya noun, fem. mile

    Él puede correr una milla.
    He can run a mile.

---

el millón mee-LYON, mee-YON noun, masc. million

    Todo el mundo quiere tener un millón de dólares.
    Everybody wants to have a million dollars.

---

mimado mee-MA-do adjective, masc. spoiled

mimada (fem.)

    Mi hermanito es un niño mimado.
    My little brother is a spoiled child.

---

el minuto mee-NU-to noun, masc. minute

    Es un minuto después de las dos.
    It is a minute past two o'clock.

---

mirar mee-RAR verb to look at, to watch

    Yo miro   Nosotros miramos
    Tú miras   (Vosotros miráis)
    Él, Ella, Usted   Ellos, Ellas, Ustedes
     mira   miran
    Ellos miran un programa de televisión.
    They are watching a television program.

---

mismo MEES-mo adjective, masc. same
misma (fem.)

    En nuestra familia, todos usamos el mismo auto.
    In our family, we all use the same car.

---

mismo MEES-mo pronoun, masc. myself
misma (fem.)

    Yo mismo puedo hacerlo.
    I can do it myself.

---

la mitad mee-TAD noun, fem. half

    La mitad de esa toronja es para usted.
    Half of that grapefruit is for you.

---

mojado mo-JA-do adjective, masc. wet
mojada (fem.)

    La blusa está mojada.
    The blouse is wet.

---

molesto mo-LES-to adjective, masc. annoyed
molesta (fem.)

    ¿Por qué está molesto usted?
    Why are you annoyed?

---

el momento mo-MEN-to noun, masc. moment

    Un momento, por favor.
    One moment, please.

---

el mono MO-no noun, masc. monkey

    El mono está en la jaula.
    The monkey is in the cage.

---

la montaña mon-TA-nya noun, fem. mountain

montar

Hay nieve en la montaña.
There is snow on the mountain.

montar mon-TAR verb to ride (bicycle, horse, etc.)

Yo monto | Nosotros montamos
Tú montas | (Vosotros montáis)
Él, Ella, Usted monta | Ellos, Ellas, Ustedes montan

Miguel va a montar su bicicleta.
Michael is going to ride his bicycle.

---

el monte MON-te noun, masc. woods

Los animales corren en el monte.
The animals are running in the woods.

---

morder mor-DER verb to bite

Yo muerdo | nosotros mordemos
Tú murdes | (Vosotros mordéis)
Él, Ella, Usted muerde | Ellos, Ellas, Ustedes muerden

¡Cuidado con ese perro! Puede morder.
Be careful with that dog! He may bite.

---

la mosca MOS-ka noun, fem. fly

Las moscas molestan mucho.
The flies are really annoying.

---

el mosquito mos-KEE-to noun, masc. bug, mosquito

El mosquito es chiquito pero pica.
The bug is small, but it stings.

---

mostrar mos-TRAR verb to show

Yo muestro   Nosotros mostramos
Tú muestras   (Vosotros mostráis)
Él, Ella, Usted   Ellos, Ellas, Ustedes
    muestra   muestran
Muéstrame tu libro nuevo.
Show me your new book.

---

mover   mo-BER   verb   to move, <u>to wag</u>
Yo muevo   Nosotros movemos
Tú mueves   (Vosotros movéis)
Él, Ella, Usted   Ellos, Ellas, Ustedes
    mueve   mueven
Los estudiantes mueven los libros del escritorio
    a la mesa.
The students move the books from the desk
    to the table.

---

el mozo   MO-so   noun, masc.   waiter
El mozo es guapo.
The waiter is handsome.

---

la muchacha   mu CHA cha   noun, fem.   girl
Marisa es una muchacha bonita de veinte años.
Marisa is a pretty twenty-year-old girl.

---

el muchacho   mu-CHA-cho   noun, masc.   boy
Este muchacho tiene once años.
This boy is eleven years old.

---

mucho   MU-cho   adjective, masc.   much, a lot
mucha   (fem.)
Hay mucha gente en el cine.
There are many people in the movies.

---

mucho   MU-cho   adverb   much
Ella come mucho.
She eats a lot.

---

la mujer   mu-JER   noun, fem.   woman
Esa mujer no es la madre de Jorge.
That woman is not George's mother.

---

el mundo   MUN-do   noun, masc.   world

Todos quieren hacer un viaje alrededor
del mundo.
Everyone wants to take a trip around the world.

✓ **todo el mundo**   to-do el-MUN-do   pronoun   everyone

Todo el mundo va a esta fiesta.
Everyone is going to this party.

---

la muñeca   mu-NYE-ka   noun, fem.   doll

Eloísa juega con su muñeca.
Eloise plays with her doll.

la casa de   ka-sa-de-mu-NYE-kas   noun,   dollhouse
muñecas   fem.

La casa de muñecas es pequeña pero
muy bonita.
The dollhouse is small but very pretty.

---

el museo   mu-SE-o   noun, masc.   museum

En el museo hay pinturas famosas.
There are famous paintings in the museum.

---

la música   MU-see-ka   noun, fem.   music

Me gusta mucho la música moderna.
I like modern music a lot.

el músico   MU-si-ko   noun, masc.   musician

Ese músico toca el piano.
That musician plays the piano.

---

muy   MUEE   adverb   very

El maestro es muy bueno.
The teacher is very good.

muy bien   idiomatic   very well
            expression

Ellas hablan español muy bien.
They speak Spanish very well.

N

---

nacer   na-SER   verb   to be born

No sabemos a qué hora va a nacer el bebé.
We don't know when the baby will be born.

---

nacido   na-SEE-do   adjective   born

Nacido a las dos de la mañana, el nuevo bebé
se llama Daniel.
Born at 2:00 A.M. the new baby is named Daniel.

---

la nación   na-SEEON   noun, fem.   nation

El Perú es una nación.
Peru is a nation.

---

nacional   na-SEEON-al   adjective   national

Es el jefe del grupo nacional.
He is the leader of the national group.

---

las Naciones Unidas	na-SEEON-es-u-NI-das noun, fem.	United Nations

Las Naciones Unidas tienen sus oficinas en la
ciudad de Nueva York.
The United Nations have their offices in New
York City.

---

nada   NA-da   pronoun   nothing

No es nada.
It is nothing.

---

nadar   na-DAR   verb   to swim

Yo nado	Nosotros nadamos
Tú nadas	(Vosotros nadáis)
Él, Ella, Usted nada	Ellos, Ellas, Ustedes nadan

Durante el verano nadamos todos los días.
We swim every day during summer.

---

la nariz   na-REES   noun, fem.   nose

Olemos con la nariz.
We smell with our nose.

---

necesitar ne-se-see-TAR verb to need
Yo necesito Nosotros necesitamos
Tú necesitas (Vosotros necesitáis)
Él, Ella, Usted Ellos, Ellas, Ustedes
necesita necesitan
Hoy necesitamos hacer muchas cosas.
Today we need to do many things.

---

negro NE-gro adjective black
Quiero comprar el saco negro.
I want to buy the black coat.

---

nevar ne-BAR verb to snow
nieva NYE-ba It snows. It is snowing.
En Colorado muchas veces nieva en marzo.
It often snows in Colorado in March.

---

el nido NEE-do noun, masc. nest
Hay un nido en ese árbol.
There is a nest in that tree.

---

la niebla NYE-bla noun, fem. fog
El avión no puede salir; hay mucha niebla.
The plane cannot leave; there is a lot of fog.

---

la nieta NYE-ta noun, fem. granddaughter
La señora tiene una nieta.
The lady has one granddaughter.

---

el nieto NYE-to noun, masc. grandson
Juan es el primer nieto de mi madre.
John is my mother's first grandson.

---

la nieve NYE-be noun, fem. snow, ice cream
La nieve es blanca y bonita.
The snow is white and beautiful.

---

la niña NEE-nya noun, fem. girl
La niña tiene diez años.
The girl is ten years old.

---

el niño NEE-nyo noun, masc. boy, child
El niño lleva una camisa azul.
The boy is wearing a blue shirt.

los niños noun, masc. children
Los niños juegan al béisbol.
The children play baseball.

¿No? NO interjection Aren't you?
¿Vas al cine, ¿no?
You are going to the movies, aren't you?

¿no cree usted? Don't you think so?
¿no estás de acuerdo? Don't you agree?

No importa no-eem-POR-ta idiomatic it doesn't matter
expression

No importa si llueve hoy.
It doesn't matter if it rains today.

---

la noche NO-che noun, fem. night, evening
El papá de Elena trabaja por la noche.
Helen's father works at night.

---

no hay entrada idiomatic no admission
no-aee-en-TRA-da expression do not enter
no entrar
no se permite entrar

---

el nombre NOM-bre noun, masc. name
¿Cuál es el nombre de la medicina?
What is the name of the medicine?

---

el norte NOR-te adverb; adjective; north
noun, masc.

Ellos viven en el norte de los Estados Unidos.
They live in the north of the United States.

---

nos   NOS   pronoun   us (to us)

Ellos nos llaman en voz alta.
They call us in a loud voice.

---

nosotros   no-SO-tros   pronoun   we

Nosotros queremos viajar a la Argentina.
We want to travel to Argentina.

---

la nota   NO-ta   noun, fem.   mark (in school)

Tengo una nota buena en el examen.
I have a good mark on the exam.

---

la nota musical   noun, fem.   musical note
no-ta-mu-see-KAL

¿Con qué nota musical comienza esta canción?
With what note does this song start?

---

noventa   no-BEN-ta   adjective   ninety

Esta escuela tiene noventa maestros.
This school has ninety teachers.

---

noviembre   no-BYEM-bre   noun, masc.   November

El cumpleaños de Patricia es el catorce de
noviembre.
Patricia's birthday is November 14.

---

la nube   NU-be   noun, fem.   cloud

La nube gris nos trae lluvia.
The gray cloud brings us rain.

---

nuestro NUES-tro   adjective; pronoun   our, ours
Ese libro es nuestro.
That book is ours.
Ése es nuestro libro.
That is our book.

nueve NUE-be   adjective   nine
La casa de mi tía tiene nueve cuartos.
My aunt's house has nine rooms.

nuevo NUE-bo   adjective, masc.   new
 nueva (fem.)
Yo tengo una bicicleta nueva.
I have a new bicycle.

el número NU-me-ro   noun, masc.   number
El número 10 gana el premio.
Number 10 wins the prize.

nunca NUN-ka   adverb   never
Él nunca quiere jugar al tenis.
He never wants to play tennis.

el nylón nee-LON   noun, masc.   nylon
Estas medias son de nylón.
These stockings are nylon.

O

obedecer o-be-de-SER   verb   to obey

Yo obedezco	Nosotros obedecemos
Tú obedeces	(Vosotros obedecéis)
Él, Ella, Usted obedece	Ellos, Ellas, Ustedes obedecen

Nosotros obedecemos a nuestros padres.
We obey our parents.

obscuro, oscuro obs-KU-ro   adjective, masc.   dark
obscura, oscura (fem.)
El traje es azul obscuro.
The suit is dark blue.

---

obtener ob-te-NER verb to get, to obtain
(*See* tener)

>Ellos quieren obtener agua para el coche.
>They want to get water for the car.

---

el océano o-SE-ano noun, masc. ocean

>El buque viaja en el océano.
>The ship travels on the ocean.

---

octubre ok-TU-bre noun, masc. October

>En los Estados Unidos, los niños celebran el 31 de octubre.
>In the United States, children celebrate October 31.

---

ocupado o-ku-PA-do adjective, masc. occupied,
 ocupada (fem.) busy

>Mi mamá siempre está muy ocupada.
>My mother is always very busy.

---

ochenta o-CHEN-ta adjective eighty

>Hay ochenta niños en la escuela.
>There are eighty children in the school.

---

ocho O-cho adjective eight

>Yo tengo ocho monedas.
>I have eight coins.

---

odiar o-DEEAR verb to hate

>Yo odio   Nosotros odiamos
>Tú odias   (Vosotros odiáis)
>Él, Ella, Usted   Ellos, Ellas, Ustedes
> odia   odian
>Los alumnos odian esos ejercicios.
>Pupils hate those exercises.

---

el oeste o-ES-te adverb: adjective: west
  noun, masc.

>En el oeste de Texas hay nieve en invierno.
>There is snow in west Texas in winter.

---

la oficina o-fee-SEE-na   noun, fem.   office
     Él trabaja en una oficina.
     He works in an office.

---

oír   o-EER   verb   to hear
     Yo oigo   Nosotros oímos
     Tú oyes   (Vosotros oís)
     Él, Ella, Usted   Ellos, Ellas, Ustedes
      oye   oyen
     Yo oigo un ruido extraño.
     I hear a strange noise.

---

el ojo   O-jo   noun, masc.   eye
     Ella trae un ojo rojo.
     She has a red eye.

OK!   o-KE   interjection   OK!
     ¡OK! Vamos a comer ahora.
     OK! Let's eat now.

---

la ola   O-la   noun, fem.   wave (water)
     Él pasea en una ola.
     He is riding a wave.

---

oler   o-LER   verb   to smell
     Yo huelo   Nosotros olemos
     Tú hueles   (Vosotros oléis)
     Él, Ella, Usted   Ellos, Ellas, Ustedes
      huele   huelen
     La niña huele las flores.
     The little girl is smelling the flowers.

---

olvidar   ol-bee-DAR   verb   to forget
     Yo olvido   Nosotros olvidamos
     Tú olvidas   (Vosotros olvidáis)
     Él, Ella, Usted   Ellos, Ellas, Ustedes
      olvida   olvidan
     No olviden ustedes sus libros.
     Don't forget your books.

---

once   ON-se   adjective   eleven
El hombre trae once billetes en su cartera.
The man has eleven bills in his wallet.

la onda   ON-da   noun, fem.   wave
Es un radio de onda corta.
It's a short wave radio.

la oración   o-ra-SEEON   noun, fem.   prayer
Todos dicen oraciones en la iglesia.
They all say prayers in church.

la oración   o-ra-SEEON   noun, fem.   sentence
El maestro pide una oración completa.
The teacher asks for a complete sentence.

ordenar   or-de-NAR   verb   to order
Yo ordeno	Nosotros ordenamos
Tú ordenas	(Vosotros ordenáis)
Él, Ella, Usted ordena	Ellos, Ellas, Ustedes ordenan

Vamos a ordenar lo mismo.
Let's order the same.

la oreja   o-RE-ja   noun, fem.   ear
La oreja derecha le duele.
His right ear hurts.

la orilla   o-REE-lya, o-REE-ya   noun, fem.   shore, edge
Les gusta sentarse en la orilla del lago.
They like to sit on the edge of the lake.

---

el oro O-ro   noun, masc.   gold
El oro vale mucho.
Gold is worth a lot.

---

el oso O-so   noun, masc.   bear
Es un oso negro.
It is a black bear.

---

el otoño o-TO-nyo   noun, masc.   autumn, fall
En el otoño los árboles se ponen de rojo, amarillo
   y muchos otros colores.
In autumn the trees turn red, yellow and many
   other colors.

---

el otro O-tro   pronoun   other
El lápiz azul es mío. El otro es de Juana.
The blue pencil is mine. The other is Jane's.

---

otro O-tro   adjective; pronoun, masc.   another,
  otra (fem.)   other
¿Quieres otro libro?
Do you want another book?

  otra vez O-tra-BES   adverb   again, once more
Vamos a jugar a la gallina ciega otra vez.
Let's play blindman's buff again.

---

la oveja o-BE-ja   noun, fem.   sheep
Las ovejas son mansas.
Sheep are gentle.

P

---

el padre PA-dre   noun, masc.   father
  los padres (plural)   parents
Los padres vienen a la escuela para ver un
  programa especial.
The parents are coming to school to see a
  special program.

---

pagar pa-GAR   verb   to pay
               Yo pago   Nosotros pagamos
               Tú pagas   (Vosotros pagáis)
               Él, Ella, Usted   Ellos, Ellas, Ustedes
                 paga   pagan
               Mi papá paga la cuenta.
               My father pays the bill.

---

la página PA-jee-na   noun, fem.   page
               Miren la página veinte.
               Look at page twenty.

---

el país pa-EES   noun, masc.   country
               Nuestro país es hermoso.
               Our country is beautiful.

---

el pájaro PA-ja-ro   noun, masc.   bird

               El pájaro tiene un nido en el árbol.
               The bird has a nest in the tree.

---

la pala PA-la   noun, fem.   shovel
               Él usa una pala en el jardín.
               He uses a shovel in the garden.

---

la palabra   noun, fem.   word
               ¿Qué quiere decir la palabra "impermeable?"
               What does the word "raincoat" mean?

---

el palacio pa-LA-seeo   noun, masc.   palace
               La reina vive en un palacio.
               The queen lives in a palace.

---

el palo PA-lo   noun, masc.   stick
  el palito   the little stick

El niño juega con un palo.
The boy plays with a stick.

---

el pan   noun masc.   bread

Me gusta mucho el pan.
I like bread very much.

el pan tostado   noun, masc.   toast

Hay pan tostado para el desayuno.
There is toast for breakfast.

---

la panadería   pa-na-de-REE-a   noun, fem.   bakery

Se compra pan en la panadería.
You can buy bread in the bakery.

---

el panadero   pa-na-DE-ro   noun, masc.   baker

El panadero hace el pan.
The baker bakes the bread.

---

el panecillo   pa-ne-SEE-yo   noun, masc.   roll

Sirven panecillos dulces por la mañana.
They serve sweet rolls in the morning.

---

los pantalones   noun, masc.   pants, trousers
     pan-ta-LO-nes

Él lleva pantalones blancos.
He is wearing white pants.

---

el pañuelo   pa-NYUE-lo   noun, masc.   handkerchief

Es un pañuelo fino.
It is a fine handkerchief.

---

la papa   PA-pa   noun, fem.   potato

¿Quieres una papa con mantequilla?
Would you like a potato with butter?

---

el papá   pa-PA   noun, masc.   father, dad

Papá, ¿dónde está mamá?
Dad, where is Mom?

el papacito   noun, masc.   papa

---

el papalote   pa-pa-LO-te   noun, masc.   kite
El papalote (la cometa) vuela muy alto.
The kite is flying very high.

---

el papel   pa-PEL   noun, masc.   paper
Ellos escriben en el papel.
They write on the paper.

---

el papel   pa-PEL   noun, masc.   part (in theater)
Manuel hace el papel del rey.
Manuel has the part of the king.

---

el paquete   pa-KE-te   noun, masc.   package
El paquete va por avión.
The package is going by plane.

---

el par   PAR   noun, masc.   pair
Necesito un par de zapatos blancos.
I need a pair of white shoes.

---

para   PA-ra   preposition   for
Este regalo es para ti.
This gift is for you.

---

el paracaídas   pa-ra-ka-EE-das   noun, masc.   parachute
Los soldados usan el paracaídas.
The soldiers use a parachute.

---

el paraguas   pa-RA-guas   noun, masc.   umbrella
Comienza a llover. Abre el paraguas.
It is starting to rain. Open the umbrella.

---

parar   pa-RAR   verb   to stop

Yo paro	Nosotros paramos
Tú paras	(Vosotros paráis)
Él, Ella, Usted para	Ellos, Ellas, Ustedes paran

¡Cuidado! Yo no quiero parar el tráfico.
Careful! I don't want to stop the traffic.

---

parecido   pa-re-SEE-do   adjective   alike
> El padre y el hijo son parecidos.
> Father and son are alike.

---

la pared   pa-RED   noun, fem.   wall
> Esta pared es alta y muy fuerte.
> This wall is high and very strong.

---

el parque   PAR-ke   noun, masc.   park
> Hay árboles y flores en el parque.
> There are trees and flowers in the park.

---

pasar   pa-SAR   verb   pass

Yo paso	Nosotros pasamos
Tú pasas	(Vosotros pasáis)
Él, Ella, Usted pasa	Ellos, Ellas, Ustedes pasan

> El autobús pasa por Miami y San Agustín.
> The bus passes through Miami and
>   St. Augustine.

---

pasar   pa-SAR   verb   to spend time
> Esos chicos pasan horas afuera.
> Those boys spend hours outside.

---

pasear   pa-se-AR   verb   to take a walk

Yo paseo	Nosotros paseamos
Tú paseas	(Vosotros paseáis)
Él, Ella, Usted pasea	Ellos, Ellas, Ustedes pasean

> Los domingos ellos pasean en el parque.
> On Sunday, they take a walk in the park.

pasear en coche   verb   to take a ride

---

el paseo   pa-SE-o   noun, masc.   walk, ride
> Ellos dan un paseo.
> They take a walk.

127

---

un paseo pa-SE-o   noun, masc.   picnic
(en el campo)

Queremos un paseo afuera de la ciudad.
We want a picnic outside of the city.

---

el paso   PA-so   noun, masc.   step

El bebé toma un paso.
The baby takes a step.

---

la pasta de dientes PAS-ta-de-DYEN-tes noun, fem. toothpaste

Todos deben usar la pasta de dientes todos
los días.
Everyone should use toothpaste every day.

---

el pastel   pas-TEL   noun, masc.   pie

El panadero prepara un pastel.
The baker is preparing a pie.

el pastel de manzana   noun, masc.   apple pie

Le gusta mucho el pastel de manzana.
He likes apple pie very much.

---

la pata   PA-ta   noun, fem.   foot (of an animal
                                                 or object), paw

La pata de la mesa está rota.
The foot of the table is broken.

---

dar patadas   dar- pa-TA-das   idiomatic expression   to kick

El muchacho da patadas y su madre lo regaña.
The boy kicks and his mother scolds him.

---

el patín   pa-TEEN   noun, masc.   skate

Roberto tiene patines nuevos.
Robert has new skates.

el patín de hielo   pa-tin-de-YE-lo   noun, masc.   ice skate

Ellos se ponen los patines de hielo con
mucho cuidado.
They put on the ice skates carefully.

---

patinar   pa-tee-NAR   verb   to skate

Yo patino   Nosotros patinamos

Tú patinas   (Vosotros patináis)
Él, Ella, Usted   Ellos, Ellas, Ustedes
  patina   patinan

¿Sabes patinar?
Do you know how to skate?

---

el pato   PA-to   noun, masc.   duck

El pato vive en el agua.
The duck lives in water.

---

el pavo   PA-vo   noun, masc.   turkey

El pavo es muy especial los días de fiesta.
Turkey is very special during the holidays.

---

el payaso   pa-YA-so   noun, masc.   clown

El payaso es cómico.
The clown is funny.

---

el pececito   pe-se-SEE-to   noun, masc.   little fish

Yo tengo un pececito.
I have a little fish.

---

el pedazo   pe-DA-so   noun, masc.   piece

¿Quieres un pedazo de sandía?
Do you want a piece of watermelon?

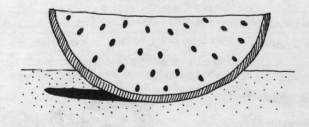

---

pedir   pe-DEER   verb   to request, to ask for

Yo pido   Nosotros pedimos
Tú pides   (Vosotros pedís)
Él, Ella, Usted   Ellos, Ellas, Ustedes
  pide   piden

El muchacho pide un dulce.
The boy asks for a piece of candy.

---

pedir prestado   pe-DEER-pres-TA-do   verb   to borrow

Él no tiene dinero, pero no quiere pedir prestado.
He doesn't have any money, but he doesn't want
to borrow.

---

pegar   pe-GAR   verb   to paste, to glue, to hit

Yo pego   Nosotros pegamos
Tú pegas   (Vosotros pegáis)
Él, Ella, Usted   Ellos, Ellas, Ustedes
pega   pegan

Vamos a pegar los animales en el cuadro.
Let's paste the animals in the picture.

---

peinarse   pey-NAR-se   verb   to comb oneself

Yo me peino   Nosotros nos peinamos
Tú te peinas   (Vosotros os peináis)
Él, Ella, Usted   Ellos, Ellas, Ustedes
se peina   se peinan

Si nos peinamos bien, nos vemos mejor.
If we comb ourselves well, we look better.

---

el peine   PEY-ne   noun, masc.   comb

Use el peine blanco para el pelo.
Use the white comb for your hair.

---

la película   pe-LEE-ku-la   noun, fem.   movie, film

Vamos a ver una película muy interesante.
We are going to see a very interesting movié.

130

peligroso pe-li-GRO-so adjective, masc. dangerous
peligrosa (fem.)

Jugar con fuego es peligroso.
Playing with fire is dangerous.

---

el pelo PE-lo noun, masc. hair
La muñeca tiene el pelo negro.
The doll's hair is black.

---

la pelota pe-LO-ta noun, fem. ball
Los muchachos juegan con la pelota.
The boys play with the ball.

---

pensar pen-SAR verb to think

Yo pienso	Nosotros pensamos
Tú piensas	(Vosotros pensáis)
Él, Ella, Usted piensa	Ellos, Ellas, Ustedes piensan

¿Qué piensa Ud. de este libro?
What do you think of this book?

---

pequeño pe-KE-nyo adjective, masc. small, little
pequeña (fem.)

El coche es pequeño.
The car is small.

---

la pera PE-ra noun, fem. pear
La pera es mi fruta favorita.
Pears are my favorite fruit.

---

perder per-DER verb to lose

Yo pierdo	Nosotros perdemos
Tú pierdes	(Vosotros perdéis)
Él, Ella, Usted pierde	Ellos, Ellas, Ustedes pierden

No quiero perder este lápiz.
I don't want to lose this pencil.

Perdóneme per-DO-ne-me idiomatic expression excuse me, pardon me

Perdóneme. ¿Puede Ud. repetirlo?
Excuse me. Can you repeat it?

---

perezoso pe-re-SO-so adjective, masc. lazy
  perezosa (fem.)

Mi hermano es muy perezoso.
My brother is very lazy.

---

el perico pe-REE-ko noun, masc. parrot, parakeet

¿De qué color es el perico?
What color is the parrot?

---

el periódico pe-REEO-dee-ko noun, masc. newspaper

El señor lee el periódico.
The man reads the newspaper.

---

el permiso per-MEE-so noun, masc. permission, permit

Él tiene permiso para ir.
He has permission to go.

---

pero PE-ro conjunction but

Yo sé nadar, pero él no sabe.
I know how to swim, but he doesn't.

---

el perro PE-rro noun, masc. dog
  el perrito little dog, puppy

Mi perro se llama "Samuel."
My dog's name is Sam.

---

pesado pe-SA-do adjective, masc. heavy
  pesada (fem.)

El equipaje está muy pesado.
The baggage is very heavy.

---

el pescado pes-KA-do noun, masc. fish

Hay pescado para la cena.
There is fish for dinner.

---

el pez PES noun, masc. fish (live)

El pez está en el acuario.
The fish is in the aquarium.

---

el piano   PEEA-no   noun, masc.   piano

Mi hermana toca el piano.
My sister plays the piano.

---

picar   pee-KAR   verb   to bite, to sting
(mosquitoes)

Los zancudos pican mucho.
Mosquitoes bite a lot.

---

pícaro   PEE-ka-ro   adjective, masc.   naughty

Tengo un amigo muy pícaro.
I have a naughty friend.

---

el pico   PEE-ko   noun, masc.   beak

El pollo come con el pico.
The chick eats with its beak.

---

el pie   PYE   noun, masc.   foot
los pies   (plural)   feet

Me duele el pie.
My foot hurts.

a pie   a-PYE   adjective   on foot

Vamos a pie al parque.
Let's go to the park on foot.

---

la piedra   PYE-dra   noun, fem.   rock, stone

¡No tiren piedras!
Don't throw rocks!

---

la piel   PYEL   noun, fem.   skin, fur

La piel del animal es suave.
The animal's fur is soft.

---

la pierna   PYER-na   noun, fem.   leg

Él tiene una pierna quebrada.
He has a broken leg.

---

las pijamas   pee-JA-mas   noun, fem.   pajamas

Nos ponemos las pijamas para dormir.
We put on our pajamas to go to bed.

---

el piloto   pee-LO-to   noun, masc.   pilot
                El piloto conduce el avión.
                The pilot drives the plane.

---

pintar   peen-TAR   verb   to paint, to color

Yo pinto	Nosotros pintamos
Tú pintas	(Vosotros pintáis)
Él, Ella, Usted	Ellos, Ellas, Ustedes
pinta	pintan

          Los hombres pintan la casa.
          The men are painting the house.

---

la piscina   pee-SEE-na   noun, fem.   pool
          Vamos a nadar en la piscina.
          Let's go swimming in the pool.

---

el piso   PEE-so   noun, masc.   floor
          El piso es de madera.
          The floor is wood.

---

  el piso bajo   pee-so-BA-jo   noun, masc.   ground floor
          La oficina está en el piso bajo.
          The office is on the ground floor.

---

la pizarra   pee-SA-rra   noun, fem.   chalkboard,
el pizarrón   pi-sa-RON   (masc.)   blackboard
          La maestra escribe en la pizarra.
          The teacher writes on the chalkboard.

---

el placer   pla-SER   noun, masc.   pleasure
          Es un placer ir a la playa.
          It is a pleasure to go to the beach.

---

la plancha PLAN-cha noun, fem. iron

Es una plancha de vapor.
It is a steam iron.

---

planchar plan-CHAR verb to iron

Yo plancho | Nosotros planchamos
Tú planchas | (Vosotros plancháis)
Él, Ella, Usted | Ellos, Ellas, Ustedes
plancha | planchan

Josefina plancha mis camisas.
Josephine irons my shirts.

---

el planeta pla-NE-ta noun, masc. planet

Los astronautas viajan fuera de este planeta.
The astronauts travel outside of this planet.

---

plano PLA-no adjective, masc. flat
plana (fem.)

Viajamos por un país plano.
We traveled through a flat country.

---

la planta PLAN-ta noun, fem. plant

La planta necesita agua.
The plant needs water.

---

la planta baja plan-ta-BA-ja noun, fem. first floor

Las oficinas están en la planta baja.
The offices are on the first floor.

---

la plata PLA-ta noun, fem. silver

Yo tengo un anillo de plata.
I have a silver ring.

---

el plátano PLA-ta-no noun, masc. banana
Me gusta el cereal con plátano.
I like cereal with bananas.

---

el plato PLA-to noun, masc. dish, plate
¿Quién lava los platos en tu casa?
Who washes dishes in your home?

el platito pla-TEE-to noun, masc. saucer
Elena trae un platito para la taza.
Helen brings a saucer for the cup.

---

la playa PLA-ya noun, fem. beach
El domingo vamos a la playa.
Sunday we are going to the beach.

---

el pleito PLEY-to noun, masc. quarrel
Dos hombres tienen pleito.
Two men have a quarrel.

---

la pluma PLU-ma noun, fem. pen
En la clase escribimos con pluma
In class we write with a pen.

---

pobre PO-bre adjective poor
La gente pobre no tiene dinero.
Poor people don't have any money.

---

poco PO-ko adverb a little bit
(poquito)
¿Hablas español? Un poco.
Do you speak Spanish? A little.

---

poder po-DER verb to be able to, can
Yo puedo   Nosotros podemos
Tú puedes   (Vosotros podéis)
Él, Ella, Usted   Ellos, Ellas, Ustedes
  puede   pueden
Mi papá dice que no puedo ir.
My dad says I can't go.

---

el policía po-lee-SEE-a noun, masc. policeman

El policía ayuda a los niños.

The policeman helps the children.

---

el pollo PO-yo noun, masc. chicken

El pollo en este restaurante es muy bueno.

The chicken in this restaurant is very good.

---

poner po-NER verb to put, place, set (the table)

Yo pongo	Nosotros ponemos
Tú pones	(Vosotros ponéis)
Él, Ella, Usted pone	Ellos, Ellas, Ustedes ponen

El hijo pone la mesa.

The son sets the table.

poner la mesa po-ner-la-ME-sa idiomatic expression to set the table

Si tú pones la mesa, yo preparo algo para comer.

If you set the table, I'll prepare something to eat.

ponerse verb to set (sun), to put on

El sol se pone en el oeste.

The sun sets in the west.

¡Ponga atención! pon-ga-a-ten-SEEON idiomatic expression Pay attention!

"¡Ponga atención!" dice la maestra.

"Pay attention!" says the teacher.

---

por preposition through, by, for, out of

El niño mira por la ventana.

The child looks through the window.

por auto preposition by car

Vamos a viajar por auto.

We are going to travel by car.

por avión preposition by airplane, airmail

La carta va por avión.

The letter is going airmail.

137

por correo   preposition   by mail
La contestación viene por correo.
The answer will come through the mail.

por favor   interjection   please
¡Por favor! Lávate las manos.
Please ! Wash your hands.

por fin por-FEEN   prepositional phrase   finally
Por fin soy presidente de la clase.
Finally I am president of the class.

---

porque POR-KE   adverb   because
Él no va porque no tiene permiso.
He is not going because he doesn't have
permission.

---

por qué POR-KE   adverb   why
¿Por qué no puedes ir? Porque no tengo permiso.
Why can't you go? Because I don't have
permission.

---

por supuesto por-su-PUES-to   idiomatic   of course
                                   expression
Por supuesto que lleva dinero para gastar.
Of course he has money to spend.

---

el portafolio por-ta-FO-leeo   noun, masc.   briefcase
Mi vecino lleva su portafolio.
My neighbor takes his briefcase.

---

portarse por-TAR-se   verb   to behave oneself
Yo me porto   Nosotros nos portamos
Tú te portas   (Vosotros os portáis)

138

Él, Ella, Usted   Ellos, Ellas, Ustedes
  se porta   se portan
Es muy importante saber portarse bien.
It is very important to know how to behave well.

---

por todas partes por-to-das-PAR-tes idiomatic   everywhere
                                    expression
Viajan por todas partes.
They travel everywhere.

---

el postre POS-tre   noun, masc.   dessert
El postre es pastel de cereza.
The dessert is cherry pie.

---

precioso pre-SYO-so   adjective, masc.   darling
  preciosa (fem.)
La hija de Conchita es preciosa.
Connie's little girl is darling.

---

preferir pre-fe-REER   verb   to prefer
Yo prefiero   Nosotros preferimos
Tú prefieres   (Vosotros preferís)
Él, Ella, Usted   Ellos, Ellas, Ustedes
  prefiere   prefieren
Yo prefiero jugo de naranja.
I prefer orange juice.

---

la pregunta pre-GUN-ta   noun, fem.   question
Juan tiene una pregunta.
John has a question.

---

preguntar pre-gun-TAR   verb   to ask
Yo pregunto   Nosotros preguntamos
Tú preguntas   (Vosotros preguntáis)
Él, Ella, Usted   Ellos, Ellas, Ustedes
  pregunta   preguntan
Es bueno preguntar cuando uno no tiene la
  información.
It is good to ask when one doesn't have
  the information.

---

el prendedor   pren-de-DOR   noun, masc.   pin
El vestido necesita un prendedor.
The dress needs a pin.

---

preparado   pre-pa-RA-do   adjective, masc.   ready
preparada   (fem.)
Margarita está preparada.
Margarite is ready.

---

preparar   pre-pa-RAR   verb   to prepare

Yo preparo	Nosotros preparamos
Tú preparas	(Vosotros preparáis)
Él, Ella, Usted	Ellos, Ellas, Ustedes
prepara	preparan

María prepara la comida.
Mary prepares dinner.

---

presentar   pre-sen-TAR   verb   to introduce

Yo presento	Nosotros presentamos
Tú presentas	(Vosotros presentáis)
Él, Ella, Usted	Ellos, Ellas, Ustedes
presenta	presentan

A las ocho van a presentar al rey y a la reina.
At eight o'clock they are going to introduce the
king and queen.

---

presente   pre-SEN-te   adjective   present, here
Patricia no está presente.
Patricia is not present.

---

el presidente   pre-see-DEN-te   noun, masc.   president
El presidente de los Estados Unidos visita a la
América del Sur.
The President of the United States is visiting
South America.

¡Presta atención!   idiomatic   Pay attention!
PRES-ta-ten-SEEON   expression
Por favor, presta atención
Please, pay attention.

140

---

prestar pres-TAR   verb   to lend, to borrow

Yo presto	Nosotros prestamos
Tú prestas	(Vosotros prestáis)
Él, Ella, Usted	Ellos, Ellas, Ustedes
presta	prestan

Yo le presto papel a Gloria.
I lend Gloria paper.

---

la primavera   pree-ma-BE-ra   noun, fem.   spring

Hay muchas flores en la primavera.
There are many flowers in the spring.

---

primero pree-ME-ro   adjective, masc.   first
primera (fem.)

¿Quién es primero?
Who is first?

---

primo PREE-mo   noun, masc.   cousin
prima (fem.)

Mi primo se llama Jorge.
My cousin's name is George.

---

la princesa   preen-SE-sa   noun, fem.   princess

La princesa es la hija del rey.
The princess is the king's daughter.

---

el príncipe   PREEN-see-pe   noun, masc.   prince

El príncipe es el hijo de la reina.
The prince is the queen's son.

---

el profesor   pro-fe-SOR   noun, masc.   professor, teacher

El señor Herrera es profesor de ciencias.
Mr. Herrera is a science teacher.

---

profundo pro-FUN-do   adjective, masc.   deep
profunda (fem.)

El océano es muy profundo.
The ocean is very deep.

---

se prohibe se-pro-EE-be   idiomatic   It is forbidden.
expression

Se prohibe entrar.
It is forbidden to enter.

---

prohibido entrar pro-ee-BEE-do-en-TRAR   idiomatic   no
expression   admittance

"Prohibido entrar" quiere decir que no hay entrada.
"No admittance" means there is no entry.

---

prohibido fumar pro-ee-BEE-do-FU-mar   idiomatic   no smoking
expression

No pueden fumar, allí dice "prohibido fumar."
You can't smoke; it says "No Smoking."

---

prometer pro-me-TER   verb   to promise

Yo prometo	Nosotros prometemos
Tú prometes	(Vosotros prometéis)
Él, Ella, Usted promete	Ellos, Ellas, Ustedes prometen

Yo prometo ser bueno.
I promise to be good.

---

pronto PRON-to   adverb   quickly, soon

Los estudiantes acaban su trabajo pronto.
The students finish their work quickly.

---

la propina pro-PEE-na   noun, fem.   tip

El mesero espera una propina.
The waiter expects a tip.

---

propio PRO-peeo   adjective, masc.   (one's) own
propia (fem.)

Todos usan su propio papel.
Everyone uses his (her) own paper.

---

próximo PROK-see-mo   adjective, masc.   next
próxima (fem.)

La semana próxima hay un día de fiesta.
Next week there is a holiday.

---

la prueba PRUE-ba   noun, fem.   test
La prueba en aritmética es mañana.
The arithmetic test is tomorrow.

---

el pueblo PUE-blo   noun, masc.   town, village
La familia García vive en un pueblo de Texas.
The García family lives in a Texas town.

---

el puente PUEN-te   noun, masc.   bridge
El puente de San Francisco es famoso.
The bridge in San Francisco is famous.

---

la puerta PUER-ta   noun, fem.   door
La puerta del garaje es muy ancha.
The garage door is very wide.

---

pues PUES   adverb; conjunction   well, since
Pues, vamos.
Well, let's go.

Q

---

qué KE   Interogative   which, what
pronoun
¿Qué quieres?
What do you want?

¿Qué clase de . . . ?   What kind of . . .
¿Qué tipo de . . . ?   What type of . . .
¿Qué clase de dulces quiere usted?
What kind of candy do you want?

¡Qué lástima! ke-LAS-tee-ma   too bad
¡Qué lástima! No vamos a nadar.
Too bad! We're not going swimming.

¿Qué pasa? ke-PA-sa   idiomatic   What's the matter?
expression
¿Qué pasa? ¿No quieres comer?
What's the matter? Don't you want to eat?

143

---

quedarse   ke-DAR-se   verb   to stay
Mis hermanos no quieren quedarse con mi tía.
My brothers don't want to stay with my aunt.

---

quejarse   ke-JAR-se   verb   to complain

Yo me quejo	Nosotros nos quejamos
Tú te quejas	(Vosotros os quejáis)
Él, Ella, Usted	Ellos, Ellas, Ustedes
se queja	se quejan

No me gusta la gente que se queja mucho.
I don't like people who complain a lot.

---

quemar   ke-MAR   verb   to burn

Yo quemo	Nosotros quemamos
Tú quemas	(Vosotros quemáis)
Él, Ella, Usted	Ellos, Ellas, Ustedes
quema	queman

¡Cuidado! El cerillo puede quemar.
Careful! The match can burn.

---

querer   ke-RER   verb   to want, to love

Yo quiero	Nosotros queremos
Tú quieres	(Vosotros queréis)
Él, Ella, Usted	Ellos, Ellas, Ustedes
quiere	quieren

Ellos quieren comer ahora.
They want to eat now.

---

querer decir   idiomatic expression   to mean
¿Qué quiere decir esta palabra?
What does this word mean?

---

querido ke-REE-do   adjective, masc.   loved, dear
querida (fem.)
La maestra es querida por todos los niños.
The teacher is loved by all the children.

---

el queso KE-so   noun, masc.   cheese
Me gusta el queso con fruta.
I like cheese with fruit.

---

quién KYEN   interrogative   who
pronoun
¿Quién quiere jugar?
Who wants to play?

---

quieto KYE-to   adjective, masc.   quiet
quieta (fem.)
Todo está muy quieto.
Everything is very quiet.

---

quince KEEN-se   adjective   fifteen
Este sombrero cuesta quince dólares.
This hat costs fifteen dollars.

---

quitar kee-TAR   verb   to remove, to take off
Yo quito   Nosotros quitamos
Tú quitas   (Vosotros quitáis)
Él, Ella, Usted   Ellos, Ellas, Ustedes
  quita   quitan
Ella quita la botella de la mesa.
She removes the bottle from the table.

---

quizá kee-SA, kee-SAS   adverb   perhaps, maybe
quizás
¿Vas al cine esta noche? Quizá.
Are you going to the movies tonight? Maybe.

R

el radio RA-deeo noun, masc. radio
Es un radio de onda corta.
It is a short wave radio.

la radio radio program

la rama RA-ma noun, fem. branch
Esa rama no tiene hojas.
That branch doesn't have any leaves.

el ramo de flores noun, masc. bouquet
ra-mo-de-FLO-res
Los niños le dan un ramo de flores a la maestra.
The children give the teacher a bouquet.

la rana RA-na noun, fem. frog
Cuando salgo al jardín veo las ranas.
When I go out to the garden, I see the frogs.

rápido RA-pee-do adjective, masc. rapid, fast
rápida (fem.)
Esa máquina es muy rápida.
The machine is very fast.

raro RRA-ro adjective odd, strange
rara (fem.)
¡Qué raro! Hace sol y llueve.
How odd! It is sunny and raining.

el rascacielos ras-ka-SYE-los noun, masc. skyscraper
Ese edificio es el rascacielos más alto de
la ciudad.
That building is the highest skyscraper in the city.

la rata RA-ta noun, fem. rat
La rata es un animal feo.
The rat is an ugly animal.

el ratón ra-TON noun, masc. mouse
El ratón se esconde allí.
The mouse hides there.

---

la recámara re-KA-ma-ra noun, fem. bedroom
Hay camas gemelas en mi recámara. (mi alcoba)
There are twin beds in my bedroom.

---

recibir re-si-BEER verb receive

Yo recibo	Nosotros recibimos
Tú recibes	(Vosotros recibís)
Él, Ella, Usted	Ellos, Ellas, Ustedes
recibe	reciben

Ester va a recibir un regalo.
Esther is going to receive a gift.

---

recordar re-kor-DAR verb to remember

Yo recuerdo	Nosotros recordamos
Tú recuerdas	(Vosotros recordáis)
Él, Ella, Usted	Ellos, Ellas, Ustedes
recuerda	recuerdan

Recordamos esas fechas con amor.
We remember these dates with love.

---

redondo re-DON-do adjective, masc. round
redonda (fem.)
La cara de Virginia es redonda.
Virginia's face is round.

---

el refresco re-FRES-ko noun, masc. refreshment, soft drink, soda
Quiero un refresco. Tengo mucha sed.
I want a soft drink. I'm very thirsty.

---

el refrigerador re-free-je-ra-DOR noun, masc. refrigerator
La leche está en el refrigerador.
The milk is in the refrigerator.

---

el regalo re-GA-lo noun, masc. gift, present
Yo tengo un regalo de cumpleaños para mi
amigo Raúl.
I have a birthday gift for my friend Raúl.

---

regañar re-ga-NYAR verb to scold

Yo regaño	Nosotros regañamos

Tú regañas   (Vosotros regañáis)
Él, Ella, Usted   Ellos, Ellas, Ustedes
regaña   regañan
Si no ponemos atención, el maestro nos regaña.
If we don't pay attention, the teacher scolds us.

---

la regla   REG-la   noun, fem.   rule, ruler

No podemos salir ahora; es la regla.
We can not go out now; it's the rule.

---

regresar   re-gre-SAR   verb   to return

Yo regreso   Nosotros regresamos
Tú regresas   (Vosotros regresáis)
Él, Ella, Usted   Ellos, Ellas, Ustedes
regresa   regresan
El señor regresa a casa muy tarde.
The man returns home very late.

---

la reina   REY-na   noun, fem.   queen

Leticia es la reina de la clase.
Leticia is the class queen.

---

reír   re-EER   verb   to laugh

Yo río   Nosotros reímos
Tú ríes   (Vosotros reís)
Él, Ella, Usted   Ellos, Ellas, Ustedes
ríe   ríen
Todos ríen cuando él habla.
Everyone laughs when he talks.

---

el relámpago   re-LAM-pa-go   noun, masc.   lightning

A veces hay muchos relámpagos cuando llueve.
Sometimes there is a lot of lightning when it rains.

---

el reloj   re-LO   noun, masc.   clock, watch
El reloj está en la pared de la cocina.
The clock is on the kitchen wall.

---

repetir   re-pe-TIR   verb   to repeat

Yo repito	Nosotros repetimos
Tú repites	(Vosotros repetís)
Él, Ella, Usted repite	Ellos, Ellas, Ustedes repiten

Roberto quiere repetir la palabra.
Robert wants to repeat the word.

---

el repollo   re-PO-yo   noun, masc.   cabbage
La sopa tiene repollo.
The soup has cabbage.

---

el resfriado   res-FRYA-do   noun, masc.   cold (illness)
Tiene un resfriado y no se siente bien.
He has a cold and doesn't feel well.

---

responder   res-pon-DER   verb   to answer, to respond, to reply

Yo respondo	Nosotros respondemos
Tú respondes	(Vosotros respondéis)
Él, Ella, Usted responde	Ellos, Ellas, Ustedes responden

Ellos responden cuando la profesora hace una pregunta.
They answer when the teacher asks a question.

---

la respuesta   res-PUES-ta   noun, fem.   answer, response
Una pregunta necesita una respuesta.
A question needs an answer.

---

el restaurante   res-ta-u-RAN-te   noun, masc.   restaurant
"El Tapatío" es mi restaurante favorito.
"El Tapatío" is my favorite restaurant.

---

el retrato   re-TRA-to   noun, masc.   picture
Es un retrato del presidente.
It is a picture of the president.

---

el rey REY noun, masc. king

Juan Carlos es el rey de España.
Juan Carlos is the king of Spain.

---

rico REE-ko adjective, masc. rich
rica (fem.)

Mi tío tiene mucho dinero. Es rico.
My uncle has a lot of money. He is rich.

---

la riña REE-nya noun, fem. quarrel

No me gusta oír una riña.
I don't like to hear a quarrel.

---

el río REE-o noun, masc. river

Ese río es largo y ancho.
That river is long and wide.

---

robar ro-BAR verb to rob, to steal

Yo robo	Nosotros robamos
Tú robas.	(Vosotros robáis)
Él, Ella, Usted roba	Ellos, Ellas, Ustedes roban

Si no tenemos dinero, no lo roban.
If we don't have money, they don't steal it.

---

la rodilla ro-DEE-lya, ro-DEE-ya noun, fem. knee

Me duele mucho la rodilla.
My knee hurts a lot.

---

rojo RO-jo adjective, masc. red
roja (fem.)

Yo quiero un coche rojo.
I want a red car.

---

el rollo RO-lyo, RO-yo noun, masc. roll

El señor trae un rollo de billetes.
The man has a roll of bills.

---

romper rom-PER verb to tear, to break

Yo rompo	Nosotros rompemos
Tú rompes	(Vosotros rompéis)

	Él, Ella, Usted	Ellos, Ellas, Ustedes
	rompe	rompen

¿Por qué rompen los platos?
Why are they breaking the plates?

---

la ropa RO-pa noun, fem. clothes
La ropa está limpia.
The clothes are clean.

---

el ropero ro-PE-ro noun, masc. (clothes) closet
El abrigo está en el ropero.
The coat is in the closet.

---

el rosbif ros-BIF noun, masc. roast beef
Quiero un platillo de rosbif.
I'd like a plate of roast beef.

---

rubio RU-beeo adjective, masc. blond
rubia (fem.)
Mi amigo tiene el pelo rubio.
My friend has blond hair.

---

la rueda RUE-da noun, fem. wheel
El coche pierde una rueda.
The car is losing a wheel.

---

ruido RUEE-do noun, masc. noise
Todos hacen mucho ruido en el juego.
Everyone makes a lot of noise at the game.

S

---

sábado SA-ba-do noun, masc. Saturday
El sábado vamos al cine.
We're going to the movies Saturday.

---

saber sa-BER verb to know, to know how to
Yo sé Nosotros sabemos
Tú sabes (Vosotros sabéis)

Él. Ella. Usted	Ellos. Ellas. Ustedes
sabe	saben

Yo sé nadar.
I know how to swim.

---

sabio SA-beeo   adjective, masc.   wise
sabia   (fem.)

Mi abuelo es muy sabio.
My grandfather is very wise.

---

el saco SA-ko   noun, masc.   jacket, coat

Él lleva saco y corbata.
He is wearing a jacket and tie.

---

sacudir sa-ku-DEER   verb   to dust, shake

Yo sacudo	Nosotros sacudimos
Tú sacudes	(Vosotros sacudís)
Él, Ella, Usted	Ellos, Ellas, Ustedes
sacude	sacuden

La niña sacude los muebles.
The girl dusts the furniture.

---

la sal SAL   noun, fem.   salt

Yo uso sal y pimienta
I use salt and pepper.

---

la sala SA-la   noun, fem.   living room

Las visitas se sientan en la sala.
The visitors sit in the living room.

152

---

salir   sa-LEER   verb   to go out, to leave

Yo salgo   Nosotros salimos
Tú sales   (Vosotros salís)
Él, Ella, Usted   Ellos, Ellas, Ustedes
 sale   salen

Yo salgo a recoger el periódico.
I go out to pick up the newspaper.

salir de compras   verb   to go shopping

Las señoras salen de compras.
The ladies are going shopping.

---

el saltamontes   sal-ta-MON-tes   noun,   grasshopper
                                       masc.

No es fácil agarrar un saltamontes.
It is not easy to catch a grasshopper.

---

saltar   sal-TAR   verb   to jump, to leap

Yo salto   Nosotros saltamos
Tú saltas   (Vosotros saltáis)
Él, Ella, Usted   Ellos, Ellas, Ustedes
 salta   saltan

Los niños saltan de gusto.
The children jump for joy.

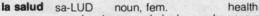

---

la salud   sa-LUD   noun, fem.   health

Los huevos y la leche son buenos para la salud.
Eggs and milk are good for your health.

---

salvaje   sal-BA-je   adjective   savage

En la selva hay animales salvajes.
There are savage animals in the jungle.

---

salvar sal-BAR verb   to save

Yo salvo	Nosotros salvamos
Tú salvas	(Vosotros salváis)
Él, Ella, Usted	Ellos, Ellas, Ustedes
salva	salvan

En la película, el perro salva al niño.
In the movie, the dog saves the boy.

---

la sandía san-DEE-a noun, fem.   watermelon
Me gusta la sandía bien fría en el verano.
I like very cold watermelon in summer.

---

el sandwich san-UEECH noun, masc.   sandwich
Yo quiero un sandwich de pollo.
I want a chicken sandwich.

---

la sangre SAN-gre noun, fem.   blood
La sangre es roja.
Blood is red.

---

sano y salvo sa-no-y-SAL-bo idiomatic   safe and sound
                                   expression
¡Qué accidente! Pero él está sano y salvo.
What an accident! But he is safe and sound.

---

el sastre SAS-tre noun, masc.   tailor
El sastre hace ropa.
The tailor makes clothes.

---

seco SE-ko adjective, masc.   dry
seca (fem.)

El río está seco.
The river is dry.

---

la secretaria se-kre-TA-reea noun, fem.   secretary
el secretario (masc.)
Elena es la secretaria del club.
Helen is the secretary of the club.

---

el secreto se-KRE-to noun, masc.   secret
No lo diga. Es un secreto.
Don't tell. It is a secret.

---

seguir se-GEER   verb   to follow, to continue

Yo sigo	Nosotros seguimos
Tú sigues	(Vosotros seguís)
Él, Ella, Usted	Ellos, Ellas, Ustedes
sigue	siguen

Nosotros seguimos la ruta a Santa Fe.
We are following the route to Santa Fe.

---

según se-GUN   adverb   according

Según el maestro, no podemos salir a las tres.
According to the teacher, we cannot leave
at three.

---

segundo se-GUN-do   adjective, masc.   second
segunda (fem.)

Es la segunda vez que va a México.
It is the second time that he is going to Mexico.

---

seguro se-GU-ro   adjective   certain, sure

Él está seguro que vienen hoy.
He is certain they are coming today.

---

seis SAYS   adjective   six

Mi hermanito tiene seis años.
My little brother is six years old

---

el sello SE-lyo, SE-yo   noun, masc.   stamp, seal

La tarjeta lleva un sello.
The card has a stamp.

---

la semana se-MA-na   noun, fem.   week

Cinco días a la semana vamos a la escuela.
We go to school five days a week.

---

señalar se-nya-LAR   verb   to point, to signal

Yo señalo	Nosotros señalamos
Tú señalas	(Vosotros señaláis)
Él, Ella, Usted	Ellos, Ellas, Ustedes
señala	señalan

El policía señala que el auto se pare.
The policeman signals the car to stop.

155

la senda

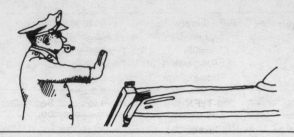

la senda SEN-da noun, fem. path
¿Adónde va esta senda?
Where does this path go?

---

el señor se-NYOR noun, masc. the man, Mr.
El señor es guapo.
The man is handsome.

---

la señora se-NYO-ra noun, fem. lady
La señora entra en la tienda.
The lady enters the store.

---

la señorita se-nyo-REE-ta noun, fem. young lady,
Miss, Ms.
La señorita tiene un vestido nuevo.
The young lady has a new dress.

---

sentado sen-TA-do adjective, masc. seated
sentada (fem.)
Toda la gente está sentada.
Everyone is seated.

---

sentarse sen-TAR-se verb to sit down
Yo me siento Nosotros nos sentamos
Tú te sientas (Vosotros os sentáis)
Él, Ella, Usted Ellos, Ellas, Ustedes
  se sienta se sientan
Ellos se sientan en el parque.
They are sitting in the park.

---

sentir sen-TEER verb to feel; to regret
Yo siento Nosotros sentimos

156

Tú sientes   (Vosotros sentís)
Él, Ella, Usted   Ellos, Ellas, Ustedes
  siente   sienten
Ellos sienten que tú no los quieres.
They feel you don't like them.

---

septiembre   sep-TYEM-bre   noun, masc.   September
Las clases comienzan en septiembre.

Classes begin in September.

---

ser   SER   verb   to be
     Yo soy   Nosotros somos
     Tú eres   (Vosotros sois)
     Él, Ella, Usted   Ellos, Ellas, Ustedes
       es   son
Él es médico y ella es abogada.
He's a doctor and she's a lawyer.

---

serio   SE-reeo   adjective, masc.   serious
 seria   (fem.)
     El policía es muy serio.
     The policeman is very serious.

---

la servilleta   ser-bee-YE-ta   noun, fem.   napkin
     Las servilletas están en la mesa.
     The napkins are on the table.

---

servir   ser-BEER   verb   to serve
     Yo sirvo   Nosotros servimos
     Tú sirves   (Vosotros servís)
     Él, Ella, Usted   Ellos, Ellas, Ustedes
       sirve   sirven
Ella sirve chocolate y galletitas.
She serves chocolate and cookies.

---

sesenta   se-SEN-ta   adjective   sixty
     Hay sesenta libros en la sala.
     There are sixty books in the living room.

---

setenta   se-TEN-ta   adjective   seventy
     Mi abuelo tiene setenta años.
     My grandfather is seventy years old.

---

sí SEE adverb yes
Sí, me voy.
Yes, I'm going.

---

si SEE conjunction if
Si tú vas, yo voy.
If you go, I go.

---

siempre SYEM-pre adverb always, forever
Siempre nos gusta jugar al béisbol.
We always like to play baseball.

---

siete SYE-te adjective seven
Sabes el cuento de "Blancanieves y los
siete enanos?"
Do you know the story of "Snow White and the
Seven Dwarfs?"

---

silbar seel-BAR verb to whistle
Yo silbo   Nosotros silbamos
Tú silbas   (Vosotros silbáis)
Él, Ella, Usted   Ellos, Ellas, Ustedes
silba   silban
Los muchachos silban en el campo de recreo.
The boys whistle on the playground

---

silencioso see-len-SEEO-so adjective, masc. silent
silenciosa (fem.)
Vamos a jugar un juego silencioso.
Let's play a silent game.

---

la silla SEE-ya noun, fem. chair
Esta mesa tiene seis sillas.
This table has six chairs.

---

el sillón see-YON noun, masc. armchair
Puede sentarse en el sillón.
You may sit in the armchair.

---

simpático seem-PA-ti-co adjective, masc. pleasant
simpática (fem.)

158

Marisa es muy simpática.
Marisa is very pleasant.

---

sirvienta   seer-BYEN-ta   noun, fem.   maid

Buscamos sirvienta para limpiar una casa.
We are looking for a maid to clean a house.

---

sin   SEEN   preposition   without

Quiero un sandwich sin cebolla.
I want a sandwich without onions.

---

el sitio   SEE-tyo-de-rec-RE-o   noun, masc.   playground ✓
recreo

Vamos afuera al sitio de recreo.
Let's go outside to the playground.

---

sobre   SO-bre   preposition   on

Los chicos ponen los zapatos sobre la cama.
The children put their shoes on the bed.

---

el sobre   SO-bre   noun, masc.   envelope

La carta está en el sobre.
The letter is in the envelope.

---

sobre todo   so-bre-TO-do   idiomatic expression   above all ✓

Sobre todo, quiero ser presidente.
Above all, I want to be president.

---

el sobretodo   so-bre-TO-do   noun, masc.   overcoat

Nieva mucho; necesito el sobretodo.
It is snowing a lot; I need my overcoat.

---

la sobrina   so-BREE-na   noun, fem.   niece
Mis padres tienen ocho sobrinas.
My parents have eight nieces.

---

el sobrino   so-BREE-no   noun, masc.   nephew
Mi primo es el sobrino de mi papá.
My cousin is my father's nephew.

---

el sóccer   SO-ker   noun, masc.   soccer
En el sóccer se usan la cabeza y los pies.
In soccer you use your head and your feet.

---

el socio   SO-cio   noun, masc.   member
Joaquín es socio de ese grupo.
Joaquín is a member of that group.

¡Socorro!   so-KO-rro   Interjection   Help!
¡Socorro! ¡El coche se quema!
Help! The car is burning!

---

el sofá   so-FA   noun, masc.   sofa, couch
Nuestro sofá está en la sala.
Our sofa is in the living room.

---

el sol   SOL   noun, masc.   sun
Hace mucho sol al mediodía.
There's a lot of sun at noon.

---

solamente   so-la-MEN-te   adverb   only
Solamente una vez tomamos el examen.
We take the exam only one time.

---

el soldado   sol-DA-do   noun, masc.   soldier
El soldado marcha todos los días.
The soldier marches everyday.

---

solo   SO-lo   adjective, masc.   alone, only
sola   (fem.)
La niña camina sola a la escuela.
The girl walks to school alone.

---

la sombra   SOM-bra   noun, fem.   shadow
¡Mira! es nuestra sombra.
Look! It's our shadow.

---

el sombrero   som-BRE-ro   noun, masc.   hat
Yo tengo un sombrero de vaquero.
I have a cowboy hat.

---

sonar   so-NAR   verb   to ring

Yo sueno	Nosotros sonamos
Tú suenas	(Vosotros sonáis)
Él, Ella, Usted suena	Ellos, Ellas, Ustedes suenan

El teléfono suena.
The telephone is ringing.

---

sonreír   son-re-EER   verb   to smile

Yo sonrío	Nosotros sonreímos
Tú sonríes	(Vosotros sonreís)
Él, Ella, Usted sonríe	Ellos, Ellas, Ustedes sonríen

Cuando estamos contentos, sonreímos.
We smile when we're happy.

---

soñar   so-NYAR   verb   to dream

Yo sueño	Nosotros soñamos
Tú sueñas	(Vosotros soñáis)
Él, Ella, Usted sueña	Ellos, Ellas, Ustedes sueñan

Cuando dormimos, casi todos soñamos.
When we sleep, nearly all of us dream.

---

la sopa   SO-pa   noun, fem.   soup
¿Te gusta la sopa de pollo?
Do you like chicken soup?

---

la sopera   so-PE-ra   noun, fem.   bowl
el sopero   (masc.)
La ensalada está en la sopera.
The salad is in the bowl.

161

sordo SOR-do adjective, masc. deaf
sorda (fem.)
El señor no oye. Es sordo.
The man doesn't hear. He's deaf.

sorprendente sor-pren-DEN-te adjective surprising
Es sorprendente recibir algo de ella.
It is surprising to receive something from her.

la sorpresa sor-PRE-sa noun, fem. surprise
¿Cuál es la sorpresa?
What is the surprise?

el sótano SO-ta-no noun, masc. basement
Guardamos algunos muebles en el sótano.
We keep some furniture in the basement.

su SU adjective his, her, its
sus (plural) their
Son sus libros.
They're his books.

suave SUA-be adjective soft, gentle
Este jabón es suave.
This soap is gentle.

suavemente su-a-be-MEN-te adv. softly
La maestra habla suavemente.
The teacher speaks softly.

el sube y baja Su-bay-BA-ja noun, masc. seesaw
¡Vamos a pasear (montar) en el sube y baja!
Let's ride on the seesaw!

subir su-BEER verb to climb, to go up
Yo subo   Nosotros subimos
Tú subes   (Vosotros subís)
Él, Ella, Usted   Ellos, Ellas, Ustedes
  sube   suben
El avión sube.
The plane is going up.

sucio SU-seeo   adjective, masc.   dirty
  sucia (fem.)

         Lávate las manos. Están sucias.
         Wash your hands. They're dirty.

---

el suelo SUE-lo   noun, masc.   floor
         El perro se acuesta en el suelo.
         The dog lies down on the floor.

---

la suerte SUER-te   noun, fem.   luck
         Buena suerte en el viaje.
         Good luck on the trip.

---

el suéter SUE-ter   noun, masc.   sweater
         Tengo un suéter de lana.
         I have a wool sweater.

---

sumar su-MAR   verb   to add

Yo sumo	Nosotros sumamos
Tú sumas	(Vosotros sumáis)
Él, Ella, Usted	Ellos, Ellas, Ustedes
suma	suman

         Yo siempre sumo la cuenta.
         I always add the bill.

---

el sur SUR   adverb; adjective; noun, masc.   south
         México está al sur de los Estados Unidos.
         Mexico is south of the United States.

T

el tamaño ta-MA-nyo   noun, masc.   size
         ¿De qué tamaño es el saco?
         What size is the coat?

---

también tam-BYEN adverb also

También quiero comprar unos zapatos.
I also want to buy shoes.

---

el tambor tam-BOR noun, masc. drum

Mi hermano sabe tocar el tambor.
My brother knows how to play the drums.

---

tanto TAN-to adjective, masc. as much, so much
tanta (fem.)

¡Yo tengo tanto tiempo como tú!
I have as much time as you do!

---

tantos TAN-tos adjective, masc. as many, so many
tantas (fem.)

Yo no tengo tantos juguetes como tú.
I don't have as many toys as you do.

---

el tapete ta-PE-te noun, masc. rug (throw)

Hay un tapete viejo en la cocina.
There's an old rug in the kitchen.

---

la tarde TAR-de noun, fem. afternoon, early
evening, p.m

El programa en la televisión es a las seis
de la tarde.
The TV program is at six o'clock in the evening.

---

tarde TAR-de adverb late

Es muy tarde para salir.
It is very late to go out.

---

la tarjeta tar-JE-ta noun, fem. card

Hay que escribir el nombre y la dirección
en la tarjeta.
You have to write the name and address
on the card.

la tarjeta postal noun, fem. postcard

Esta tarjeta postal viene de la Florida.
This postcard is from Florida.

---

la taza   TA-sa   noun, fem.   cup

Mucha gente toma una taza de café por la tarde.
Many people have a cup of coffee in the afternoon.

---

el té   TE   noun, masc.   tea

Me trae un té caliente, por favor.
Please bring me a hot tea.

---

el teatro   te-A-tro   noun, masc.   theater

Vamos al teatro con Jorge.
We're going to the theater with George.

---

el techo   TE-cho   noun, masc.   roof, ceiling

Hay que pintar el techo.
You have to paint the ceiling.

---

el tejado   te-JA-do   noun, masc.   roof

El tejado de esa casa española es rojo.
The roof of that Spanish house is red.

---

tejer   te-JER   verb   to knit

Yo tejo	Nosotros tejemos
Tú tejes	(Vosotros tejéis)
Él, Ella, Usted teje	Ellos, Ellas, Ustedes tejen

Mi abuela teje un suéter para mí.
My grandmother is knitting a sweater for me.

---

el teléfono   te-LE-fo-no   noun, masc.   telephone

Use usted el teléfono para llamar a Enrique.
Use the telephone to call Henry.

---

la televisión   te-le-bi-SEEON   noun, fem.   television, TV

¿Qué hay bueno en la televisión esta noche?
What's good on TV tonight?

---

temprano   tem-PRA-no   adverb   early

El avión llega temprano.
The plane arrives early.

---

el tendero   ten-DE-ro   noun, masc.   grocer

El tendero siempre cuida su tienda.
The grocer always takes care of his store.

---

el tenedor

---

el tenedor   te-ne-DOR   noun, masc.   fork

               Necesitamos un tenedor para la ensalada.
               We need a fork for the salad.

---

tener   te-NER   verb   to have

Yo tengo	Nosotros tenemos
Tú tienes	(Vosotros tenéis)
Él, Ella, Usted	Ellos, Ellas, Ustedes
tiene	tienen

           Juan tiene una bicicleta nueva.
           Juan has a new bicycle.

tener calor   idiomatic expression   to be warm, hot

          Tengo mucho calor. ¿Hay ventilador?
          I'm very hot. Is there a fan?

tener dolor   idiomatic   to have a headache
** de cabeza**   expression

          La señora dice que tiene dolor de cabeza.
          The lady says she has a headache.

tener dolor de muelas   idiomatic   to have a
                             expression   toothache

          ¡Ay! Tengo un terrible dolor de muelas.
          Oh! I have a terrible toothache.

✓ **tener éxito**   idiomatic   to be successful,
                       expression   to succeed

          Este equipo de béisbol siempre tiene éxito.
           Gana todos los juegos.
          This baseball team always is successful.
          It wins every game.

tener hambre   te-ner-AM-bre   idiomatic   to be hungry
                                  expression

Tengo hambre; quiero comprar un sándwich.
I am hungry; I want to buy a sandwich.

tener miedo   te-ner-MIE-do   idiomatic   to be afraid
expression

¿Tienes miedo cuando vas al doctor?
Are you afraid when you go to the doctor?

tener el pie   idiomatic   to have a sore foot ✓
adolorido   expression

Jaime tiene el pie adolorido.
Jim has a sore foot.

tener que   te-NER-KE   idiomatic   to have to
expression

Tengo que bañarme todos los días.
I have to bathe every day.

tener razón   idiomatic   to be right ✓
expression

¡Los padres siempre tienen razón!
Parents are always right!

tener sed   idiomatic   to be thirsty
expression

Yo tengo mucha sed. Dame un vaso de agua.
I am very thirsty. Give me a glass of water.

tener sueño   idiomatic   to be sleepy
expression

Vamos a acostarnos. Tengo mucho sueño.
Let's go to bed. I am very sleepy.

tener suerte   idiomatic   to be lucky
expression

Ella tiene mucha suerte. Siempre gana premios.
She's very lucky. She always wins prizes.

tener   te-ner-ber-GWEN-sa   idiomatic   to be ashamed ✓
vergüenza   expression

No es problema y ellos no deben tener
vergüenza.
It is not a problem, and they should not be
ashamed.

167

no tener no-te-NER-ra-son   idiomatic   to be wrong
razón   expression
               Ernesto no tiene razón. Esa no es la respuesta.
               Ernesto is not right. That is not the answer.

terminar ter-mee-NAR   verb   to end, to finish
           Yo termino   Nosotros terminamos
           Tú terminas   (Vosotros termináis)
           Él, Ella, Usted   Ellos, Ellas, Ustedes
             termina   terminan
           Si terminas pronto, salimos a jugar.
           If you finish quickly, we will go out to play.

terrible te-RREE-ble   adjective   terrible
           Pasamos un susto terrible.
           We had a terrible scare.

la tía TEE-a   noun, fem.   aunt
           La tía Juanita es muy bonita.
           Aunt Jane is very pretty.

el tiempo TYEM-po   noun, masc.   time, weather
           ¿Qué tiempo hace hoy?
           What kind of weather is it today?

la tienda TYEN-da   noun, fem   store, shop, grocery,
                                            tent
           En esa tienda no se venden flores.
           That store doesn't sell flowers.

la tierra TYE-rra   noun, fem.   earth, dirt, ground
           La planta necesita más tierra.
           The plant needs more dirt.

el tigre TEE-gre   noun, masc.   tiger
           El tigre tiene la piel muy bonita.
           The tiger has beautiful fur.

las tijeras tee-JE-ras   noun, fem.   scissors
           Dame las tijeras para cortar la cinta.
           Give me the scissors to cut the ribbon.

---

el timbre TEEM-bre noun, masc. bell, doorbell
El timbre suena. Ya no hay tiempo.
The bell is ringing. There's no more time.

---

el timbre TEEM-bre noun, masc. stamp
Quiero comprar timbres de correo.
I want to buy postage stamps.

---

el tío TEE-o noun, masc. uncle
El tío Saul es muy alto.
Uncle Saul is very tall.

---

el tiovivo tio-VI-vo noun, masc. merry-go-round
Quiero pasear en el tiovivo.
I want to ride on the merry-go-round.

---

el tipo TEE-po noun, masc. type
No me gusta ese tipo de cuaderno.
I don't like that type of notebook.

---

tirar tee-RAR verb to throw

Yo tiro	Nosotros tiramos
Tú tiras	(Vostros tiráis)
Él, Ella, Usted tira	Ellos, Ellas, Ustedes tiran

Patricia tira la pelota.
Pat throws the ball.

---

la tiza TEE-sa noun, fem. chalk
Usamos la tiza para escribir en la pizarra.
We use chalk to write on the board.

---

la toalla to-A-lya, to-A-ya noun, fem. towel
Dame la toalla para secarme las manos.
Give me the towel so I can dry my hands.

---

el tocadiscos noun, masc. record player
to-ka-DEES-kos
Vamos a escuchar la música en el tocadiscos.
Let's listen to the music on the record player.

169

tocar

| **tocar** | to-KAR | verb | to play (instrument), to touch, to knock |

Yo toco   Nosotros tocamos
Tú tocas   (Vosotros tocáis)
Él, Ella, Usted   Ellos, Ellas, Ustedes
   toca   tocan
Silvia toca el piano.
Sylvia plays the piano.

✓ **todavía**   to-da-BEE-a   adverb   still

Todavía usamos la máquina de escribir.
We are still using the typewriter.

---

todo   TO-do   pronoun   everything

Él quiere todo.
He wants everything.

---

todo   TO-do   adjective, masc.   all, entire
toda   (fem.)

Pepe se come toda la fruta.
Joey eats all the fruit.

---

tomar   to-MAR   verb   to take, to drink

Yo tomo   Nosotros tomamos
Tú tomas   (Vosotros tomáis)
Él, Ella, Usted   Ellos, Ellas, Ustedes
   toma   toman
¿A qué hora tomas la medicina?
What time do you take the medicine?

---

el tomate   to-MA-te   noun, masc.   tomato

El tomate está maduro.
The tomato is ripe.

---

tonto TON-to   adjective, masc.   foolish, silly
  tonta (fem.)

    ¡Es una idea tonta!
    It is a foolish idea!

---

la tormenta tor-MEN-ta   noun, fem.   storm

    Viene una tormenta. Mira las nubes.
    There's a storm coming. Look at the clouds.

---

la toronja to-RON-ja   noun, fem.   grapefruit

    Esta toronja tiene mucho jugo.
    This grapefruit has a lot of juice.

---

la torre TO-rre   noun, fem.   tower, steeple

    La torre de la iglesia es muy alta.
    The church steeple is very high.

---

la torta TOR-ta   noun, fem.   cake, tart

    La torta de chocolate está muy rica.
    The chocolate cake (tart) is very good.

---

la tortuga tor-TU-ga   noun, fem.   turtle

    La tortuga duerme en su concha.
    The turtle sleeps in its shell.

---

toser to-SER   verb   to cough

    Yo toso   Nosotros tosemos
    Tú toses   (Vosotros toséis)
    Él, Ella, Usted tose   Ellos, Ellas, Ustedes tosen
    Tiene catarro y tose mucho.
    He has a cold and is coughing a lot.

---

trabajar tra-ba-JAR   verb   to work

    Yo trabajo   Nosotros trabajamos
    Tú trabajas   (Vosotros trabajáis)
    Él, Ella, Usted   Ellos, Ellas, Ustedes
     trabaja   trabajan
    Ellos trabajan en la fábrica.
    They work in the factory.

---

el trabajo tra-BA-jo   noun, masc.   work
> ¿Qué trabajo hace tu papá?
> What work does your Dad do?

---

traer tra-ER   verb   to bring

Yo traigo	Nosotros traemos
Tú traes	(Vosotros traéis)
Él, Ella, Usted trae	Ellos, Ellas, Ustedes traen

> ¿Quién va a traer los sandwiches?
> Who is going to bring the sandwiches?

---

el tráfico TRA-fee-ko   noun, masc.   traffic
> A las cinco hay mucho tráfico.
> At five o'clock there's a lot of traffic.

---

el traje TRA-je   noun, masc.   suit

el traje de baño   bathing suit
> El señor lleva un traje de verano.
> The man is wearing a summer suit.

---

tranquilo tran-KEE-lo   adjective, masc.   calm
tranquila (fem.)
> No hace viento; está tranquilo.
> It's not windy; it's calm.

---

el transatlántico   noun masc.   transatlantic ship,
tran-sat-LAN-tee-ko   ocean liner
> El transatlántico sale a las nueve de la mañana.
> The transatlantic ship leaves at nine in
>   the morning.

---

tratar tra-TAR   verb   to try

Yo trato	Nosotros tratamos
Tú tratas	(Vosotros tratáis)
Él, Ella, Usted trata	Ellos, Ellas, Ustedes tratan

> Voy a tratar de brincar del árbol.
> I am going to try to jump from the tree.

---

trece TRE-se   adjective   thirteen

Fernando tiene trece camisas.
Fernando has thirteen shirts.

treinta TRAYN-ta   adjective   thirty

El autobús tiene treinta asientos.
The bus has thirty seats.

el tren TREN   noun, masc.   train

Mi tren eléctrico ya no anda.
My electric train doesn't run anymore.

tres TRES   adjective   three

Cristina compra tres abrigos cada año.
Christina buys three coats each year.

el trigo TREE-go   noun, masc.   wheat

Hay un campo de trigo cerca de la casa.
There is a field of wheat near the house.

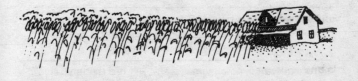

triste TREES-te   adjective   sad, unhappy

El perro no quiere comer. Está muy triste.
The dog doesn't want to eat. He is very sad.

el trompo TROM-po   noun, masc.   top

Este trompo es mi juguete favorito.
This top is my favorite toy.

el trueno TRUE-no   noun, masc.   thunder

¿Oyes el trueno?
Do you hear the thunder?

---

el turno   TUR-no   noun, masc.   turn

Es tu turno.
It is your turn.

U

último   UL-tee-mo   adjective, masc.   last
última   (fem.)

Ésta es la última semana de vacaciones.
This is the last week of vacation.

---

el último   UL-tee-mo   pronoun   the last one

No hay muchos duraznos. El último está en
el refigerador.
There aren't many peaches. The last one is in
the refrigerator.

---

un   UN   article, masc.   a, an, one
una   (fem.)

Quiero una manzana.
I want an apple.

---

una vez más   u-na-bes-MAS   adverb   once again

Una vez más, vamos a cantar "De colores."
Once again, let's sing "De colores."

---

la uña   U-nya   noun, fem.   nail (finger)
la uña de los pies   toenail

¡Qué uñas tan largas!
What long nails!

único   U-nee-ko   adjective, masc.   only
única   (fem.)

Es el único chico en la clase.
He is the only boy in class.

---

unido   u-NI-do   adjective, masc.   united
unida   (fem.)

La gente de Texas es fuerte y unida.
The people of Texas are strong and united.

---

la universidad   u-ni-ber-si-DAD   noun, fem.   university

Geraldo está en su último año en la universidad.

Geraldo is in his last year at the university.

---

usar u-SAR   verb   to use

Yo uso	Nosotros usamos
Tú usas	(Vosotros usáis)
Él, Ella, Usted usa	Ellos, Ellas, Ustedes usan

En nuestra clase de matemáticas usamos lápiz.

We use pencils in our math class.

---

usted us-TED   pronoun   you (formal)
  usted mismo pronoun   you yourself

Usted mismo tiene que hacer el trabajo.

You yourself have to do the work.

útil U-teel   adjective   useful

Es útil saber dos lenguas.

It is useful to know two languages.

---

la uva U-ba   noun, fem.   grape

A mi hermano le gustan las uvas.

My brother likes grapes.

V

---

la vaca BA-ca   noun, fem.   cow

La vaca da leche.

The cow gives milk.

---

las vacaciones ba-ka-SEEO-nes   noun, fem.   vacation
  las vacaciones de verano noun, fem.   summer vacation

Ya vienen las vacaciones de verano.

Summer vacation is nearly here.

---

vaciar ba-SEEAR   verb   to pour out, to empty

Yo vacío	Nosotros vaciamos

Tú vacías   (Vosotros vaciáis)
Él, Ella, Usted   Ellos, Ellas, Ustedes
  vacía   vacían
Voy a vaciar esta caja.
I am going to empty this box.

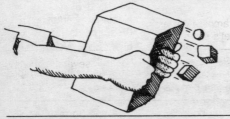

---

vacío ba-SEE-o   adjective, masc.   empty
  vacía (fem.)

> No hay nada en este plato; está vacío.
> There is nothing on this plate; it's empty.

---

vacunar ba-ku-NAR   verb   vaccinate

> Antes de entrar a la escuela, los niños
>   necesitan vacunarse.
> Before entering school, the children have to
>   be vaccinated.

---

el vagón ba-GON   noun, masc.   car (train)

> Este vagón lleva vacas y caballos.
> This car is carrying cows and horses.

---

la vainilla baee-NEE-lya,   noun, fem.   vanilla
         baee-NEE-ya

> Mamá le pone vainilla al postre.
> Mother puts vanilla in the dessert.

---

el vaivén bay-BEN   noun, masc.   seesaw

> Los niños pasan horas en el vaivén.
> The children spend hours on the seesaw.

---

valiente ba-LYEN-te   adjective brave, valiant, courageous

> El soldado es valiente.
> The soldier is brave.

---

el valle BA-lle noun, masc. valley
Me gustaría vivir en el valle de San Fernando.
I would like to live in the San Fernando Valley.

vamos a BA-mo-sa idiomatic Let's
expression
Vamos a nadar.
Let's swim.

varios BA-reeos adjective, masc. several, various
  varias (fem.)
Hay varios juegos en el parque.
There are several games at the park.

el vaso BA-so noun, masc. glass (drinking)
¿Quieres un vaso de jugo?
Do you want a glass of juice?

el vecino be-SEE-no noun, masc. neighbors
Los García son mis vecinos.
The Garcías are my neighbors.

el vegetal be-je-TAL noun, masc. vegetable
La lechuga y las papas son vegetales.
Lettuce and potatoes are vegetables.

el vehículo be-EE-ku-lo noun, masc. vehicle
El coche es un vehículo.
The car is a vehicle.

veinte BAYN-te adjective twenty
Mi hermano mayor tiene veinte años.
My oldest brother is twenty years old.

el vendedor ven-de-DOR noun, masc. salesperson
  la vendedora (fem.) (salesman,
saleswoman)
Un momento, voy a llamar al vendedor.
One moment; I'm going to call the salesman.

---

vender ben-DER verb to sell

Yo vendo	Nosotros vendemos
Tú vendes	(Vosotros vendéis)
Él, Ella, Usted vende	Ellos, Ellas, Ustedes venden

Aquí no venden dulces.
They don't sell candy here.

---

venir be-NEER verb to come

Yo vengo	Nosotros venimos
Tú vienes	(Vosotros venís)
Él, Ella, Usted viene	Ellos, Ellas, Ustedes vienen

¿Cuándo vienen ustedes a visitarnos?
When are you coming to visit us?

---

la ventana ben-TA-na noun, fem. window

El sol entra por la ventana.
The sun is coming in through the window.

---

el ventilador ben-ti-la-DOR noun, masc. fan

Ponga el ventilador; hace mucho calor.
Turn on the fan; it's very hot.

---

ver BER verb to see

Yo veo	Nosotros vemos
Tú ves	(Vosotros veis)
Él, Ella, Usted ve	Ellos, Ellas, Ustedes ven

Yo no veo a nadie.
I don't see anyone.

ver otra vez verb to see again
¿Quiere usted ver los retratos otra vez?
Do you want to see the pictures again?

---

el verano be-RA-no noun, masc. summer
Nosotros nadamos mucho en el verano.
We swim a lot in summer.

---

verde BER-de adjective green
La hierba es verde.
Grass is green.

---

la verdad ber-DAD noun, fem. truth
El niño dice la verdad.
The boy tells the truth.

¿verdad? ber-DAD idiomatic Isn't that so?
expression Don't you think so?
Tu tío va a comprar los boletos, ¿verdad?
Your uncle is buying the tickets. Isn't that so?

---

verídico be-REE-dee-ko adjective, masc. true
verídica (fem.)
No es un cuento. Es una historia verídica (verdadera).
It is not a tale. It is a true story.

---

el vestido bes-TEE-do noun, masc. dress, suit
¡Qué bonito vestido!
What a pretty dress!

---

vestirse bes-TEER-se verb to dress oneself
Yo me visto   Nosotros nos vestimos
Tú te vistes   (Vosotros os vestís)
Él, Ella, Usted   Ellos, Ellas, Ustedes
se viste   se visten
Ellos se visten para la fiesta.
They are dressing for the party.

---

la vez BES noun, fem. time
Visitamos la Florida una vez al año.
We visit Florida one time each year.

179

---

viajar beea-JAR verb to travel

Yo viajo	Nosotros viajamos
Tú viajas	(Vosotros viajáis)
Él, Ella, Usted viaja	Ellos, Ellas, Ustedes viajan

Vamos a viajar en coche a California.

We are going to travel by car to California.

---

el viajero beea-JE-ro noun, masc. traveler

El viajero va de pueblo en pueblo.

The traveler is going from town to town.

---

la víbora BEE-bo-ra noun, fem. snake

Hay un museo de víboras en el zoológico.

There is a snake museum at the zoo.

---

viejo BYE-jo adjective, masc. old
vieja (fem.)

Esa lámpara es vieja.

That lamp is old.

---

el viento BYEN-to noun, masc. wind

Creo que es tormenta. Hace mucho viento.

I believe it's a storm. There's a lot of wind.

---

viernes BYER-nes noun, masc. Friday

Los viernes vamos al juego de fútbol.

We go to the football game on Fridays.

---

vigilar bee-gee-LAR verb to guard, to watch, to take care of

Yo vigilo Nosotros vigilamos

Tú vigilas   (Vosotros vigiláis)
Él, Ella, Usted   Ellos, Ellas, Ustedes
   vigila   vigilan
El policía vigila la tienda.
The policeman guards the store.

---

la violeta   beeo-LE-ta   noun, fem.   violet
La violeta es una flor morada.
The violet is a purple flower.

---

el violín   beeo-LEEN   noun, masc.   violin
Yo sé tocar el violín.
I know how to play the violin.

---

el vino   BEE-no   noun, masc.   wine
El vino viene de la uva.
Wine comes from grapes.

---

visitar   bee-see-TAR   verb   to visit
Yo visito   Nosotros visitamos
Tú visitas   (Vosotros visitáis)
Él, Ella, Usted   Ellos, Ellas, Ustedes
   visita   visitan
Yo quiero visitar a mis amigos en la Argentina.
I want to visit my friends in Argentina.

---

la vista   BEES-ta   noun, fem.   view
Es una vista hermosa.
It is a beautiful view.

---

vivir   bee-BEER   verb   to live
Yo vivo   Nosotros vivimos
Tú vives   (Vosotros vivís)
Él, Ella, Usted   Ellos, Ellas, Ustedes
   vive   viven
Yo vivo en San Antonio, Texas
   ¿Dónde vive usted?
I live in San Antonio, Texas. Where do you live?

---

volcar   bol-KAR   verb   to turn over
Yo vuelco   Nosotros volcamos
Tú vuelcas   (Vosotros volcáis)

Él, Ella, Usted	Ellos, Ellas, Ustedes
vuelca	vuelcan

Una vez nos volcamos en un accidente de coche.
Once we turned over in a car accident.

---

voltear bol-te-AR verb to turn

Yo volteo	Nosotros volteamos
Tú volteas	(Vosotros volteáis)
Él, Ella, Usted	Ellos, Ellas, Ustedes
voltea	voltean

Al llegar a la esquina, tienes que voltear
a la izquierda.
When you get to the corner, you have to turn left.

---

volver bol-BER verb to return, go back

Yo vuelvo	Nosotros volvemos
Tú vuelves	(Vosotros volvéis)
Él, Ella, Usted	Ellos, Ellas, Ustedes
vuelve	vuelven

Nosotros volvemos a casa a las tres y media.
We return home at three thirty.

volver a ver bol-ber-a-VER idiomatic to see again
expression

En el parque volvemos a ver a Enrique jugar.
At the park we again see Henry play.

volver al revés verb to overturn, to turn upside down,
to turn inside out

No vuelvan el cuarto al revés.
Don't turn the room upside down.

volverse bol-BER-se verb to become

Este edificio va a volverse una escuela.
This building is going to become a school.

---

la voz BOS noun, fem. voice
El maestro tiene una voz fuerte.
The teacher has a strong voice.

en voz baja en-voz-BA-ja idiomatic in a low voice
expression

La señora Sánchez habla en voz baja.
Mrs. Sánchez speaks in a low voice.

---

la vuelta   BUEL-ta   noun, fem.   turn
El chófer da una vuelta a la derecha.
The chauffeur makes a right turn.

Y

---

y   EE   conjunction   and
Raúl y Roberto se divierten juntos.
Raul and Robert have fun together.

---

ya   YA   adverb   already
Ya tengo el dinero para el boleto.
I already have the money for the ticket.

ya no   YA-NO   adverb   no longer
Ya no tiene dolor de estómago.
He no longer has a stomachache.

---

yo   YO   pronoun
Yo voy contigo.
I'll go with you.

Z

---

la zanahoria   sa-na-O-reea   noun, fem.   carrot
¿Te gustan las zanahorias?
Do you like carrots?

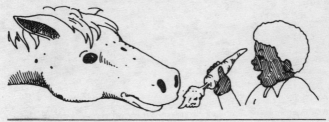

el zancudo   san-KU-do   noun, masc.   mosquito
Ese zancudo pica mucho.
That mosquito stings a lot.

183

---

el zapato sa-PA-to noun, masc. shoe
Voy a comprar zapatos blancos.
I'm going to buy white shoes.

---

el zoológico so-o-LO-jee-ko noun, masc. zoo
Vamos a pasar todo el día en el parque zoológico.
We're going to spend all day at the zoo.

---

el zorro SO-rro noun, masc. fox
la zorra (fem.)
El zorro es un animal astuto.
The fox is a cunning animal.

ENGLISH-SPANISH
INGLÉS-ESPAÑOL

CLAVE DE PRONUNCIACIÓN INGLÉS

**English pronunciation key
(para los de habla española)**

NOTAS

1. Hay algunos sonidos en inglés que no existen en español.
2. En general, las vocales en inglés son muy cortos.
3. Cuando se indica que un sonido inglés suena algo como un sonido español, es una aproximación . . . no es exacto.

CONSONANTES

La ortografía inglesa	Símbolo fonémico	Suena algo como la palabra española
b	b	burro
c	k	casa
	s	cena
ch, tch	ch	charla
d	d	diente
f	f	frío
g	g	gana
	zh	—
h, wh	h	dirigir
j, dge	dj	—
k	k	casa
l	l	leche
m	m	madre
n	n	niño
ng	ng	—
p	p	padre
qu	kw	—
r	r	cantar
s	s	ciudad
sh, tion	sh	—
t	t	tía
v	v	vaya
w	w	—
wh	wh, h	—
x	ks, gs	—
y	y	desayuno
z, s	z	zoológico
th	th	— (como cero en castellano)
th (voiced)	th	—

VOCALES

La ortografía inglesa	Ejemplo en inglés	Símbolo fonémico	Suena algo como la palabra española
a e u	but	ǝ	— (sonido muy corto)
a	cat	a	— (sonido muy corto)
a o	cot	a a	la
a ay	play	ei	seis (muy corto)
a ah	father	ah	—
ai	air	ehr	—
e	get	e	español
ee ea	feet	i	si
i	hit	i	— (sonido muy corto)
i uy	buy	ai	aire
o oa ow	boat	oh	boca
oo u ou	boot	u	lunes
oy	boy	oi	voy
au, ough, o, augh	order	aw	cortar
ur	curtain	ur	—
ow, ou, ough	how	ow	auto (muy corto)
u, oo	book	auh	

A

a g̶ artículo   un (masc.), una (fem.)

There is a nest in the tree.
Hay un nido en el árbol.

able to,
can KAN   verbo   poder

I can carry this trunk.
Yo puedo cargar (llevar) este baúl.

above all g̶-bév <u>AWL</u>   expresión   sobre todo
                   idiomática

I like fruit — above all — peaches.
Me gusta la fruta, sobre todo los duraznos.

absent ΛB-sént   adjetivo   ausente

Margaret is absent today.
Margarita está ausente hoy.

according to g̶-K<u>AWR</u>-ding-tg̶   expresión   según
                        idiomática

According to my cousin, it is going to snow
   next week.
Según mi prima, va a nevar la semana próxima.

to be acquainted with g̶-KWEIN-téd   verbo   conocer

Are you acquainted with my friend?
¿Conoces a mi amiga?

to do addition, g̶-DI-shén   verbo   sumar
to add

We learn to do addition in school.
Aprendemos a sumar en la escuela.

address ǝ-DRES nombre la dirección
What is his address?
¿Cuál es su dirección?

(no) admittance expresión prohibido entrar, no
  (admission) idiomática hay entrada
The little girl stops when she sees the words:
  "No admittance."
La niña se detiene cuando ve las palabras:
  "Prohibido entrar."

---

adventure ad-VEN-chǝr nombre la aventura
I like to read the adventures of Cinderella.
Me gusta leer las aventuras de la Cenicienta.

---

afraid, ǝ-FREID expresión tener miedo
  to be afraid idiomática
Are you afraid of the lion?
¿Le tienes miedo al león?

---

after AF-tǝr preposición después
October is the month after September.
Octubre es el mes después de septiembre.

---

afternoon af-tǝr-NUN nombre la tarde
It is 5:00 o'clock in the afternoon.
Son las cinco de la tarde.

---

again ǝ-GEN adverbio otra vez
Sing the song again.
Cante la canción otra vez.

---

once again   wₑns ₑ-GEN   expresión   una vez más
                                 idiomática
                 Wash the spoon once again.
                 Lava la cuchara una vez más.

---

against ₑ-GENST   preposición   contra
             He is putting the map against the wall.
             Pone el mapa contra la pared.

---

age EIDJ   nombre   la edad
         He's big for his age.
         Es grande para su edad.
         What's your age? (How old are you?)
            I'm seventeen.
         ¿Cuántos años tiene usted?
            Tengo diecisiete años.

(don't you agree?)   expresión   ¿No?
   dohnt yu ₑ-GRI   idiomática
                 My aunt is beautiful, don't you agree?
                 Mi tía es bella ¿no?

---

agreed (all right, O.K.)   interjección   de acuerdo
                 Shall we leave? Agreed!
                 ¿Nos vamos? ¡De acuerdo!

---

to aid EID   verbo   ayudar
            Charles helps his cousin carry the clothes.
            Carlos ayuda a su prima a llevar la ropa.

---

airplane EHR-PLEIN   nombre   el avión
              Two airplanes are flying over the city.
              Dos aviones vuelan sobre la ciudad.

  by airmail   expresión   por avión
                     idiomática

  by airplane   adverbio   en avión
                 I take a trip by airplane.
                 Yo hago un viaje en avión.

  jet airplane   nombre   el avión (de propulsión)
                                   a chorro

The jet airplane flies from Lima to New York.

El avión (de propulsión) a chorro vuela de Lima a Nueva York.

airplane pilot   nombre   el piloto de avión

The airplane pilot flies the airplane.

El piloto (del avión) conduce el avión.

flight attendant   nombre   la aeromoza, la camarera de bordo

My neighbor is a flight attendant.

Mi vecina es aeromoza.

---

airport EHR-pawrt   nombre   el aeropuerto

My uncle works at the airport.

Mi tío trabaja en el aeropuerto.

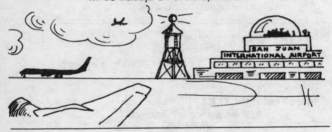

---

alarm clock ɇ-LAHRM KLAK   nombre   el despertador

The alarm clock rings at 7:00 o'clock.

El despertador suena a las siete.

---

alike ɇ-LAIK   adjetivo   igual, parecido (masc.), parecida (fem.)

The parakeets are alike.

Los pericos son iguales.

---

aloud ɇ-LOWD   adverbio   en voz alta

I am reading the story aloud.

Leo el cuento en voz alta.

---

all AWL   adjetivo   todo (masc.), toda (fem.)

I put all the vegetables in the refrigerator.

Pongo todas las legumbres en la refrigeradora.

all over   adverbio   por donde quiera,
                                    por todas partes

I look all over for my top.

Busco mi trompo por todas partes.

all right   interjección   bien

Are you coming with me? All right! I'll go with you.

¿Vienes conmigo? Bien. Voy contigo.

---

almost   awl-MOHST   adverbio   casi

It is almost ten o'clock.

Casi son las diez.

---

alone   ǝ-LOHN   adjetivo   solo (masc.), sola (fem.)

I am alone in the kitchen.

Estoy sola en la cocina.

---

alphabet   AL-fa-bet   nombre   el alfabeto

Do you know the letters of the alphabet?

¿Sabes las letras del alfabeto?

---

already   awl-RE-di   adverbio   ya

Is it already dinner time?

¿Ya es la hora de la comida?

---

also   AWL-soh   adverbio   también

I also have a plant!

¡Yo también tengo una planta!

---

always   AWL-weiz   adverbio   siempre

The leaves always change color in autumn.

Las hojas siempre cambian de color en el otoño.

---

ambulance   AM-byu-lans   nombre   la ambulancia

The ambulance is at the hospital.

La ambulancia está en el hospital.

American   ǝ-MER-i-kǝn   adjetivo   americano (masc.),
                                              americana (fem.)

It is an American camera.

Es una cámara americana.

---

amusing ə-MYUZ-ing adjetivo divertido (masc.), divertida (fem.)

The bear is amusing.
El oso es divertido.

an AN artículo un (masc.), una (fem.)
I am wearing an apron.
Llevo un delantal.

and AND conjunción y
Marian and her cousin play together.
Mariana y su prima juegan juntas.

angry ANG-gri adjetivo enojado (masc.), enojada (fem.)
Mother is angry because I make a lot of noise.
Mamá está enojada porque hago mucho ruido.

animal AN-i-məl nombre el animal
The elephant is a large animal.
El elefante es un animal grande.

anniversary an-i-VUR-sər-i nombre el aniversario
Today is my parents' anniversary.
Hoy es el aniversario de mis padres.

annoyed ə-NOID adjetivo molesto (masc.), molesta (fem.)
Dad is annoyed because I play with the cat.
Papa está molesto porque juego con el gato.

---

another ə-NETH-ər adjetivo otro (masc.), otra (fem.)
Here is another piece of bread.
Aquí hay otro pedazo de pan.

---

answer AN-sər nombre la respuesta
I write the correct answer on the blackboard.
Escribo la respuesta correcta en la pizarra.

to answer, to reply verbo responder
The little girl answers the question.
La niña responde a la pregunta.

---

ant ANT nombre la hormiga
There are so many ants!
¡Hay tantas hormigas!

(television) antenna nombre la antena de televisión
TEL-ə-vi-zhən an-TE-na
Where is the television antenna?
¿Dónde está la antena de televisión?

---

any EN-i adjetivo cualquier (masc.),
cualquiera (fem.)
Any day you want to come is all right with me.
Cualquier día que quieras venir está bien
conmigo.

---

apartment ə-PART-mənt nombre el apartamento,
el departamento
My apartment is on the ground floor.
Mi apartamento está en la planta baja.

---

appearance ə-PIR-əns nombre la apariencia,
la presentación
The cow does not have a ferocious appearance.
La vaca no tiene una apariencia feroz.

197

---

appetite AP-ǝ-TAIT   nombre   el apetito
He eats with a hearty appetite.
Come con mucho apetito.

---

apple AP-ǝl   nombre   la manzana
Do you eat an apple every day?
¿Te comes una manzana todos los días?

---

apricot A-pri-kat   nombre   el chabacano,
el albaricoque

Is the apricot ripe?
¿Está maduro el chabacano?

April El-prǝl   nombre   el abril
There are thirty days in April.
Hay treinta días en abril.

---

apron El-prǝn   nombre   el delantal
Mom wears an apron when she prepares dinner.
Mamá lleva delantal cuando prepara la comida.

---

aquarium ǝ-KWEHR-i-ǝm   nombre   el acuario
There is a turtle in the aquarium.
Hay una tortuga en el acuario.

How are you?   expresión   ¿Cómo está usted?
how AHR yu   idiomática   ¿Cómo estás tú?

aren't you?   expresión   ¿No?
idiomática
You are leaving tomorrow, aren't you?
Se va usted mañana ¿no?

---

arm AHRM   nombre   el brazo
The baby raises his arm.
El niño levanta el brazo.

---

armchair AHRM-chehr   nombre   el sillón
The armchair is comfortable.
El sillón es cómodo.

---

army AHR-mi nombre el ejército
Soldiers in the army carry guns.
Los soldados en el ejército llevan armas de fuego.

---

around ǿ-ROWND adverbio alrededor
Can you take a trip around the world in
eighty days?

¿Puedes hacer un viaje alrededor del mundo en
ochenta días?

---

to arrange ǿ-REINDJ verbo arreglar
The woman is arranging the flowers.
La mujer arregla las flores.

---

to arrest ǿ-REST verbo arrestar
Help! Arrest the thief!
¡Socorro! ¡Arresten a ese ladrón!

---

to arrive ǿ-RAIV verbo llegar
The fireman arrives at 2 o'clock.
El bombero llega a las dos.

---

artist AHR-tist nombre el artista
Do you know an artist?
¿Conoces a un artista?

---

as AZ preposición como
As it is his birthday, he is wearing new clothes.
Como es su compleaños, lleva ropa nueva.
He's going to the party as Cantinflas.
Va a la fiesta como Cantinflas.

---

to be ashamed expresión tener vergüenza,
idiomática avergonzarse

She is ashamed because she is crying.
Se avergüenza porque está llorando.

---

to ask ASK verbo preguntar; pedir
He asks: "What is today's date?"
Él pregunta "¿Cuál es la fecha de hoy?"

The boy asks for money.
El chico pide dinero.

---

astronaut   AS-tr<u>e</u>-n<u>a</u>wt   nombre   el astronauta
The astronaut is courageous.
El astronauta es valiente.

---

at   AT   preposición   en
He is at home.
Él está en casa.

---

to attend (to go)   <u>e</u>-TEND   verbo   asistir
He attends a baseball game.
Él asiste a un juego de béisbol.

Pay attention!   expresión   Ponga atención, Pon
PEI <u>e</u>-TEN-sh<u>e</u>n   idiomática   atención (see poner)
This is a difficult lesson. Pay attention!
Es una lección difícil. ¡Ponga atención!

August   <u>AW</u>-g<u>e</u>st   nombre   el agosto
My birthday is August 13.
Mi cumpleaños es el trece de agosto.

---

aunt   ANT   nombre   la tía
My aunt is a doctor.
Mi tía es doctora.

---

auto, car   <u>AW</u>-toh   nombre   el auto, el coche
My neighbor drives a car.
Mi vecino conduce un auto.

---

autumn AW-t__m__ nombre el otoño
September is a month of autumn.
Septiembre es un mes de otoño.

---

avenue AV-__e__-nyu nombre la avenida
I like to take a walk on the avenue.
Me gusta dar un paseo en la avenida.

---

right away rait __e__-WEI expresión en seguida
idiomática
I am going to take a bath right away.
Voy a bañarme en seguida.

B

baby BEI-bi nombre el bebé
The baby doesn't want to eat.
El bebé no quiere comer

baby carriage nombre el coche (del bebé)
The baby is not in the baby carriage.
El bebé no está en el coche.

---

back BAK nombre la espalda
He is hitting me on the back!
¡Me está golpeando en la espalda!

to give back verbo devolver
I give the drum back to my friend.
Le devuelvo el tambor a mi amigo.

---

bad BAD adjetivo malo (masc.)
mala (fem.)

It's bad to smoke.
Es malo fumar.

The weather is bad.
El tiempo está malo.

Too bad! expresión ¡Qué lástima!
idiomática
Too bad! I am sick.
¡Qué lástima! Estoy enfermo.

---

bag BAG nombre la bolsa
Here is a bag of oranges.
Aquí hay una bolsa de naranjas.

---

baggage BAG-idj nombre el equipaje
Where is the baggage?
¿Dónde está el equipaje?

---

baker BEI-ker nombre el panadero
The baker sells bread.
El panadero vende pan.

---

bakery BEI-ke-ri nombre la panadería
The baker is in the bakery.
El panadero está en la panadería.

---

ball BAWL nombre la pelota
The ball is black and white.
La pelota es negra y blanca.

(to play) ball expresón idiomática jugar a la pelota

---

balloon be-LUN nombre el globo
The balloon is light.
El globo es ligero.

---

banana be-NAN-e nombre el plátano, la banana
The monkey is eating a banana.
El mono está comiendo un plátano.

---

bank nombre el banco
Where is the bank located?
¿Dónde se encuentra el banco?

---

baseball   BEIS-b<u>aw</u>l   nombre   el béisbol
Let's play baseball.
Vamos a jugar al béisbol.

basement   BEIS-m<u>e</u>nt   nombre   el sótano
The basement is below the living room.
El sótano está debajo de la sala.

basket   BAS-k<u>it</u>   nombre   la cesta
el cesto
There are many papers in the basket.
Hay muchos papeles en la cesta.

basketball   BAS-k<u>it</u>-b<u>aw</u>l   nombre   el básquetbol
Do you know how to play basketball?
¿Sabes jugar al básquetbol?

bath   BATH   nombre   el baño
I take my bath at nine o'clock in the evening.
Yo tomo mi baño a las nueve de la noche.

to take a bath   expressión   bañarse
idiomática

bathroom   nombre   el cuarto de baño
There is a shower in the bathroom.
Hay una ducha en el cuarto de baño.

sunbath   nombre   el baño de sol
She takes a sunbath on the roof of the house.
Ella toma un baño de sol en el techo de la casa.

bathing suit   nombre   el traje de baño
I wear a bathing suit at the beach.
Yo llevo traje de baño en la playa.

to be BI   verbo   estar, tener, ser
         I am   we are
         he, she, it is   you, they are

         I am seated.
         Yo estoy sentado. (estar)
         I am right.
         Yo tengo razón. (tener)
         I am a girl.
         Soy niña (ser)

---

beach BICH   nombre   la playa
         Can you go to the beach?
         ¿Puedes ir a la playa?

---

beak BIK   nombre   el pico
         The parrot's beak is big.
         El pico del loro es grande.

---

bear BEHR   nombre   el oso
         The bear is seated in the water.
         El oso está sentado en el agua.

---

beard BIRD   nombre   la barba
         The president does not have a beard.
         El presidente no tiene barba.

---

beast BIST   nombre   la bestia, el animal
         The tiger is a wild beast.
         El tigre es una bestia salvaje.

---

beautiful BYU-tø-føl   adjetivo   bello (masc.)
                                     bella (fem.)
                                     hermoso (masc.)
                                     hermosa (fem.)

         The queen is beautiful.
         La reina es bella.

---

because bi-KAWZ   conjunción   porque
         I am not going to the pool because I do not have
           a bathing suit.
         Yo no voy a la piscina porque no tengo traje
           de baño.

because of   expressión   a causa de
                 idiomática

I have to stay in bed because of my cold.
Tengo que quedarme en cama a causa
     del resfriado.

---

to become   bi-KEM   verbo   hacerse, volverse

He would like to become a fireman.
Le gustaría hacerse bombero.

---

bed   BED   nombre   la cama

I am in my bed.
Estoy en mi cama.

to go to bed   verbo   acostarse

She is tired; she is going to bed.
Ella está cansada; va a acostarse.

bedroom   nombre   la recámara, la alcoba
                                 el dormitorio

There is a bed in the bedroom.
Hay una cama en la recámara.

---

bee   BI   nombre   la abeja

The bee is dangerous.
La abeja es peligrosa.

---

beefsteak   BIF-steik   nombre   el bistek

Do you like beefsteak?
¿Le gusta el bistek?

roast beef   nombre   el rosbif

The roast beef is delicious.
El rosbif está delicioso.

---

before b<u>i</u>-F<u>AW</u>R   adverbio   antes
       My brother comes home before my sister.
       Mi hermano llega a casa antes que mi hermana.

---

to begin b<u>i</u>-G<u>I</u>N   verbo   comenzar, empezar
       The film is beginning.
       La película comienza.

---

to behave b<u>i</u>-H<u>EIV</u>   verbo   portarse
       The children are not behaving well.
       Los niños no se portan bien.

---

behind b<u>i</u>-H<u>AI</u>ND   adverbio   detrás (de)
       The cat is behind the sofa.
       El gato está detrás del sofá.

---

to believe b<u>i</u>-L<u>I</u>V   verbo   creer
       She believes that it is lunchtime.
       Ella cree que es la hora de almorzar.

---

bell BEL   nombre   la campana
       The bell is ringing.
       La campana suena.

   doorbell   nombre   el timbre
       There is a doorbell near the door.
       Hay un timbre cerca de la puerta.

---

belt BELT   nombre   el cinturón, la faja,
       He is wearing a belt.   el cinto
       Él lleva cinturón.

---

better BET-<u>e</u>r   adjetivo   mejor
       The airplane is better than the train.
       El avión es mejor que el tren.

---

between b<u>i</u>-TWIN   preposición   entre
       What is the month between April and June?
       ¿Cuál es el mes entre abril y junio?

---

bicycle, B<u>AI</u>-sik-<u>e</u>l   nombre   la bicicleta
  bike   B<u>AI</u>K

Edward goes to the park on a bicycle.
Eduardo va al parque en bicicleta.

to ride a bicycle   expresión   montar en bicicleta,
                      idiomática   andar en bicicleta
Do you know how to ride a bicycle?
¿Sabes montar en bicicleta?

---

big B_I_G   adjetivo   grande
The giant is very big.
El gigante es muy grande.

---

bigger B_I_G-g_er_   adverbio   más grande que
My pencil is bigger than your pencil!
¡Mi lápiz es más grande que tu lápiz!

---

bike (See **bicycle**)

---

bill (of money) B_I_L nombre   el billete
Here is a ten-dollar bill.
Aquí hay un billette de diez dólares.

---

bird B_U_RD   nombre   el pájaro
The bird is in the tree.
El pájaro está en el árbol.

---

birthday B_U_RTH-dei nombre   el cumpleaños,
                                      la fiesta

My birthday is Friday.
Mi cumpleaños es el viernes.

Happy birthday!   expresión   ¡Feliz cumpleaños!
                      idiomática

---

to bite	BAIT	verbo	picar (insects); morder

Do flies bite?
¿Pican las moscas?

---

black	BLAK	adjetivo	negro (masc.) negra (fem.)

He has black hair.
Tiene el pelo negro.

---

blackboard BLAK-bawrd   nombre   la pizarra
(chalkboard)

I am drawing a tree on the blackboard.
Estoy dibujando un árbol en la pizarra.

---

blanket BLANG-kit   nombre   la cobija
I am under the blanket.
Estoy debajo de la cobija.

---

blind BLAIND   adjetivo   ciego (masc.)
ciega (fem.)

The old lion is blind.
El león viejo es ciego.

to play blind-man's   expresión   jugar a la gallina
buff   idiomática   ciega
They are playing blind-man's buff.
Ellos juegan a la gallina ciega.

---

blond BLAND   adjetivo   rubio (masc.)
rubia (fem.)

She has blond hair.
Tiene el pelo rubio.

---

blood BLED   nombre   la sangre
Blood is red.
La sangre es roja.

---

blow BLOH   nombre   el golpe
He gives me a blow on the shoulder.
Me da un golpe en el hombro.

blue	BLU	adjetivo	azul
		The sea is blue.	
		El mar es azul.	
boat	BOHT	nombre	el barco
		I see a boat in the ocean.	
		Veo un barco en el océano.	
book	BAUHK	nombre	el libro
		The book is on the radio.	
		El libro está sobre el radio.	
boot	BUT	nombre	la bota
		Where are my boots?	
		¿Dónde están mis botas?	
to be bored	BAWRD	verbo	aburrirse
		I am bored when it rains.	
		Me aburro cuando llueve.	
born	BAWRN	adjetivo	nacido (masc.), nacida (fem.)
		Born in Mexico, my father now lives in the United States.	
		Nacido en México, mi padre vive ahora en los Estados Unidos.	
to be born		expresión idiomática	nacer

---

to borrow BAR-oh verbo   prestar
May I borrow a pen?
¿Me prestas una pluma?

---

bottle BAT-l nombre   la botella
The milk is in the bottle.
La leche está en la botella.

---

bowl BOHL nombre   el sopero,
el plato hondo,
la sopera
Here is a bowl of rice.
Aquí hay un sopero de arroz.

---

box BAKS nombre   la caja
There is candy in the box.
Hay dulces en la caja.

---

boy BOI nombre   el muchacho,
el chico, el niño
The boy is playing with his brother.
El muchacho está jugando con su hermano.

---

branch BRANCH nombre   la rama
The branch of the tree has many leaves.
La rama del árbol tiene muchas hojas.

---

bread BRED nombre   el pan
The bread is on the table?
¿El pan está en la mesa?

---

to break BREIK verbo   romper
I don't want to break the glass.
No quiero romper el vaso.

---

breakfast BREK-føst nombre   el desayuno
I have orange juice for breakfast.
Yo tomo jugo de naranja para el desayuno.

---

bridge BRIDJ nombre   el puente
We cross the bridge by car.
Nosotros cruzamos el puente en auto.

---

briefcase BRIF-keis nombre el portafolio
I put my books into my briefcase.
Pongo mis libros en el portafolio.

---

to bring BRING verbo traer
I am bringing some sandwiches for the picnic.
Yo traigo sandwiches para el día de campo.

---

broad BRAWD adjetivo ancho (masc.)
ancha (fem.)
The table is broad.
La mesa es ancha.

---

broom BRUM broom la escoba
Give me the broom, please.
Dame la escoba, por favor.

---

brother BRETH-er nombre el hermano
How many brothers do you have?
¿Cuántos hermanos tienes tú?

---

brown BROWN adjetivo color café, marrón,
castaño (masc.),
castaña (fem.)
I have brown eyes.
Tengo los ojos color café.
The wall is brown.
La pared es marrón
She has brown hair.
Tiene el pelo castaño.

---

brush BRESH nombre el cepillo
The man has the brush.
El hombre tiene el cepillo.

211

hairbrush	nombre	el cepillo de pelo
toothbrush	nombre	el cepillo de dientes
to brush	verbo	cepillarse

He is brushing his hair.
Él se cepilla el pelo.

---

bucket   BÉK-it   nombre   la cubeta, el cubo

I put shells in the bucket.
Pongo las conchas en la cubeta.

---

building   BIL-ding   nombre   el edificio

Our school has three buildings.
Nuestra escuela tiene tres edificios.

---

burglar   BUR-glǝr   nombre   el ladrón
(thief)

The burglar is cunning.
El ladrón es astuto.

---

to burn   BURN   verbo   quemar

The man is burning papers in the fireplace.
El hombre está quemando papeles en la
     chimenea.

---

bus   BÉS   nombre   el autobús, el camión
     (de pasajeros)

We are going to the museum by bus.
Vamos al museo en autobús.

---

busy   BIZ-i   adjetivo   ocupado (masc.)
     ocupada (fem.)

My father is always busy.
Mi padre siempre está ocupado.

---

but BĘT   conjunción   pero
  Laura wants to go to the circus, but she doesn't
  have any money.
  Laura quiere ir al circo pero no tiene dinero.

---

butcher BAUHCH-ər   nombre   el carnicero
  The butcher is in the butcher shop.
  El carnicero está en la carnicería.

  butcher shop   nombre   la carnicería
  The woman buys meat in the butcher shop.
  La mujer compra carne en la carnicería.

---

butter BĘT-ər   nombre   la mantequilla
  Butter is yellow.
  La mantequilla es amarilla.

---

button BĘT-ən   nombre   el botón
  The button is made of wood.
  El botón está hecho de madera.

---

to buy BAI   verbo   comprar
  I would like to buy an orange.
  Me gustaría comprar una naranja.

---

by BAI   preposición   por, en, a través
  My brother goes to work by subway.
  Mi hermano se va al trabajo en el metro.

  by air   expresión   en avión
              idiomática   (See **airplane**)

  by car   expresión   en auto (See **car**)
              idiomática

  by airmail   expresión   por avión
              idiomática

C

---

cabbage KAB-idj   nombre   el repollo, la col
  Do you like cabbage?
  ¿Te gusta el repollo?

---

cafe   ka-FEI   nombre   el café
The cafe is located on the avenue.
El café se encuentra en la avenida.

---

cake   KEIK   nombre   la torta
Mom makes a pretty cake for me.
Mamá prepara una bonita torta para mí.

---

calendar   KAL-ǝn-dǝr   nombre   el calendario
The calendar is on the wall.
El calendario está en la pared.

---

to call   KAWL   verbo   llamar
Frederick calls his friend.
Federico llama a su amigo.

to be called   expresión   llamarse
idiomática
He is called (his name is) Frank.
Él se llama Francisco.

---

calm   KAHM   adjetivo   tranquilo (masc.)
tranquila (fem.)
The ocean is calm today.
El océano está tranquilo hoy.

---

camera   KAM-rǝ   nombre   la cámara
Anthony is carrying a camera.
Antonio lleva una cámara.

---

camp   KAMP   nombre   el campo (de vacaciones),
el campamento
There is the camp for boys.
Allí está el campo (de vacaciones) para
los chicos.

---

can   KAN   verbo   poder
(to be able to)
Can you come out?
¿Puedes salir?

---

candy KAN-di nombre el dulce
Harriet likes candy.
A Enriqueta le gustan los dulces.

capital KAP-i-tɘl nombre la capital
Do you know the name of the capital of the
United States?
¿Sabe usted el nombre de la capital de los
Estados Unidos?

car KAHR nombre el auto, el coche

  by car expresión en auto, en coche
idiomática
We are going to the fair by car.
Vamos a la feria en auto.

  car (on train) nombre el vagón, el carro

card KAHRD nombre la tarjeta
I write my name on the card.
Yo escribo mi nombre en la tarjeta.

  postcard expresión la tarjeta postal
idiomática

  to play cards expresión jugar a las cartas
idiomática

carefully KEHR-fɘ-li adverbio con cuidado
Louise carries the bottle carefully.
Luisa carga (lleva) la botella con cuidado.

baby carriage (See **baby**)

215

---

carrot KAR-ǿt   nombre   la zanahoria

Carrots are on the plate.
Las zanahorias están en el plato.

---

to carry KAR-i   verbo   cargar, llevar

The dog is carrying a newspaper.
El perro lleva un periódico.

---

castle KAS-ǿl   nombre   el castillo

There is water around the castle.
Hay agua alrededor del castillo.

---

cat KAT   nombre   el gato

The cat is playing with the girl.
El gato juega con la niña.

---

to catch KACH   verbo   agarrar, coger,
                                                capturar

My brother is catching a turtle.
Mi hermano agarra una tortuga.

---

ceiling SI-ling   nombre   el cielo raso

I am looking at the ceiling.
Veo el cielo raso de la casa.

---

celery SEL-ri   nombre   el apio

Do you want some celery?
¿Quieres apio?

---

cellar SEL-ǿr   nombre   la bodega;
                                                el sótano

The staircase leads to the cellar.
La escalera da a la bodega.

---

certain SUR-t¢n adjetivo seguro (masc.)
(sure) segura (fem.)

Today is Tuesday. Are you certain?
Hoy es martes. ¿Estás seguro?

---

chair CHEHR nombre la silla

There are five chairs in the kitchen.
Hay cinco sillas en la cocina.

---

chalk CHAWK nombre la tiza

The teacher is writing on the chalkboard with
white chalk.
La maestra está escribiendo en la pizarra con
tiza blanca.

---

to change CHEINDJ verbo cambiar

Sometimes the sea changes color.
A veces el mar cambia de color.

---

change CHEINDJ nombre el cambio,
el menudo, el suelto

The salesman gives me change.
El vendedor me da el cambio.

---

cheap CHIP adjectivo barato (masc.),
barata (fem.),
adverbio a poco costo

Oranges are cheap today.
Las naranjas son baratas hoy.

---

check (in restaurant) CHEK nombre la cuenta

The waiter brings the check.
El mesero (mozo) trae la cuenta.

---

cheerful CHIR-f¢l adjetivo alegre

On a day off I am always cheerful.
En día libre, siempre estoy alegre.

---

cheese CHIZ nombre el queso

I would like a cheese sandwich.
Me gustaría un sándwich de queso.

---

cherry   CHER-i   nombre   la cereza
When cherries are red they are ripe.
Cuando las cerezas están rojas, están maduras.

---

chicken   CHIK-en   nombre   el pollo
Do you prefer chicken or fish?
¿Tú prefieres pollo o pescado?

---

child   CHAILD   nombre   el niño (masc.)
la niña (fem.)
The child is playing in the playground.
La niña juega en el patio de recreo.

children   CHIL-dren   nombre   los niños

---

chimney   CHIM-ni   nombre   la chimenea
The cat is near the chimney.
El gato está cerca de la chimenea.

---

chin   CHIN   nombre   la barba
Show me your chin.
Muéstrame la barba.

---

chocolate   CHAW-klit   nombre   el chocolate
Olivia likes chocolate.
A Olivia le gusta el chocolate.

---

to choose   CHUZ   verbo   escoger
She chooses the black shoes.
Ella escoge los zapatos negros.

---

church   CHURCH   nombre   la iglesia
The church is on the corner of the street.
La iglesia está en la esquina de la calle.

---

cigarette   sig-e-RET   nombre   el cigarrillo
There is a cigarette in the street.
Hay un cigarrillo en la calle.

---

circle   SUR-kel   nombre   el círculo
Look—my hoop is a circle!
Mira—¡mi aro es un círculo!

---

circus SUR-kəs nombre el circo
I like to look at the clown at the circus.
Me gusta mirar al payaso en el circo.

city SIT-i nombre la ciudad
There are many buildings in the city.
Hay muchos edificios en la ciudad.

class KLAS nombre la clase
She likes the science class.
Le gusta a ella la clase de ciencia.

classroom KLAS-rum nombre la sala de clase
Where is the classroom?
¿Dónde está la sala de clase?

clean KLIN adjetivo limpio (masc.)
limpia (fem.)
My shoes are not clean.
Mis zapatos no están limpios.

to clean verbo limpiar
Who cleans your house?
¿Quién limpia tu casa?

clear KLIR adjetivo claro (masc.)
clara (fem.)
The water is clear.
El agua está clara.

clever   KLEV-er   adjetivo   listo (masc.)
                                   lista (fem.)

The cat is a clever animal.
El gato es un animal listo.

---

to climb   KLAIM   verbo   subir, ascender, trepar
                                (con pies y manos)
The monkey climbs the tree.
El mono se trepa al árbol.

---

clock   KLAK   nombre   el reloj
The clock is on the wall.
El reloj está en la pared.

---

to close   KLOHZ   verbo   cerrar
I close the desk drawer.
Cierro el cajón del escritorio.

---

close to   KLOHS te   preposición   cerca de
The refrigerator is close to the wall.
La refrigeradora está cerca de la pared.

---

closet   KLAHZ-it   nombre   el ropero, el armario,
                                  el gabinete
I put my sweater in the closet.
Pongo mi suéter en el ropero.

---

clothes,   KLOHZ   nombre   la ropa
clothing   KLOH-thing
My clothes are in the box.
Mi ropa está en la caja.

---

cloud KL<u>OW</u>D nombre la nube
I see some white clouds in the sky.
Yo veo nubes blancas en el cielo.

---

clown KL<u>OW</u>N nombre el payaso
The clown wears a funny hat.
El payaso lleva un sombrero cómico.

---

coat K<u>OH</u>T nombre el abrigo; el sobretodo; el saco
He is putting on his coat.
Él lleva un abrigo (saco) oscuro.

---

coffee K<u>AW</u>F-i nombre el café
Mama drinks black coffee.
Mamá toma café negro (café solo).

---

cold K<u>OH</u>LD adjetivo frío (masc.), fría (fem.)
I am cold when it snows.
Yo tengo frío cuando nieva.

  it is cold expresión hace frío
    idiomática

  to be cold expresión tener frío
    idiomática

---

cold (illness) K<u>OH</u>LD nombre el resfriado, el catarro
I cough and sneeze when I have a cold.
Yo toso y estornudo cuando tengo un resfriado.

---

color K<u>E</u>L-ər nombre el color
Red is my favorite color.
El rojo es mi color favorito.

  to color verbo colorear, pintar
I am coloring a picture.
Yo coloreo un cuadro.

---

comb K<u>OH</u>M nombre el peine
My comb is in my pocketbook.
Mi peine está en la bolsa.

to comb   verbo   peinarse
He combs his hair in the morning.
Se peina por la mañana.

to come   KÉM   verbo   venir
My friend is coming soon.
Mi amigo viene pronto.

to come into   expresión   entrar
idiomática
She comes into the classroom.
Ella entra en la sala de clase.

---

comfortable   KÉM-fer-te-bel   adjetivo   cómodo (masc.),
cómoda (fem.)
The sofa is comfortable.
El sofá es cómodo.

---

company   KÉM-pe-ni   nombre   la compañía
I would like to work for a large company.
Me gustaría trabajar en una compañía grande.

---

to complain   kem-PLEIN   verbo   quejarse
My sister is complaining again.
Mi hermana está quejándose otra vez.

---

completely   kem-PLIT-li   adverbio   completamente
My hands are completely wet.
Mis manos están completamente mojadas.

---

to continue   ken-TIN-yu   verbo   continuar, seguir
I am continuing to play baseball instead
of studying.
Yo sigo jugando al béisbol en vez de estudiar.

---

to cook KAUHK verbo cocinar, preparar la comida
He is learning to cook.
Él aprende a cocinar.

---

cookie KAUHK-i nombre la galletita, la galleta
The dog would like a cookie.
Al perro le gustaría una galletita.

---

cool KUL adjetivo fresco (masc.), fresca (fem.)
It is cool near the ocean.
Hace fresco cerca del océano.

---

to copy KAP-i verbo copiar
Philip copies the words from the blackboard.
Felipe copia las palabras de la pizarra.

---

corn KAWRN nombre el maíz
The corn is growing in the field.
El maíz crece en el campo.

---

corner KAWR-ner nombre la esquina
The store is on the corner of the street.
La tienda está en la esquina de la calle.

---

correct ke-REKT adjetivo correcto (masc.), correcta (fem.)
Who knows the correct word?
¿Quién sabe la palabra correcta?

---

to cost KAWST verbo costar
How much does the pineapple cost?
¿Cuánto cuesta la piña?

---

cotton KAT-en nombre el algodón
The dress is made of cotton.
El vestido está hecho de algodón.

---

to cough KAWF verbo toser
I cough when I am sick.
Yo toso cuando estoy malo.

---

to count K<u>OW</u>NT verbo contar
Count the balloons.
Cuenta los globos.

---

country K<s>E</s>N-tri nombre el país
Spain is a country.
España es un país.

---

courageous k<s>e</s>-REI-dj<s>e</s>s adjetivo valiente
The fireman is courageous.
El bombero es valiente.

---

of course av K<u>AW</u>RS interjección por supuesto, ¡cómo no!
Do you like chocolate ice cream? Of course!
¿Te gusta el helado de chocolate?
¡Por supuesto!

---

cousin K<s>E</s>Z-<s>e</s>n nombre el primo (masc.),
la prima (fem.)
My cousin is the daughter of my uncle.
Mi prima es la hija de mi tío.

---

covered K<s>E</s>V-<s>e</s>rd adjetivo cubierto (masc.),
cubierta (fem.)
The roof is covered with snow.
El techo está cubierto de nieve.

---

cover (See **blanket**)

---

cow K<u>OW</u> nombre la vaca
The cow is black and white.
La vaca es negra y blanca.

---

cradle KREID-l nombre la cuna
The cradle is empty.
La cuna está vacía.

crayon KREI-ən nombre el lápiz de color
Ellen has a new box of crayons.
Elena tiene una caja nueva de lápices
(de color).

crazy KREI-zi adjetivo loco (masc.), loca (fem.)
Is the animal crazy when he is frightened?
¿Se vuelve loco el animal cuando tiene miedo?

to cross KRAWS verbo cruzar, atravesar
We are crossing the playground.
Estamos cruzando el patio de recreo.

to cry KRAI verbo llorar
Why are you crying?
¿Por qué lloras?

cunning KƏN-ing adjetivo astuto (masc.),
astuta (fem.)
Is the fox cunning?
¿Es astuta la zorra?

cup KƏP nombre la taza
Frances puts the cup in the cupboard.
Francisca pone la taza en el armario.

cupboard KƏB-ərd nombre el armario
The plates are in the cupboard.
Los platos están en el armario.

---

curious KYUR-y∉s   adjetivo   curioso (masc.),
curiosa (fem.),

I am curious. What is in the letter?

Tengo curiosidado. ¿Qué hay en la carta?

---

curtain KUR-t∉n   nombre   la cortina

The new curtains are pretty.

Las cortinas nuevas son bonitas.

---

to cut K∉T   verbo   cortar

Bertha is cutting the apple.

Berta corta la manzana.

---

cute KYUT   adjetivo   gracioso, mono (masc.),
graciosa, mona (fem.)

The kitten is cute.

El gatito es gracioso.

---

cutlet K∉T-l∉t   nombre   la chuleta

The cutlet is delicious.

La chuleta está deliciosa.

D

---

dad,   DAD   nombre   papá

daddy   DAD-i

Daddy says "Good morning."

Papá dice "Buenos días."

---

damp DAMP   húmedo (masc.),
húmeda (fem.)

My shirt is damp.

Mi camisa está húmeda.

---

to dance DANS   verbo   bailar

Do you know how to dance?

¿Sabes bailar?

---

dangerous DEIN-dj∉r-∉s   adjetivo   peligroso (masc.),
peligrosa (fem.)

It is dangerous to play with matches.
Es peligroso jugar con fósforos.

---

to dare   DEHR   verbo   atreverse
I dare to speak to the actor.
Me atrevo a hablarle al actor.

---

dark   DAHRK   adjetivo   obscuro (masc.), oscuro
                                     obscura (fem.), oscura
He is wearing a dark coat.
Él lleva un abrigo (saco) oscuro.

---

darling   DAHR-ling   adjetivo   precioso (masc.),
                                             preciosa (fem.)

The baby is darling.
El bebé es precioso.

---

date   DEIT   nombre   la fecha
What is the date of your birthday?
¿Cuál es la fecha de tu cumpleaños?

---

dear   DIR   adjetivo   querido (masc.),
                                          querida (fem.)
Louise is a dear friend.
Luisa es una amiga querida.

---

to deceive   di-SIV   verbo   engañar
I deceive my mother when I lie.
Yo engaño a mi madre cuando digo mentiras

December   di-SEM-ber   nombre   el diciembre
It snows in December.
Nieva en diciembre.

227

---

to decorate DEK-<u>oh</u>-reit   verbo   decorar
          She is decorating her room.
          Ella está decorando su cuarto.

---

deep DIP   adjetivo   profundo (masc.),
                                   profunda (fem.)
          Is the lake deep?
          ¿Es profundo el lago?

---

delicious di-<u>L</u>ISH-∅s   adjetivo   delicioso (masc.),
                                   deliciosa (fem.)
          The grapes are delicious.
          Las uvas están deliciosas.

---

delighted di-LAI-t∅d   adjetivo   encantado (masc.),
                                   encantada (fem.)
          I am delighted when I get a present.
          Yo estoy encantado cuando recibo un regalo.

---

dentist DEN-<u>t</u>ist   nombre   el dentista
          I would like to become a dentist.
          Me gustaría ser dentista.

---

desert DEZ-∅rt   nombre   el desierto
          There is a lot of sand in the desert.
          Hay mucha arena en el desierto.

---

desk DESK   nombre   el escritorio, el pupitre
          The teacher's desk is in front of the pupils' desks.
          El escritorio del profesor está delante de los
              pupitres de los alumnos.

---

dessert di-ZURT   nombre   el postre
           What is your favorite dessert?
          ¿Cuál es tu postre favorito?

---

to detest di-TEST   verbo   detestar
          I detest going to bed so early.
          Yo detesto acostarme tan temprano.

---

dictionary DIK-sh∅n-ehr-i   nombre   el diccionario

How many words are there in the dictionary?
¿Cuántas palabras hay en el diccionario?

---

different   DIF-rent   adjetivo   diferente
These books are different.
Estos libros son diferentes.

---

difficult   DIF-ǝ-kǝlt   adjetivo   difícil
The sentence is not difficult.
La oración no es difícil.

---

dining room   DAIN-ing rum   nombre   el comedor
The family eats in the dining room.
La familia come en el comedor.

---

dinner   DIN-ǝr   nombre   la cena, la comida
We have fish for dinner.
Hay pescado para la cena.

---

to direct   di-REKT   verbo   dirigir
The music teacher directs the pupils.
La maestra de música dirige a los alumnos.

---

dirty   DUR-ti   adjetivo   sucio (masc.),
sucia (fem.)
The tablecloth is dirty.
El mantel está sucio.

---

dishes   DISH-ǝs   nombre   los platos
I am washing the dishes.
Yo lavo los platos.

---

displeased   dis-PLIZD   adjetivo   disgustado (masc.),
disgustada (fem.)

229

The teacher is displeased when I do not do
    my homework.
Cuando no hago mis tareas, la maestra está
    disgustada.

---

distant DIS-tənt   adjetivo   alejado (masc.),
(far away)   alejada (fem.),
                                        distante, lejos

The store is not too distant.
La tienda no está distante.

---

to do DU   verbo   hacer

What do you do on Mondays?
¿Qué haces los lunes?

---

doctor DAK-tər   nombre   el médico, el doctor

The doctor speaks to the man.
El doctor le habla al hombre.

---

dog DAWG   nombre   el perro

My dog follows me everywhere.
Mi perro me sigue por todas partes.

---

doll DAL   nombre   la muñeca

The doll is on the chair.
La muñeca está en la silla.

---

dollhouse   nombre   la casa de muñecas

---

dollar DAL-ər   nombre   el dólar

The brush costs one dollar.
El cepillo cuesta un dólar.

Well done! WEL DEN   interjección   ¡Bravo!
                                          ¡Bien hecho!

My teacher says "Well done!"
Mi maestra dice: "¡Bravo!"

---

dominos DAM-ə-nohz   nombre   el dominó

Let's play dominos.
Vamos a jugar al dominó.

---

donkey DÉNG-ki   nombre   el burro

The donkey does not want to walk.
El burro no quiere caminar.

door   DAWR   nombre   la puerta

The door is open.
La puerta está abierta.

doorbell   nombre   el timbre

doorknob   nombre   la manecilla (de la puerta), la bola

Don't you think so?   expresión idiomática   ¿Verdad?, ¿No?

The coffee is cold. Don't you think so?
El café está frío. ¿Verdad? (¿No?)

Don't you agree?   expresión idiomática   ¿No? ¿Verdad? ¿De acuerdo?

There are many flowers in the country.
    Don't you agree?

Hay muchas flores en el campo. ¿No?

dozen DEZ-¢n   nombre   la docena

There are twelve eggs in a dozen.
Hay doce huevos en una docena.

to drag   DRAG   verbo   arrastrar, tirar

The dog is dragging a shoe.
El perro arrastra un zapato.

---

to draw   DR<u>AW</u>   verbo   dibujar, hacer un dibujo

        Claude draws a picture of an airport.
        Claudio dibuja un aeropuerto.

---

drawer   DR<u>AW</u>R   nombre   el cajón; la gaveta

        Dorothy puts the jewelry in the drawer.
        Dorotea pone las joyas en el cajón.

---

to dream   DRIM   verbo   soñar

        He dreams of having a million dollars.
        Él sueña en tener un millón de dólares.

---

dress   DRES   nombre   el vestido

        Jane's dress is made of wool.
        El vestido de Juana es de lana.

  to get dressed   expresión   vestirse
                idiomática

        He gets dressed at eight o'clock in the morning.
        Él se viste a las ocho de la mañana.

---

to drink   DR<u>I</u>NGK   verbo   beber, tomar

        She is drinking orange juice.
        Ella toma jugo de naranja.

---

to drive (car)   DR<u>AI</u>V   verbo   conducir, manejar

        Do you know how to drive a car?
        ¿Sabes conducir un auto?

  driver   nombre   el chófer

        The driver drives the car carefully.
        El chófer conduce el auto con cuidado.

---

drugstore   DRÉG-st<u>aw</u>r   nombre   la farmacia

        The doctor enters the drugstore.
        El médico entra en la farmacia.

---

drum   DRÉM   nombre   el tambor

        William plays the drum with his friends
        Guillermo toca el tambor con sus amigos.

---

dry DR<u>AI</u> adjetivo seco (masc.), seca (fem.)

My gloves are dry.
Mis guantes están secos.

---

duck D<u>É</u>K nombre el pato

The duck has a yellow beak.
El pato tiene el pico amarillo.

---

during DUR-<u>i</u>ng preposición durante

During the afternoon, Paul has a good time on the swing.
Durante la tarde, Pablo se divierte en el columpio.

E

---

each ICH adjetivo cada

I give a ruler to each pupil.
Le doy una regla a cada alumno.

---

each one expresión idiomática cada uno

---

ear IR nombre la oreja

The sheep has two ears.
La oveja tiene dos orejas.

---

early <u>UR</u>-li adverbio temprano

The rooster gets up early.
El gallo se levanta temprano.

---

to earn U̲RN verbo ganar
I am too young to earn money.
Soy muy joven para ganar dinero.

---

earth U̲RTH nombre la tierra
The earth is one of the planets.
La tierra es uno de los planetas.

---

east IST nombre el este
The sun rises in the east.
El sol sale en el este.

---

easy I-zi adjetivo fácil
It is easy to learn Spanish.
Es fácil aprender español.

---

to eat IT verbo comer
Eleanor is eating a cheese sandwich.
Leonor come un sándwich de queso.

---

edge (shore) EDJ, SHA̲WR nombre la orilla
I am standing at the ocean shore.
Estoy en la orilla del océano.

---

egg EG nombre el huevo
I eat an egg for breakfast.
Como un huevo para el desayuno.

---

eight EIT adjetivo ocho
Here are eight buttons.
Aquí hay ocho botones.

---

eighteen ei-TIN adjetivo dieciocho,
diez y ocho
I am going to number 18, California Street.
Voy al número dieciocho de la calle California.

---

eighty EI-ti adjetivo ochenta
The university is eighty kilometers from here.
La universidad está a ochenta kilómetros de aquí.

---

electric i-LEK-trik   adjetivo   eléctrico (masc.),
                                              eléctrica (fem.)

        It is an electric refrigerator.
        Es una refrigeradora eléctrica.

electric stove	nombre	la estufa eléctrica
electric train	nombre	el tren eléctrico
electric typewriter	nombre	la máquina de escribir eléctrica

---

elephant EL-é-fént   nombre   el elefante
        The elephant has two large ears.
        El elefante tiene dos orejas grandes.

---

eleven i-LEV-én   adjetivo   once
        The student has eleven books.
        El alumno tiene once libros.

---

empty EMP-ti   adjetivo   vacío (masc.),
                                               vacía (fem.)

        The taxi is empty.
        El taxi está vacío.

---

end END   nombre   el fin
        This is the end of the book.
        Éste es el fin del libro.

---

engineer en-dji-NIR   nombre   el ingeniero
        What does the engineer do?
        ¿Qué hace el ingeniero?

---

enough i-NÉF   adverbio   bastante
        The dog is thin. He does not have enough to eat.
        El perro está flaco. No tiene bastante
        para comer.

---

to enter EN-tér   verbo   entrar
        They enter the restaurant.
        Ellos entran en el restaurante.

---

envelope EN-ve-lohp nombre el sobre
He puts a stamp in the corner of the envelope.
Él pone un sello en la esquina del sobre.

equal I-kwel adjetivo igual
These two pencils are equal (in size).
Los dos lápices son iguales.

to erase i-REIS verbo borrar
Please erase the blackboard.
Borra la pizarra, por favor.

eraser i-REI-ser nombre el borrador
Do you have an eraser?
¿Tienes un borrador?

error ER-er nombre la falta, el error
I make errors when I write in English.
Yo cometo errores cuando escribo en inglés.

especially es-PESH-e-li adverbio especialmente
I like ice cream, especially vanilla ice cream.
Me gusta el helado, especialmente el helado
de vainilla.

even I-ven adverbio ni

The baby is not even sleepy.
El bebé no tiene ni sueño.

evening IV-ning nombre la noche
In the evening she does her homework.
Ella hace sus tareas por la noche.

---

every EV-ri adjetivo cada, todos, todas
I put every stamp in the box.
Yo pongo cada timbre (sello) en la caja.

everybody pronombre todo el mundo
everyone pronombre
Everyone is in the park.
Todo el mundo está en el parque.

everywhere adverbio por todas partes
I look everywhere for my comb.
Yo busco mi peine por todas partes.

---

examination eg-zam-i-NEI-shən nombre el examen
Do we have an examination today?
¿Tenemos examen hoy?

---

excellent EK-sə-lənt adjetivo excelente
The film is excellent.
La película es excelente.

---

excuse me ek-SKYUZ MI expresión dispénseme usted
idiomática
Excuse me, what time is it?
Dispénseme usted, ¿qué hora es?

---

expensive ek-SPEN-siv adjetivo caro (masc.),
cara (fem.)
The briefcase is too expensive.
El portafolio es demasiado caro.

---

to explain ek-SPLEIN verbo explicar
She explains the lesson to him.
Ella le explica la lección a él.

---

extraordinary adjetivo extraordinario (masc.),
ek-STRAWR-di-ner-i extraordinaria (fem.)
What an extraordinary photograph!
¡Qué fotografía tan extraordinaria!

---

eye AI nombre el ojo
My eye hurts.
Me duele el ojo.

face

F

face	FEIS	nombre	la cara

He has a round face.
Él tiene la cara redonda.

factory	FAK-tø-ri	nombre	la fábrica

The factory is near our apartment.
La fábrica está cerca de nuestro apartamento.

fair	FEHR	nombre	la feria

There are many games at the fair.
Hay muchos juegos en la feria.

fair	FEHR	adjetivo	justo (masc.), justa (fem.)

The teacher's marks are fair.
Las notas de la maestra son justas.

fairy	FEHR-i	nombre	el hada

What is the fairy's name in the tale?
¿Cómo se llama el hada en el cuento?

fall	FAWL	nombre	el otoño

Do you prefer fall or spring?
¿Prefieres el otoño o la primavera?

to fall	FAWL	verbo	caer, caerse

Leaves fall from the tree when it is windy.
Las hojas se caen del árbol cuando hace viento.

family	FAM-ø-li	nombre	la familia

There are seven people in my family.
Hay siete personas en mi familia.

238

---

famous   FEI-més   adjetivo   famoso (masc.),
                                            famosa (fem.)

        The astronaut is famous.

        El astronauta es famoso.

---

fan   FAN   nombre   el ventilador

        My neighbor has a fan in the window.

        Mi vecino tiene un ventilador en la ventana.

---

far   FAHR   adverbio   lejos

        Is Washington far from New York?

        ¿Está Washington lejos de Nueva York?

---

farm   FAHRM   nombre   la granja, la finca

        Vegetables grow on a farm.

        Las legumbres crecen en la granja.

---

farmer   FAHR-mér   nombre   el agricultor,
                                          el ranchero

        The farmer lives on the farm.

        El agricultor vive en la granja.

---

fast   FAST   adverbio   rápidamente

        The butcher cuts the meat fast.

        El carnicero corta la carne rápidamente.

---

fast   FAST   adjetivo   rápido (masc.),
                                          rápida (fem.)

        The butcher is a fast worker.

        El carnicero es un trabajador rápido.

---

fat   FAT   adjetivo   gordo (masc.),
                                          gorda (fem.)

        The baby is fat.

        El bebé es gordo.

---

father   FAH-ther   nombre   el padre

        My father is a fireman.

        Mi padre es bombero.

---

favorite FEI-vər-it adjetivo favorito (masc.), favorita (fem.)

Here is my favorite doll.
Aquí está mi muñeca favorita.

February FEB-ru-er-i nombre el febrero
Are there twenty-eight days in the month of February?
¿Hay vientiocho días en el mes de febrero?

to feel FIL verbo sentir
I am not feeling well today.
No me siento bien hoy.
How do you feel?
¿Cómo está usted? (¿Cómo estás tú?)
(¿Cómo le va a usted?)

feet (See **foot**)

ferocious fə-ROH-shəs adjetivo feroz
The leopard is ferocious.
El leopardo es feroz.

fever FI-vər nombre la fiebre
I am sick but I do not have a fever.
Estoy enfermo pero no tengo fiebre.

field FILD nombre el campo
The sheep are in the field.
Las ovejas están en el campo.

fierce   FIRS   adjetivo   feroz
A mouse is not a fierce animal.
Un ratón no es un animal feroz.

---

fifteen   fif-TIN   adjetivo   quince
There are fifteen boys in the street.
Hay quince niños en la calle.

---

fifty   FIF-ti   adjetivo   cincuenta
The flag of the United States has fifty stars.
La bandera de los Estados Unidos tiene
    cincuenta estrellas.

---

to fill   FIL   verbo   llenar
I fill my pockets with candy.
Me lleno los bolsillos de dulces.

---

film   FILM   nombre   la película
I like the film.
Me gusta la película.

---

finally   FAI-nøl-i   adverbio   por fin
He is finally finishing the book!
¡Por fin acaba el libro!

---

to find   FAIND   verbo   encontrar, hallar
Arnold finds a shell.
Arnoldo encuentra una concha.

---

finger   FIN-gør   nombre   el dedo
I have five fingers on my right hand.
Yo tengo cinco dedos en la mano derecha.

---

to finish FIN-ish verbo terminar, acabar
Mom is finishing her work.
Mamá termina su trabajo.

---

fire FAIR nombre el fuego
There is a fire in the house.
Hay fuego en la casa.

fireman nombre el bombero
The fireman is wearing boots.
El bombero lleva botas.

fireplace nombre la chimenea; el hogar

fire truck nombre el camión de
bomberos

---

first FURST adjetivo primero, primer (masc.),
primera (fem.)
Spanish is my first class.
La clase de español es mi primera clase.

---

fish FISH nombre el pez, los peces,
el pescado (dead)
A fish lives in water.
Un pez vive en el agua.
I like fish.
Me gusta el pescado.

to go fishing expresión ir de pesca
idiomática

goldfish nombre el pescadito de
color dorado

fish tank nombre el acuario
There are plants in the fish tank.
Hay plantas en el acuario.

---

five FAIV adjetivo cinco
She has five toes on each foot.
Ella tiene cinco dedos en cada pie.

---

to fix FĪKS   verbo   arreglar, reparar
(repair)   My father fixes the lamp.
          Mi padre arregla la lámpara.

---

flag FLAG   nombre   la bandera
          What color is the Mexican flag?
          ¿De qué color es la bandera mexicana?

---

flat FLAT   adjetivo   plano (masc.),
                                        plana (fem.)

          The street is flat.
          La calle es plana.

---

flight attendant   *see* airplane

---

floor FLAWR   nombre   el piso, el suelo
          My apartment is on the first floor.
          Mi apartamento está en el primer piso.
          The telephone is on the floor.
          El teléfono está en el suelo.

   ground floor   expresión   el piso bajo, la planta baja
                     idiomática

---

flower FLOW-ər   nombre   la flor
          Flowers are growing in the garden.
          Algunas flores crecen en el jardín.

---

fly FLAI   nombre   la mosca
          The fly is an insect.
          La mosca es un insecto.

---

to fly FL<u>AI</u>   verbo   volar
          The bird flies in the sky.
          El pájaro vuela en el cielo.

  to fly an airplane   expresión   conducir un avión
                          idiomática

fog F<u>A</u>G   nombre   la niebla; la neblina
        The fog is very thick.
        La niebla está espesa.

to follow F<u>A</u>L-<u>oh</u>   verbo   seguir
              My shadow follows me everywhere.
              Mi sombra me sigue por todas partes.

foot,   FAUHT,   nombre   el pie
  feet (plural) FEET
              He has a sore foot.
              Tiene dolor de pie.

  on foot   expresión   a pie
                   idiomática

for f<u>er</u>   preposición   para; por
        For lunch I have a sandwich.
        Para el almuerzo, tomo un sándwich.

  to wait for   expresión   esperar a
                      idiomática
                 I have been waiting for my cousin for one hour.
                 Hace una hora que espero a mi prima.

(It is) forbidden   expresión   Se prohibe, Prohibido
       <u>it</u> <u>is</u> f<u>er</u>-B<u>I</u>D-<u>en</u> idiomática
                    It is forbidden to sing.
                    Se prohibe cantar.

forest F<u>AR</u>-<u>ist</u>   nombre   el bosque
           The forest is full of trees.
           El bosque está lleno de árboles.

forever   fawr-EV-ér   adverbio   siempre
I will remember this story forever.
Siempre voy a recordar esta historia.

to forget   fawr-GET   verbo   olvidar
Sometimes he forgets his handkerchief.
A veces olvida su pañuelo.

fork   FAWRK   nombre   el tenedor
I eat pie with a fork.
Yo como el pastel con tenedor.

forty   FAWR-ti   adjetivo   cuarenta
There are forty strawberries in the box.
Hay cuarenta fresas en la caja.

four   FAWR   adjectivo   cuatro
There are four cookies on the plate.
Hay cuatro galletitas en el plato.

fourteen   fawr-TIN   adjetivo   catorce
Are there fourteen saucers in the cupboard?
¿Hay catorce platitos en el armario?

fox   FAKS   nombre   la zorra
The fox is similar to the dog.
La zorra es parecida al perro.

French   FRENCH   adjetivo   francés (masc.),
francesa (fem.)
Here is some French cheese.
Aquí hay queso francés.

---

fresh FRESH   adjetivo   fresco (masc.),
                                              fresca (fem.)

Is the fish fresh?
¿Está fresco el pescado?

Friday FRAI-dei   nombre   el viernes

Mom goes to the supermarket on Fridays.
Mamá va al supermercado los viernes.

---

friend FREND   nombre   el amigo (masc.),
                                            la amiga (fem.)

My friend and I are playing with the
electric trains.
Mi amigo y yo jugamos con los trenes
eléctricos.

---

frightening FRAIT-ning   adjetivo   espantoso (masc.),
                                            espantosa (fem.)

Snakes are frightening.
Las culebras son espantosas.

---

frog FRAG   nombre   la rana

The frog jumps into the water.
La rana salta al agua.

---

from FRAM   preposición   de

He comes from the country.
Él viene del campo.

---

in front of in FRENT ev   preposición   delante de

The boy is sitting in front of the little girl.
El niño está sentado delante de la niña.

---

fruit FRUT   nombre   la fruta

There is a bowl of fruit on the table.
Hay un sopero de fruta en la mesa.

---

full FAUHL   adjetivo   lleno (masc.),
                                            llena (fem.)

The basket is full of candy.
El canasto está lleno de dulces.

---

funny   FŁN-i   adjetivo   gracioso, divertido,
                                                chistoso (masc.),
                                                  graciosa, divertida,
                                                  chistosa (fem.)
The actress is funny.
La actriz es graciosa.

future   FYU-chŁr   nombre   el futuro
I am going to visit the United States in the future.
Voy a visitar los Estados Unidos en el futuro.

G

game   GEIM   nombre   el juego
Baseball is a game.
El béisbol es un juego.

garage   gŁ-RAHZH   nombre   el garage, la cochera
The car is in the garage.
El automóvil está en el garage.

garden   GAHR-dŁn   nombre   el jardín
Tomatoes are growing in the garden.
Algunos tomates crecen en el jardín.

gas   GAS   nombre   el gas, el petróleo
Is it a gas refrigerator?
¿Es una refrigeradora de gas?

gas stove   nombre   la estufa de gas

gasoline   gas-ø-LIN   nombre   la gasolina
  (gas)   He is putting gasoline into the car.
        Le pone gasolina al coche.

---

gay   .GEI   adjetivo   alegre
  (happy)
        She is gay on her birthday.
        Ella está alegre el día de su cumpleaños.

---

gentle   DJEN-tøl   adjetivo   suave, apacible,
                                    manso (masc.),
                                    mansa (fem.)
        The cow is a gentle animal.
        La vaca es un animal suave (manso).

---

geography   dji-AG-rø-fi   nombre   la geografía
        I have to study the geography of Puerto Rico.
        Tengo que estudiar la geografía de Puerto Rico.

---

to get   GET   verbo   agarrar, conseguir,
                                    obtener
        He gets a pail and shovel.
        Él agarra un balde y una pala.

---

to get up   get ØP   expresión   levantarse
                              idiomática
        She gets up slowly.
        Ella se levanta despacio.

---

giant   DJAI-ønt   nombre   el gigante
        Is there a giant in the circus?
        ¿Hay un gigante en el circo?

---

gift   GIFT   nombre   el regalo

A gift for me?
¿Un regalo para mí?

---

girl G<u>UR</u>L   nombre   la niña, la muchacha, la chica

The little girl is wearing an apron.
La niña lleva un delantal.

---

to give G<u>I</u>V   verbo   dar

My aunt gives me a kiss.
Mi tía me da un beso.

   to give back   verbo   devolver

---

glad GLAD   adjetivo   contento (masc.)
                                        contenta (fem.)

The children are glad to see the snow.
Los niños están contentos de ver la nieve.

---

glass GLAS   nombre   el vaso

The glass is dirty.
El vaso está sucio.

   made of glass   expresión idiomática   hecho de vidrio

---

glasses GLAS-ø̸s   nombre   los lentes, los anteojos

I am looking for my glasses.
Busco mis lentes.

---

glove GL<u>E</u>V   nombre   el guante

Susan takes off her gloves.
Susana se quita los guantes.

---

to glue GLU   verbo   pegar

He is glueing the stamp.
Él está pegando el sello.

---

to go G<u>OH</u>   verbo   ir

We are going to the post office.
Nosotros vamos al correo.

to go (to work)   verbo   andar
> The washing machine is not working.
> La máquina de lavar no anda.

to go along   expressión   caminar, ir
(vehicle)   idiomática
> The truck goes along the road.
> El camión camina (va) por la carretera.

to go back   expresión   volver
                      idiomática
> I am going back to the library to study.
> Yo vuelvo a la biblioteca a estudiar.

to go to bed   expresión   acostarse
                      idiomática

to go down   expresión   descender, bajar
                      idiomática
> The parachute goes down.
> El paracaídas desciende.

to go fishing   expresión   ir de pesca
                      idiomática

to go out   expresión   salir
                      idiomática
> The mouse goes out of the hole.
> El ratón sale del agujero.

to go shopping   expresión   ir de compras
                      idiomática
> The girls are going shopping.
> Las chicas van de compras.

to go up   expresión   subir
                      idiomática
> The airplane goes up into the sky.
> El avión sube al cielo.

---

goat   GO<u>H</u>T   nombre   el chivo, la chiva
> The goat eats grass on the mountain.
> La chiva come hierba en la montaña.

---

gold <u>GO</u>HLD   nombre   el oro
       The gold watch is very expensive.
       El reloj de oro es muy caro.

---

goldfish   (See **fish**)

---

good   GAUHD   adjetivo   buen, bueno (masc.)
                                              buena (fem.)
       The story is good.
       El cuento es bueno.

Good afternoon	expresión idiomática	Buenas tardes
Good-bye	expresión idiomática	Adiós
Good day	expresión idiomática	Buenos días
Good evening	expresión idiomática	Buenas tardes
Good luck	expresión idiomática	Buena suerte
Good morning	expresión idiomática	Buenos días

       I say "Good morning" in the morning.
       Yo digo "Buenos días" por la mañana.

Good night	expresión idiomática	Buenas noches

251

granddaughter GRAND-d<u>aw</u>-t∅r   nombre   la nieta
Our grandmother has two granddaughters.
Nuestra abuela tiene dos nietas.

grandfather GRAND-fah-<u>th</u>∅r   nombre   el abuelo
My grandfather works in the garden.
Mi abuelo trabaja en el jardín.

grandmother GRAND-m∅th-∅r   nombre   la abuela
My grandmother is my grandfather's wife.
Mi abuela es la esposa de mi abuelo.

at my grandmother's   expresión   en (la) casa de
house   idiomática   mi abuela

grandson GRAND-s∅n   nombre   el nieto
This man has five grandsons.
Este hombre tiene cinco nietos.

grape GREIP   nombre   la uva

The fox looks at the grapes.
La zorra mira las uvas.

grapefruit GREIP-frut   nombre   la toronja
The grapefruit skin is yellow.
La cáscara de la toronja es amarilla.

grass GRAS   nombre   la hierba, el pasto
My brother cuts the grass.
Mi hermano corta la hierba.

grasshopper	GRAS-hap-ər	nombre	el saltamontes, el chapulín

The grasshopper is an insect.
El chapulín es un insecto.

---

gray	GREI	adjetivo	gris

The clouds are gray.
Las nubes están grises.

---

great!	GREIT	interjección	¡Magnífico!

The team has just won? Great!
¿El equipo acaba de ganar? ¡Magnífico!

---

great	GREIT	adjetivo	gran

Carlos Montoya is a great musician.
Carlos Montoya es un gran músico.

---

green	GRIN	adjetivo	verde

The leaves on the plants are green.
Las hojas de las plantas son verdes.

---

grocer	GROH-sər	nombre	el tendero

The grocer sells a box of rice.
El tendero vende una caja de arroz.

---

grocery (grocery store)	GROH-sər-i	nombre	la tienda

Do they sell chocolate candy in the grocery?
¿Venden dulces de chocolate en la tienda?

---

ground	GROWND	nombre	la tierra

The children are sitting on the ground.
Los niños están sentados en la tierra.

ground floor		nombre	el piso bajo, la planta baja
playground		nombre	el sitio de recreo, el patio de recreo, la pista de recreo

---

to grow   GR<u>OH</u>   verbo   crecer
        Plants are growing in the valley.
        Las plantas crecen en el valle.

---

to guard   GAHRD   verbo   vigilar, proteger,
                                                  cuidar
        The dog guards the store.
        El perro vigila la tienda.

---

to guess   GES   verbo   adivinar
        Can you guess the end of the story?
        ¿Puedes adivinar el fin del cuento?

---

guitar   gi-TAHR   nombre   la guitarra
        Do you have a guitar?
        ¿Tienes una guitarra?

---

gun   GEN   nombre   · la pistola, el arma
                                          de fuego
        A gun is dangerous.
        Una pistola es peligrosa.

H

---

hair   HEHR   nombre   el cabello, el pelo
        My hair is long.
        Tengo el pelo largo.

  hairbrush   nombre   el cepillo de pelo

---

half   HAF   nombre   la mitad
        Give me half of the banana.
        Dame la mitad del plátano.

  half hour   expresión   la media hora
                 idiomática

---

ham   HAM   nombre   el jamón
        The little girl is eating ham.
        La niña come jamón.

---

hammer HAM-ǝr nombre el martillo
A hammer is useful.
Un martillo es útil.

---

hand HAND nombre la mano
The boy raises his right hand; the girl raises her
left hand.
El joven levanta la mano derecha; la chica
levanta la mano izquierda.

  left hand nombre la mano izquierda

  right hand nombre la mano derecha

  to shake hands expresión dar la mano
idiomática

---

handbag, HAND-bag nombre la bolsa,
pocketbook, PAK-et-bauhk la cartera,
purse PURS
The handbag is on the armchair.
La bolsa está en el sillón.

---

handkerchief HANG-kǝr-chif nombre el pañuelo
Robert puts a handkerchief in his pocket.
Roberto mete un pañuelo en la bolsa
(el bolsillo).

---

handsome HAN-sǝm adjetivo guapo (masc.)
guapa (fem.)
The artist is handsome.
El artista es guapo.

(what is) happening? expresión ¿Qué pasa?
what iz HAP-en-ing? idiomática
I hear a noise. What is happening?
Oigo un ruido. ¿Qué pasa?

---

happy HAP-i adjetivo feliz, contento (masc.)
contenta (fem.)
Mark smiles when he is happy.
Marco sonríe cuando está contento.

255

Happy birthday!

Happy birthday!   expresión
                      idiomática   ¡Feliz cumpleaños!

---

hard   adjetivo   duro (masc.)
                                          dura (fem.)

The chair is too hard.
La silla es muy dura.

---

hat HAT   nombre   el sombrero

The hat is on the donkey.
El sombrero está en el burro.

---

to hate HEIT   verbo   odiar

The baby hates water.
El bebé odia el agua.

---

to have HAV   verbo   tener

The boy has a worm.
El niño tiene un gusano.

to have (food)   verbo   tomar

What do you have for a snack?
¿Qué tomas para la merienda?

to have to   expresión   tener que
                 idiomática

You have to take a bath.
Tienes que bañarte.
I have to study.
Tengo que estudiar.

to have a good time   verbo   divertirse

They are having a good time at the party.
Se divierten en la fiesta.

to have a headache   expresión   tener dolor de
idiomática   cabeza

to have a sore . . .   expresión   tener dolor de
idiomática

      Jerome has a sore throat.
      Gerónimo tiene dolor de garganta.

to have just   expresión   acabar de
idiomática
      He has just broken the mirror.
      Acaba de romper el espejo.

---

hay   HEI   nombre   el heno, la hierba seca
      The horse eats hay.
      El caballo come el heno.

---

he   HI   pronombre   él
      He is looking at the television antenna.
      Él mira la antena de la televisión.

---

head   HED   nombre   la cabeza
      I am turning the doll's head.
      Yo volteo la cabeza de la muñeca.

---

health   HELTH   nombre   la salud
      Fruit is good for your health.
      La fruta es buena para la salud.

---

to hear   HIR   verbo   oír
      Do you hear the music?
      ¿Oye usted la música?

---

heart   HAHRT   nombre   el corazón
      The heart is full of blood.
      El corazón está lleno de sangre.

Hearty appetite!   expresión   ¡Buen provecho!
   HAHR-ti AP-∅-<u>tait</u>   idiomática
      Hearty appetite to everyone.
      ¡Buen provecho a todo el mundo!

---

heavy   HEV-i   adjetivo   pesado (masc.),
pesada (fem.)

The piano is heavy.
El piano es pesado.

---

helicopter   HEL-i-kap-t*er*   nombre   el helicóptero
The helicopter goes to the airport.
El helicóptero va al aeropuerto.

---

hello   he-LOH   interjección   ¡Hola!
When I see my friend I say "Hello."
Cuando veo a mi amigo yo le digo "¡Hola!"

---

help!   HELP   interjección   ¡Socorro!
I cannot swim. Help!
No puedo nadar. ¡Socorro!

to help   verbo   ayudar
Michael is helping me carry the record player.
Miguel me ayuda a cargar el tocadiscos.

---

her, to her   HUR   pronombre   le, la, a ella
I speak to her.
Yo le hablo a ella.
I see her.
Yo la veo.

---

her   HUR   adjetivo   su, sus
It is her ribbon.
Es su cinta.

---

here   HIR   adverbio   aquí
Spanish is spoken here.
Aquí se habla español.

All the pupils are here today.
Todos los alumnos están aquí hoy.

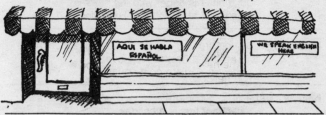

to hide HAID verbo   esconder
He hides the present in the closet.
Él esconde el regalo en el armario.

(to play) hide-and-seek   expresión   jugar a las
    haid-n-SIK   idiomática   escondidas
He is playing hide-and-seek.
Él juega a las escondidas.

---

high HAI adjetivo   alto (masc.),
                                            alta (fem.)
The mountain is very high.
La montaña es muy alta.

---

highway HAI-wei nombre   la carretera
There are many cars on the highway.
Hay muchos coches en la carretera.

---

him, to him HIM pronombre   le, lo, a él
I speak to him.
Yo le hablo a él
I see him.
Yo lo veo.

---

his HIZ adjetivo   su, sus
It is his towel.
Es su toalla.

---

history HIS-tø-ri nombre   la historia
Do you like the history teacher?
¿Te gusta el profesor de historia?

---

to hit H<u>I</u>T   verbo   pegar, golpear
He hits his finger with the hammer.
Le pega al dedo con el martillo.

---

hole H<u>O</u>H<u>L</u>   nombre   el agujero, el hoyo
There is a hole in my glove.
Hay un agujero en mi guante.

---

holiday H<u>A</u>L-<u>i</u>-dei   nombre   el día de fiesta
January first is a holiday.
El primero de enero es día de fiesta.

---

home H<u>O</u>HM   nombre   la casa
I return home at four o'clock.
Vuelvo a casa a las cuatro de la tarde.

   at the home of   expresión   en casa de
                         idiomática

---

homework H<u>O</u>HM-w<u>u</u>rk   nombre   la tarea, las tareas
I have just finished my homework.
Yo acabo de terminar mi tarea.

(in) honor of <u>i</u>n <u>AN</u>-ɇr ɇv   expresión   en honor de
                                 idiomática
The party is in honor of our teacher.
La fiesta es en honor de nuestra maestra.

---

to hope H<u>O</u>HP   verbo   esperar
He hopes to get a letter.
El espera recibir una carta.

(to play) hopscotch   expresión   jugar a la rayuela
   H<u>A</u>P-sk<u>a</u>ch   idiomática
They are playing hopscotch in the playground.
Ellas juegan a la rayuela en el patio de recreo.

---

hoop HUP   nombre   el aro
It is my brother's hoop.
Es el aro de mi hermano.

---

horse HAWRS nombre el caballo
The boy rides a horse.
El muchacho monta a caballo.

hospital HAS-pi-tel nombre el hospital
The doctor at the hospital vaccinates me.
El doctor del hospital me vacuna.

(it is) hot _it iz_ HAT expresión hace calor
idiomática
It is hot in July.
Hace calor en julio.

  (to be) hot expresión tener calor
idiomática
Irene is hot in summer.
Irene tiene calor en el verano.

hotel hoh-TEL nombre el hotel
The hotel is very tall.
El hotel es muy alto.

hour OWR nombre la hora
There are twenty-four hours in one day.
Hay vienticuatro horas en un día.

  half hour expresión la media hora
idiomática

house HOWS nombre la casa
The house is on a mountain.
La casa está en una montaña.

  dollhouse nombre la casa de muñecas

how much, HOW MECH   adverbio   ¿cuánto? ¿cuántos?
how many HOW MEN-i   ¿cuántas? (fem.)
        How many turtles do you have?
        ¿Cuántas tortugas tienes tú?

---

humid HYU-mid   adjetivo   húmedo (masc.),
                                   húmeda (fem.)
        The air is humid.
        El aire está húmedo.

---

hundred HEN-dred   adjetivo   cien
        There are one hundred people at the beach!
        ¡Hay cien personas en la playa!

one hundred   ciento

(to be) hungry   expresión   tener hambre
      HENG-gri   idiomática

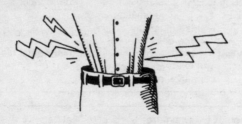

        The baby is crying because he is hungry.
        El bebé llora porque tiene hambre.

Are you hungry?   expresión   ¿Tiene usted hambre?
                   idiomática   ¿Tienes tú hambre?

---

hunter HEN-ter   nombre   el cazador
        The hunter climbs the mountain.
        El cazador sube la montaña.

Hurray! he-REI   interjección   ¡Bravo! ¡Olé!
        The dog shakes hands with me and I
            say "Hurray!"
        El perro me saluda y yo digo "¡Olé!"

I

I <u>AI</u> pronombre yo
    I am a boy.
    Yo soy muchacho.

ice <u>AIS</u> nombre el hielo
    Emily puts ice in her soda.
    Emilia pone hielo en su refresco.

ice cream <u>ais</u> KRIM nombre el helado, la nieve
    Do you like chocolate ice cream?
    ¿Te gusta el helado de chocolate?
      (la nieve de chocolate)

ice skate <u>AIS</u>-SKEIT nombre el patín de hielo
    Too bad! My ice-skates are too small!
    ¡Qué lástima! Mis patines son demasiado chicos.

  to ice skate verbo patinar en el hielo
    The children are ice skating.
    Los niños patinan en el hielo.

idea <u>ai</u>-DI-ø nombre la idea
    He always has good ideas.
    Él siempre tiene buenas ideas.

if <u>IF</u> conjunción si
    If I wash the dishes, I can go to the movies.
    Si lavo los platos, yo puedo ir al cine.

immediately <u>i</u>-MI-di-<u>it</u>-li adverbio inmediatamente,
                                en seguida
    When Mother calls me, I answer immediately.
    Cuando mamá me llama, contesto en seguida.

important <u>i</u>m-PAWR-t<u>e</u>nt adjetivo importante
    It is important to study.
    Es importante estudiar.

---

impossible im-PAS-i-bėl   adjetivo   imposible
It is impossible to do the homework.
Es imposible hacer la tarea.

---

in IN   preposición   en
We are in the museum.
Nosotros estamos en el museo.

---

inexpensively in-ik-SPEN-siv-li   adverbio   barato, a
poco costo
They are selling tomatoes inexpensively.
Ellos venden barato los tomates.

---

insect IN-sekt   nombre   el insecto
The bee is an insect.
La abeja es un insecto.

---

intelligent in-TEL-i-djėnt   adjetivo   inteligente
My cousin is very intelligent.
Mi primo es muy inteligente.

---

intentionally in-TEN-shėn-ėl-li   adverbio   adrede, con
intención
My brother hides the ball intentionally.
Mi hermano esconde la pelota adrede.

---

interesting IN-tėr-ės-ting   adjetivo   interesante
It is interesting to play checkers.
Es interesante jugar a las damas.

---

into IN-tu   preposición   en
She goes into the drug store.
Ella entra en la farmacia.

---

to introduce in-trė-DUS   verbo   presentar
Please introduce your friend to me.
Preséntame a tu amigo, por favor.

---

to invite in-VAIl   verbo   invitar, convidar
The airline stewardess invites us to go into
the airplane.
La camarera nos invita a entrar en el avión.

---

iron (metal) <u>AI</u>-ørn   nombre   el hierro

        The nail is made of iron.
        El clavo está hecho de hierro.

---

to iron <u>AI</u>-ørn   verbo   planchar

        My grandmother is ironing a table cloth.
        Mi abuela plancha un mantel.

---

is <u>IZ</u>   verbo   Él es, Ella es, Uno es . . .

  isn't it? <u>IZ</u>-int <u>it</u>? expresión   ¿No?, ¿No es verdad?
  isn't that true?   idiomática
  isn't that so?

        The fog is dreadful, isn't it?
        La niebla es terrible, ¿no?

  is located   expresión   se encuentra
  iz LOH-kei-ted   idiomática   se encuentran, está, están

        Where is the supermarket located?
        ¿Dónde se encuentra el supermercado?

---

island <u>AI</u>-lønd   nombre   la isla

        They speak Spanish on the island of Puerto Rico.
        Hablan español en la isla de Puerto Rico.

---

it <u>IT</u>   pronombre   lo, la

        I'll take it.
        Lo tomo.

  It is a pity! <u>it</u> iz ø <u>PIT</u>-i   expresión   ¡Qué lástima!
                      idiomática

        You don't hear the music? It is a pity!
        ¿No oyes la música? ¡Qué lástima!

---

its ＿ITS   pronombre   su
The dog plays with its ball.
El perro juega con su pelota.

J

jacket DJAK-i̲t   nombre   la chaqueta, el saco
I am going to buy a jacket.
Voy a comprar un saco.

jam DJAM   nombre   la conserva
He likes cherry jam.
A él le gusta la conserva de cereza.

January DJAN-yu-er-i   nombre   el enero
How many days are there in the month
of January?
¿Cuántos días hay en el mes de enero?

jet airplane (See **airplane**)

jewel   / DJU-ǫl   nombre   la joya,
  (jewelry)   DJU-ǫl-ri   las joyas
The burglar hides the jewelry.
El ladrón esconde las joyas.

juice DJUS   nombre   el jugo
Ann is pouring juice into a glass.
Ana sirve jugo en un vaso.

  orange juice   nombre   el jugo de naranja

July dju-LAI nombre el julio
It does not snow in July in New York.
No nieva en julio en Nueva York.

---

to jump DJEMP verbo brincar, saltar
The grasshopper jumps in the field.
El chapulín salta en el campo.

   to jump rope expresión brincar la cuerda
   idiomática

June DJUN nombre el junio
We go on a picnic in June.
Nosotros salimos en día de campo en junio.

K

---

kangaroo kang-gø-RU nombre el canguro
There is a kangaroo in the zoo.
Hay un canguro en el jardín zoológico.

---

to keep KIP verbo guardar
My father keeps a photograph in his pocket.
Mi padre guarda una fotografía en la bolsa
(el bolsillo).

---

key nombre la llave
The key is in the drawer.
La llave está en el cajón.

---

to kick KIK expresión dar patadas
   idiomática
Alice kicks the stone.
Alicia da patadas a la piedra.

---

to kill KIL verbo matar
The hunter tries to kill the elephant.
El cazador trata de matar el elefante.

---

kilometer KIL-ø-mi-tør nombre el kilómetro
We live (six miles) 10 kilometers from
   the museum.
Vivimos a diez kilómetros del museo.

---

kind   K<u>AI</u>ND   adjetivo   bondadoso, generoso,
                                    bondadosa, generosa (fem.)
                My aunt is kind.
                Mi tía es bondadosa.

  What kind of?   expresión   ¿Qué clase de . . . ?
                   idiomática   ¿Qué tipo de . . . ?

king   K<u>I</u>NG   nombre   el rey
                What is the king's name?
                ¿Cómo se llama el rey?

kiss   K<u>I</u>S   nombre   el beso
                I give my little sister a kiss.
                Yo le doy un beso a mi hermanita.

kitchen   K<u>I</u>CH-ęn   nombre   la cocina
                The kitchen in our apartment is very small.
                La cocina de nuestro apartamento es
                    muy pequeña.

kite   K<u>AI</u>T   nombre   el papalote, el cometa
                There are three kites in the air.
                Hay tres papalotes en el aire.

kitten   K<u>I</u>T-ęn   nombre   el gatito
                The kitten is sleeping
                El gatito duerme.

knee   N<u>I</u>   nombre   la rodilla
                I wash my knees.
                Yo me lavo las rodillas.

---

knife NAIF nombre   el cuchillo
  knives (plural)

My sister cuts a grapefruit with a knife.
Mi hermana corta una toronja con un cuchillo.

---

to knit NIT verbo   tejer

Patricia is knitting a sweater.
Patricia teje un suéter.

---

door knob (See **door**)

---

to knock NAK verbo   tocar

The policeman knocks at the door.
El policía toca a la puerta.

---

to know NOH verbo   saber, conocer

I do not know the address.
Yo no sé la dirección.

  to know somebody   conocer a
  (See **to be acquainted with**)

I know Paul.
Conozco a Pablo.

  to know how to   expresión   saber
                         idiomática

He knows how to play chess.
Él sabe jugar al ajedrez.

L

---

lake LEIK nombre   el lago

There is a boat in the middle of the lake.
Hay un barco en medio del lago.

---

lamb (See **sheep**)

---

lamb chop LAM-chap nombre   la chuleta de cordero

Do you want two lamb chops?
¿Quiere usted dos chuletas de cordero?

---

lamp LAMP nombre la lámpara
He is seated near a lamp.
El está sentado cerca de una lámpara.

---

large LAHRDJ adjetivo grande
It is a large truck.
Es un camión grande.

---

last LAST adjetivo último (masc.),
última (fem.)

It is my last stamp.
Es mi último sello.

  last one last WEN pronombre el último (masc.),
la última (fem.)

Virginia is the last one in the row.
Virginia es la última en la fila.

---

late LEIT adverbio tarde
I come to the station late.
Yo llego tarde a la estación.

---

later LEI-ter adverbio más tarde
Now I am studying; later I am going to play with
my friends.
Ahora yo estudio; más tarde voy a jugar con
mis amigos.

---

to laugh LAF verbo reír, reírse
She laughs when she sees the clown.
Ella se ríe cuando ve al payaso.

---

lawyer LAW-yer nombre el abogado, el licenciado
Lawyers are intelligent.
Los abogados son inteligentes.

---

lazy LEI-zi adjetivo perezoso (masc.),
perezosa (fem.)

Students are lazy when it is warm.
Los estudiantes son perezosos cuando
hace calor.

---

to lead LID   verbo   dirigir, guiar
I lead the child to the swing.
Yo guío al niño al columpio.

---

leader LI-dər   nombre   el jefe
We are playing "Follow the Leader."
Estamos jugando a "Seguir al jefe."

---

leaf LIF   nombre   la hoja
   leaves (plural)
There are many leaves on the ground in autumn.
Hay muchas hojas en la tierra en otoño.

---

to leap LIP   verbo   saltar
The dog leaps from the sofa when he hears
   Mother's voice.
El perro salta del sofá cuando oye la voz
   de mamá.

   (to play) leapfrog   expresión   jugar a "salta la
                     idiomática   burra"

---

to learn LURN   verbo   aprender
He likes to learn English.
A él le gusta aprender inglés.

---

leather LETH-ər   nombre   el cuero
My sister's skirt is made of leather.
La falda de mi hermana es de cuero.

---

to leave LIV   verbo   irse, salir, partir
The secretary leaves the office.
La secretaria sale de la oficina.

271

to leave something		expresión idiomática	dejar

---

left LEFT | expresión idiomática | a la izquierda

The table is to the left of the armchair.

La mesa está a la izquierda del sillón.

---

leg LEG | nombre | la pierna

The baby's legs are short.

Las piernas del bebé son cortas.

---

lemon LEM-ǫn | nombre | el limón

I am going to buy some lemons.

Voy a comprar unos limones.

---

to lend LEND | verbo | prestar

Can you lend me your camera?

¿Puedes prestarme tu cámara?

---

leopard LEP-ǫrd | nombre | el leopardo

The leopard is in the tree.

El leopardo está en el árbol.

---

less LES | adverbio | menos

Ten less two are eight.

Diez menos dos es (son) ocho.

---

lesson LES-ǫn | nombre | la lección

The lesson is interesting.

La lección es interesante.

Let's LETS | expresión idiomática | Vamos a
(let us)

Let's eat!

¡Vamos a comer!

---

letter LET-ǫr | nombre | la letra, la carta

There are 26 letters in the English alphabet.

Hay veintiséis letras en el alfabeto inglés.

Here is a letter from my friend.
Aquí hay una carta de mi amigo.

---

lettuce LET-<u>is</u>   nombre   la lechuga
Lettuce is green.
La lechuga es verde.

---

library L<u>AI</u>-brer-i   nombre   la biblioteca
You have to speak softly when you are in
   the library.
Tienes que hablar quedito cuando estás en
   la biblioteca.

---

lie L<u>AI</u>   nombre   la mentira
I never tell lies!

¡Yo nunca digo mentiras!

---

light L<u>AI</u>T   nombre   la luz
The lamp gives light.
La lámpara da luz.

---

light L<u>AI</u>T   adjetivo   claro (masc.), clara (fem.),
                                    ligero (masc.), ligera (fem.)
This is a very light color.
Es un color muy claro.

The curtains are very light; they are not heavy.
Las cortinas son muy ligeras; no son pesadas.

---

lightning L<u>AI</u>T-n<u>i</u>ng   nombre   el relámpago
I do not want to see the lightning.
No quiero ver el relámpago.

---

to like L<u>AI</u>K verbo gustar
We like to play basketball.
Nos gusta jugar al básquetbol.
We like apples.
Nos gustan las manzanas.

(ocean) liner nombre el transatlántico,
<u>oh</u>-shen L<u>AI</u>-ner trasatlántico
Do you see the ocean liner?
¿Ve usted el transatlántico?

lion L<u>AI</u>-<i>e</i>n nombre el león
The lion is frightening.
El león es espantoso.

lip L<u>I</u>P nombre el labio
The teacher puts her finger to her lips.
La maestra lleva el dedo a los labios.

to listen L<u>I</u>S-<i>e</i>n verbo escuchar
My sister is listening to the record.
Mi hermana está escuchando el disco.

little L<u>I</u>T-l adjetivo pequeño (masc.),
pequeña (fem.)
He has a little car.
Tiene un coche pequeño.

(a) little L<u>I</u>T-l adverbio un poco, un poquito
Just a little coffee, please.
Un poco de café, por favor.

to live L<u>I</u>V verbo vivir
Fish live in water.
Los peces viven en el agua.

living room L<u>I</u>V-<u>i</u>ng rum nombre la sala

274

The boys watch television in the living room.
Los muchachos miran la televisión en la sala.

---

is located   (See **is**)

---

lollypop   LAL-i-PAP   nombre   el caramelo

Which lollypop do you want?
¿Qué caramelo quieres?

---

no longer   noh LAWNG-ger   adverbio   ya no

I no longer play the violin.
Ya no toco el violín.

---

to look (at)   LAUHK   verbo   mirar

They are looking at the snowman.
Ellos miran al hombre (hecho) de nieve.

  to look at oneself   expresión   mirarse
  idiomática

The princess looks at herself in the mirror.
La princesa se mira en el espejo.

  to look after   expresión   cuidar de
  (to watch over)   idiomática

The tiger looks after the baby tigers.
El tigre cuida de los tigrecitos.

  to look for   expresión   buscar
  idiomática

Mom is always looking for her glasses.
Mamá siempre busca sus lentes.

---

to lose   LUZ   verbo   perder

Careful! You are going to lose your ribbon.
¡Cuidado! Tú vas a perder tu cinta.

---

a lot   LAT   adverbio   mucho

There is a lot of bread in the bakery.
Hay mucho pan en la panadería.

---

loud   LOWD   adjetivo   fuerte, alto (masc.),
alta (fem.)

The jet airplane makes a loud noise.
El avión (a chorro) hace un ruido fuerte.

in a loud voice   expresión   en voz alta
                 idiomática

loudly   adverbio   fuerte
Do not play the radio so loudly!
¡No toques el radio tan fuerte!

---

to love LÉV   verbo   amar, querer
I love my dog.
Yo quiero a mi perro.

---

love LÉV   nombre   el amor, el cariño
I have a great love for my grandmother.
Yo le tengo un gran cariño a mi abuela.

---

low LOH   adjetivo   bajo (masc.),
                           baja (fem.)
The baby has a low chair.
El bebé tiene una silla baja.

in a low voice   expresión   en voz baja
                 idiomática

---

to lower LOH-ør   verbo   bajar
The boy lowers his head because he is ashamed.
El muchacho baja la cabeza porque tiene
   vergüenza.

---

luck LÉK   nombre   la suerte
You have a turtle? You are lucky!
¿Tú tienes una tortuga? ¡Qué suerte tienes!

| **Good luck!** | expresión idiomática | ¡Buena suerte! |

| **to be lucky** | expresión idiomática | tener suerte |

---

luggage LÆG-idj nombre el equipaje
I put the luggage into the car.
Yo pongo el equipaje en el auto.

---

lunch LÆNCH nombre el almuerzo
I eat a sandwich for lunch.
Yo tomo un sándwich para el almuerzo.

lunchtime nombre la hora del almuerzo

M

---

machine mǿ-SHIN nombre la máquina
The vacuum cleaner is a useful machine.
La aspiradora es una máquina útil.

washing machine nombre la máquina de lavar

---

mad MAD adjetivo furioso, loco (masc.), furiosa, loca (fem.)
They say there is a mad bear in the forest.
Dicen que hay un oso furioso en el bosque.

---

made of MEID ǿv expresión idiomática de, hecho de
The shirt is made of nylon.
La camisa es de nilón.

---

maid MEID nombre la sirvienta, la criada
We do not have a maid.
Nosotros no tenemos criada.

---

to mail (a letter) MEIL (ǿ let-ǿr) expresión idiomática echar una carta
Anthony mails a letter to his cousin.
Antonio echa una carta para su primo.

277

mailbox   nombre   el buzón
There is a mailbox on the corner of the street.
Hay un buzón en la esquina de la calle.

mailman   nombre   el cartero
The mailman comes at ten o'clock.
El cartero llega a las diez.

---

to make MEIK   verbo   hacer
Josephine is making a dress.
Josefina hace un vestido.

---

mama, mom   Ma-mø, MAM   nombre   mamá,
mommy, mother MA-mi, METH-ør   mamacita
Mama is pretty.
Mamá es bonita.

---

man MAN   nombre   el hombre
men (plural)
The man is seated in the park.
El hombre está sentado en el parque.

---

many MEN-i   adjetivo   muchos (masc.),
                                         muchas (fem.)
There are many bicycles near the school.
Hay muchas bicicletas cerca de la escuela.

how many   ¿Cuántos? ¿Cuántas?

so many   tantos, tantas

too many   demasiados, demasiadas

---

map MAP   nombre   el mapa

CALIFORNIA

Do you have a map of the state of California?
¿Tienes un mapa del estado de California?

---

marble MAHR-b∅l nombre la canica

How many marbles do you have?
¿Cuántas canicas tienes tú?

March MAHRCH nombre el marzo

March is the month between February and April.
Marzo es el mes entre febrero y abril.

---

mark (in school) MAHRK nombre la nota

My mark in music is very good.
Mi nota en música es muy buena.

---

market MAHR-kit nombre el mercado

They sell vegetables at the market.
Venden legumbres en el mercado.

---

supermarket nombre el supermercado

---

to marry MAR-i verbo casarse

The actor marries the actress.
El actor se casa con la actriz.

---

marvelous! MAHR-v∅-l∅s interjección ¡maravilloso!

You are going to Mexico by airplane? Marvelous!
¿Tú vas a Méjico en avión? ¡Maravilloso!

---

match MACH nombre el cerillo; el fósforo

A match is not a toy.
Un cerillo no es un juguete.

---

no matter! NOH MAT-∅r interjección No importa

It is raining today? No matter!
¿Llueve hoy? No importa.

---

what's the matter? expresión ¿Qué pasa?
wh<u>a</u>ts th∅ MAT-∅r idiomática

What's the matter? You look sad.
¿Qué pasa? Te ves triste.

279

May I? MEI <u>ai</u> verbo ¿Yo puedo? ¿Puedo yo?

May I go to Susan's house?
¿Puedo (yo) ir a la casa de Susana?

---

maybe MEI-bi adverbio puede ser, quizás,
tal vez

Are we going to the city this afternoon? Maybe.
¿Vamos a la ciudad esta tarde? Puede
ser (quizás).

May MEI nombre el mayo

May is my favorite month.
El mes de mayo es mi mes favorito.

---

me, to me MI pronombre me, a mí

He gives me a balloon.
Él me da un globo.

---

meal MIL nombre la comida

I eat three meals every day.
Yo como tres comidas todos los días.

---

to mean MIN expresión querer decir
idiomática

What does this sentence mean?
¿Qué quiere decir esta oración?

---

meat MIT nombre la carne

What kind of meat do you like?
¿Qué clase de carne le gusta a usted?

---

mechanic   mə-KAN-ik   nombre   el mecánico
The mechanic is in the garage.

El mecánico está en el garage.

---

medicine   MED-i-sin   nombre   la medicina
I don't like the medicine.

No me gusta la medicina.

---

to meet   MIT   verbo   encontrar, encontrarse con
I meet my uncle in the store.

Yo encuentro a mi tío en la tienda.

---

member   MEM-bər   nombre   el socio, el miembro
Do you know all the members of the team?

¿Conoces tú a todos los miembros del equipo?

---

men   (See **man**)

---

menu   MEN-yu   nombre   el menú, la carta
I am reading the menu aloud.

Yo leo el menú en voz alta.

---

merry-go-round   nombre   el tiovivo, los
MER-i-goh-rownd   caballitos
I like the music of the merry-go-round.

Me gusta la música del tiovivo.

---

in the middle of   preposición   en medio de
in thə MID-l əv
I put the salt in the middle of the table.

Pongo la sal en medio de la mesa.

---

midnight   MID-nait   adverbio   la medianoche

My parents go to bed at midnight.

Mis padres se acuestan a medianoche.

---

mile   MAIL   nombre   la milla
My cousin lives ten miles from my house.

Mi prima vive a diez millas de mi casa.

281

---

milk   MI̱LK   nombre   la leche
Milk is good for children.
La leche es buena para los niños.

---

million   MI̱L-yǿn   nombre   el millón
Are there a million books in the library?
¿Hay un millón de libros en la biblioteca?

---

never mind!   (See **no matter!**)

---

minute   MI̱N-it   nombre   el minuto
How many minutes are there in a half hour?
¿Cuántos minutos hay en una media hora?

---

mirror   MIR-ǿr   nombre   el espejo
There is a mirror in the bedroom.
Hay un espejo en la recámara.(la alcoba).

Miss   MIS   nombre   la señorita
Ms.   MI̱Z
Miss Dooley, what time is it?
Señorita Dooley, ¿qué hora es?

---

mistake   mi̱s-TEIK   nombre   la falta, la equivocación,
el error
Margaret makes many mistakes.
Margarita hace muchas faltas.

---

to mix   MI̱KS   verbo   mezclar
Anne is mixing vegetables in the soup.
Ana mezcla las legumbres en la sopa.

---

moist   MO̱IST   adjetivo   húmedo (masc.),
húmeda (fem.)
The towel is moist.
La toalla está húmeda.

---

moment   MO̱H-mǿnt   nombre   el momento
I am going to the basement for a moment.
Voy al sótano por un momento.

Monday MEN-dei nombre el lunes
I am sleepy on Mondays.
Tengo sueño los lunes.

money MEN-i nombre el dinero
How much money do you have?
¿Cuánto dinero tienes tú?

monkey MENG-ki nombre el mono
The monkey is amusing.
El mono es divertido.

month MENTH nombre el mes
We have three months of winter.
Tenemos tres meses de invierno.

moon MUN nombre la luna
The moon is far from the earth.
La luna está lejos de la tierra.

more MAWR adverbio más
Do you want some more cake?
¿Quieres más torta?

morning MAWR-ning nombre la mañana
What time do you get up in the morning?
¿A qué hora te levantas por la mañana?

mosquito mes-KI-toh nombre el zancudo,
el mosquito
The mosquito is flying near the ceiling.
El mosquito vuela cerca del cielo raso.

mother

---

mother   (See **mama**)

---

mother   M_E_TH-ǿr   nombre   la madre
The baby's mother plays with him.
La madre del bebé juega con él.

---

mountain   MOWN-tǿn   nombre   la montaña
I would like to climb the mountain.
Me gustaría subir la montaña.

---

mouse   M_O_WS   nombre   el ratón
mice   (plural)   MAIS
Mice eat cheese.
Los ratones comen queso.

---

mouth   M_O_WTH   nombre   la boca
The boy opens his mouth when he sings.
El muchacho abre la boca cuando canta.

Mr. (Mister)   MIS-tǿr   nombre   el señor
Mr. Foster is my uncle.
El señor Foster es mi tío.

---

to move   MUV   verbo   mover
I move my legs when I walk.
Yo muevo las piernas cuando camino.

---

movie   MU-vi   nombre   la película
The movie is interesting.
La película es interesante.

movies   nombre   el cine
Let's go to the movies on Saturday.
Vamos al cine el sábado.

284

much MECH adverbio mucho
Do they study much?
¿Estudian mucho?

how much (many)? adverbio ¿Cuánto? ¿Cuántos?
¿Cuántas?

so much (many) adverbio tanto, tantos, tantas

too much (many) adverbio demasiado,
demasiados,
demasiadas

---

mud MED nombre el lodo
My books are covered with mud.
Mis libros están cubiertos de lodo.

---

museum myu-ZI-em nombre el museo
Is the museum open on Sunday?
¿Está abierto el museo el domingo?

---

music MYU-zik nombre la música
They are playing music on television.
Tocan música en la televisión.

musician myu-ZISH-en nombre el músico
The musician is handsome.
El músico es guapo.

(one) must, MEST expresión hay que
(you) must idiomática
You must drink milk!
¡Hay que beber leche!

---

my MAI adjetivo mi, mis
My bicycle is black.
Mi bicicleta es negra.

---

myself mai-SELF pronombre me, mismo,
misma (fem.)
I can do it myself!
¡Yo mismo puedo hacerlo!

N

nail NEIL nombre la uña
I have ten finger nails.
Tengo diez uñas.

nail (metal) NEIL nombre el clavo
The nails are in the bottle.
Los clavos están en la botella.

name NEIM nombre el nombre
What is your name?
¿Cuál es su nombre? (¿Cómo se llama usted?)

napkin NAP-kin nombre la servilleta
The napkin is on the table.
La servilleta está en la mesa.

narrow NAR-<u>oh</u> adjetivo estrecho (masc.),
estrecha (fem.)
The box is too narrow for the book.
La caja es demasiado estrecha para el libro.

nation NEI-shen nombre la nación
There are many flags at the United Nations.
Hay muchas banderas en las Naciones Unidas.

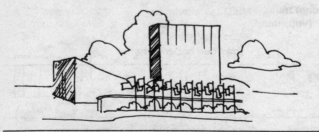

national NASH-en-el adjetivo nacional
My cousin works in a national office.
Mi primo trabaja en una oficina nacional.

naughty N<u>AW</u>-ti   adjetivo   desobediente,
                                     travieso, pícaro (masc.)
                                         traviesa, pícara (fem.)
George hits his friend. He is naughty.
Jorge le pega a su amigo. Es travieso.

near NIR   preposición   cerca de
The grocery store is near the drug store.
La tienda está cerca de la farmacia.

(It is) necessary   expresión   hay que
   <u>it</u> <u>iz</u> NES-ø-ser-i   idiomática
It is necessary to go to work.
Hay que ir a trabajar.

neck NEK   nombre   el cuello
Simon says: "Touch your neck."
Simón dice: "Tóquense el cuello."

to need NID   verbo   necesitar, hacer falta
The astronaut needs air.
El astronauta necesita aire.

needle NID-I   nombre   la aguja
She has a needle in her hand.
Ella tiene una aguja en la mano.

neighbor NEI-bør   nombre   el vecino (masc.)
                                      la vecina (fem.)

My neighbor has a beard.
Mi vecino tiene barba.

nephew NEF-yu   nombre   el sobrino
Peter is my nephew.
Pedro es mi sobrino.

nest NEST   nombre   el nido
The bird is flying toward the nest.
El pájaro vuela hacia el nido.

never NEV-ér   forma neg.   nunca, jamás
I never go into the woods.
Yo nunca voy al bosque.

new NU   adjetivo   nuevo (masc.),
                                           nueva (fem.)
Here is my new pillow.
Aquí está mi almohada nueva.

New Year's Day   nombre   el Dia de Año Nuevo

newspaper NUZ-pei-pér   nombre   el periódico
The newspaper is interesting.
El periódico es interesante.

next NEKST   adjetivo   próximo (masc.),
                                           próxima (fem.)
I am going to Europe next year.
Voy a Europa el año próximo.

next to   adverbio   al lado de, próximo a
(at the side of)

nice NAIS   adjetivo   agradable
My neighbor is a nice person.
Mi vecino es una persona agradable.

niece NIS   nombre   la sobrina
Jane is my niece.
Juanita es mi sobrina.

night NAIT   nombre   la noche
You can see the moon at night.
La luna se ve por la noche.

nine N<u>AI</u>N adjetivo nueve
It is nine thirty in the morning.
Son las nueve y media de la mañana.

nineteen n<u>ai</u>n-TIN adjetivo diecinueve, diez y
nueve
He was born on April 19th.
El nació el diecinueve de abril.

ninety N<u>AI</u>N-ti adjetivo noventa
I know how to count from ninety to one hundred.
Yo sé contar de noventa a ciento.

no N<u>OH</u> adverbio no
Go to bed. No, I am not sleepy.
Acuéstate. No, no tengo sueño.

No admittance expresión Prohibido entrar, No entrar
idiomática

No smoking expresión Prohibido fumar
idiomática

no longer n<u>ow</u> LAWNG-g<u>er</u> adverbio ya no
I no longer wake up at six o'clock.
Ya no me despierto a las seis.

none (See **nothing**)

noise NOIZ nombre el ruido
We hear the noise of the fire truck.
Nosotros oímos el ruido del camión
de bomberos.

noon   NUN   nombre   el mediodía

The bell rings at noon.
La campana suena al mediodía.

north   NAWRTH   nombre   el norte

Is the mountain to the north or to the south?
¿Está la montaña al norte o al sur?

nose   NOHZ   nombre   la nariz

What a big nose you have!
¡Qué nariz tan grande tienes!

not   NAT   adverbio   no

John is not eating now.
Juan no come ahora.

note (musical)   NOHT   nombre   la nota

Here are the musical notes for the song
     "La Cucaracha."
Aquí están las notas musicales para la canción
     "La Cucaracha."

notebook   NOHT-bauhk   nombre   el cuaderno

I am drawing a tree in my notebook.
Yo dibujo un árbol en mi cuaderno.

nothing   NETH-ing   pronombre   nada

What is in the basket? Nothing.
¿Qué hay en la canasta? Nada.

November   noh-VEM-ber   nombre   el noviembre

Thanksgiving is a holiday in November.
"Thanksgiving" es un día de fiesta en noviembre.

now   NOW   adverbio   ahora

You have to go to bed now.
Tienes que acostarte ahora.

---

number   N*E*M-b*e*r   nombre   el número
You have a great number of books.
Tú tienes un gran número de libros.

---

nurse   N<u>U</u>RS   nombre   la enfermera
The nurse is wearing a white dress.
La enfermera lleva un vestido blanco.

---

nylon   N<u>AI</u>-l<u>a</u>n   nombre   el nylón, el nilón
The parachute is made of nylon.
El paracaídas es de nilón.

O

to obey   <u>oh</u>-BEI   verbo   obedecer
You have to obey the company's rules.
Tienes que obedecer las reglas de la compañía.

---

o'clock   (See **time**)

---

occupied   <u>A</u>K-yu-p<u>ai</u>d   adjetivo   ocupado (masc.),
(busy)   ocupada (fem.)
I am occupied now; I am using the
   vacuum cleaner.
Estoy ocupado ahora. Estoy usando
   la aspiradora.

---

ocean   <u>OH</u>-sh*e*n   nombre   el océano
I like to look at the waves in the ocean.
Me gusta mirar las olas del océano.

ocean liner   nombre   el transatlántico

October ak-TOH-ber nombre el octubre
October is a month of autumn.
Octubre es un mes de otoño.

odd AD adjetivo raro (masc.),
rara (fem.)
It is odd. It is cold in summer.
Es raro. Hace frío en verano.

of ǝf preposición de
Here is a book of songs.
Aquí hay un libro de canciones.

(a day) off e dei AWF expresión un día libre
idiomática
My day off is Saturday.
Mi día libre es el sábado.

office AW-fis nombre la oficina
The secretary works in an office.
La secretaria trabaja en una oficina.

often AW-fen adverbio con frecuencia, a menudo,
frecuentemente
I often go by subway.
Yo voy en el metro con frecuencia.

oil OIL nombre el aceite, el petróleo
I put oil on my bicycle wheel.
Pongo aceite a la rueda de mi bicicleta.

O.K. oh-KEI adjetivo de acuerdo
all right AWL-RAIT
If it's O.K. with you, I'll pay you later.
Si usted está de acuerdo, le pagaré después.

old OHLD adjetivo viejo (masc.),
vieja (fem.)
The turtle is very old.
La tortuga es muy vieja.

(to be . . . years) old (See **age**)

---

on AHN   preposición   en, encima de, sobre

The grapefruit is on the table.
La toronja está en la mesa.

---

once again wǿns ǿ-GEN   adverbio   una vez más

Read the sentence once again.
Lea la oración una vez más.

---

one WǼN   adjetivo   un (masc.), una (fem.)

The woman has one broom.
La mujer tiene una escoba.

---

the one(s) who (that)   pronombre   el que, el de,
thǿ WǼN whu (<u>that</u>)   la que, la de

Here is a small shirt. The one that belongs to
my brother is big.
Aquí hay una camisa pequeña. La de mi
hermano es grande.

---

onion ǼN-yǿn   nombre   la cebolla

Onions are not expensive.
Las cebollas no son caras.

---

only <u>OH</u>N-li   adjetivo   único, solo (masc.),
                                única, sola (fem.)

It is the only coat in the closet.
Es el único abrigo en el armario.

---

only   adverbio   sólo, solamente

He only works on Tuesdays.
Sólo trabaja los martes.

---

open <u>OH</u>-pǿn   adjetivo   abierto (masc.),
                                abierta (fem.)

The door is open.
La puerta está abierta.

---

to open   verbo   abrir

Henry is opening the box.
Enrique abre la caja.

---

or <u>AWR</u>   conjunción   o

What do you want, rolls or bread?
¿Qué quieres? ¿panecillos o pan?

---

orange <u>AR</u>-indj   nombre   la naranja

The orange is a fruit.
La naranja es una fruta.

---

orange juice   nombre   el jugo de naranja

---

orange <u>AR</u>-indj   adjetivo   anaranjado (masc.),
                                   anaranjada (fem.)

The pumpkin is orange.
La calabaza es anaranjada.

---

to order <u>AWR</u>-d∉r   verbo   mandar, ordenar

Are you ready to order dinner?
¿Está listo para ordenar la comida?

(in) order (to) in <u>AWR</u>-d∉r t∉   preposición   para

She goes to the museum in order to look
   at the paintings.
Ella va al museo para mirar las pinturas
   (los cuadros).

---

other, another ∉TH-∉r   adjetivo   otro (masc.),
                                   otra (fem.)

I would like another spoon, please.
Quisiera otra cuchara, por favor.

---

other ∉TH-∉r   pronombre   el otro, la otra

I have a lollypop. The others are in the closet.
Tengo un caramelo. Los otros están en el armario.

---

our <u>OW</u>R   adjetivo   nuestro, nuestros (masc.),
                                 nuestra, nuestras (fem.)

Our dog is naughty today.
Nuestro perro está travieso hoy.

---

out of <u>OW</u>T ∉v   preposición   de, por

The princess looks out of the tower.
La princesa mira de la torre.

---

to go out   (See **to go**)

---

outside OWT-said   adverbio   afuera
> The tree is outside.
> El árbol está afuera.

over there oh-ver THEHR   adverbio   allá
> The spider is over there.
> La araña está allá.

to overturn oh-ver-TURN   verbo   volver al revés,
>   volcar
> The cat overturns the glass of milk.
> El gato vuelca el vaso de leche.

owl OWL   nombre   el tecolote, la lechuza, el buho
> The owl is a bird.
> El tecolote es un pájaro.

own OHN   adjetivo   propio (masc.),
>   propia (fem.)
>
> It is my own shell!
> ¡Es mi propia concha!

P

package PAK-idj   nombre   el paquete
> The package is on the desk.
> El paquete está en el escritorio.

page PEIDJ   nombre   la página
> The picture is on page 20.
> El retrato está en la página veinte.

pail PEIL nombre la cubeta, el cubo, el balde
The child fills the pail with stones.
El niño llena el cubo de piedras.

pain (See **to have a sore**)

to paint PEINT verbo pintar
The artist is painting near the sea.
El artista pinta cerca del mar.

pair PEHR nombre el par
I would like to buy a pair of socks.
Me gustaría comprar un par de calcetines.

pajamas pə-DJAH-məz nombre las piyamas,
las pijamas
The pajamas are on the bed.
Las piyamas están en la cama.

palace PAL-<u>is</u> nombre el palacio
The queen arrives at the palace.
La reina llega al palacio.

pants PANTS nombre el pantalón
(los pantalones)
The pants are too long for him.
El pantalón es muy largo para él.

paper PEI-pər nombre el papel
There are papers on the floor.
Hay papeles en el piso.

parachute PAR-ə-shut nombre el paracaídas
The parachute is open.
El paracaídas está abierto.

parade pə-REID nombre el desfile
We are watching the parade.
Miramos el desfile.

parakeet PAR-ə-kit nombre el perico

Do you have a parakeet?
¿Tienes un perico?

---

pardon me PAHR-d*e*n MI   expresión   ¡perdón!
                             idiomática
Pardon me. What time is it?
Perdón. ¿Qué hora es?

---

parents PEHR-*e*nts   nombre   los padres
My parents are kind.
Mis padres son bondadosos.

---

park PAHRK   nombre   el parque
There is a lake in the park.
Hay un lago en el parque.

---

parrot PAR-*e*t   nombre   el loro
The parrot has a big beak.
El loro tiene un pico grande.

---

part PAHRT   nombre   el papel
(in theater)
I want to play the part of the astronaut.
Yo quiero hacer el papel del astronauta.

---

party PAHR-ti   nombre   la fiesta
I am getting dressed for the party.
Yo me visto para la fiesta.

---

to pass PAS   verbo   pasar
The car is passing the truck on the road.
El auto pasa el camión en el camino.

---

to paste PEIST   verbo   pegar
He is pasting a photograph in the book.
El pega una foto al libro.

---

path PATH   nombre   la senda, la vereda
The path is narrow.
La vereda es angosta.

---

paw PA̱W	nombre	la pata

The lion has four paws.
El león tiene cuatro patas.

to pay (for) PEI	verbo	pagar, pagar por

I'll pay for the package.
Pago (por) el paquete.

Pay attention!	expresión	¡Ponga atención!
pei ¢-TEN-sh¢n	idiomática	¡Presta atención!

The policeman says, "Pay attention!"
El policía dice, "¡Presta atención!"

peas PIZ	nombre	los chícharos, los guisantes

I like peas.
Me gustan los chícharos (los guisantes).

peach PICH	nombre	el durazno, el melecotón

The peach is too hard.
El durazno está muy duro.

peanut PI-n¢t	nombre	el cacahuete, el cacahuate, el maní

Does the elephant like to eat peanuts?
¿Le gusta al elefante comer cacahuetes?

pear PEHR	nombre	la pera

Mary has a pear for dessert.
María toma una pera de postre.

pen PEN	nombre	la pluma

Peter writes with a pen.
Pedro escribe con una pluma.

ballpoint pen	nombre	el bolígrafo

pencil PEN-si̱l	nombre	el lápiz

Claire is writing with a pencil.
Clara escribe con un lápiz.

people PI-pél nombre la gente
Many people are at the museum.
Hay mucha gente en el museo.

---

perhaps (See **maybe**)

---

permission pér-MISH-én nombre el permiso
Do you have permission to go to the movies?
¿Tienes permiso para ir al cine?

---

pet PET nombre el animal consentido,
el animal mimado
Do you have a pet?
¿Tienes un animal consentido?

---

pharmacy FAHR-mé-si nombre la farmacia
The nurse is entering the pharmacy.
La enfermera entra en la farmacia.

---

phonograph FOH-né-GRAF nombre el fonógrafo,
el tocadiscos
The record is on the phonograph.
El disco está en el tocadiscos.

---

photograph, FOH-té-GRAF nombre la fotografía,
  photo FOH-TOH la foto
This is a photograph of my brother.
Ésta es una foto de mi hermano.

---

piano PYA-noh nombre el piano
Diana is playing the piano.
Diana toca el piano.

---

to pick P_I_K verbo escoger, recoger
She is going to pick some cherries.
Ella va a recoger cerezas.

picnic P_I_K-n_i_k nombre un paseo (en el campo)
The picnic is at Olympic Park.
El paseo es en el Parque Olímpico.

picture P_I_K-ch_e_r nombre el cuadro, el retrato,
el dibjuo, la pintura
Frances is drawing a picture.
Francisca dibuja un cuadro.

pie P_AI_ nombre el pastel
My sister is making a pie.
Mi hermana prepara un pastel.

apple pie nombre el pastel de manzana
pumpkin pie nombre el pastel de calabaza
strawberry pie nombre el pastel de fresa

piece P_I_S nombre el pedazo
I am eating a piece of bread.
Yo como un pedazo de pan.

piece of paper nombre una hoja de papel

pig P_I_G nombre el cochino, el puerco,
el marrano
The pig has a little tail.
El cochino tiene una colita.

piggy-bank P_I_G-i-bangk nombre la alcancía,
el marranito
Peter is putting money in his piggy-bank.
Pedro pone su dinero en la alcancía.

pillow P_I_L-_oh_ nombre la almohada
The baby's head is on the pillow.
La cabeza del bebé está en la almohada.

pin	PIN	nombre		el prendedor, el broche

Helen is wearing a pin.
Helena lleva un broche.

straight pin		nombre	el alfiler

pilot (airplane)	PAI-løt	nombre	el piloto (de avión)

The pilot is handsome.
El piloto es guapo.

pink	PINGK	adjetivo	color de rosa, rosado (masc.), rosada (fem.)

Anne and Arthur like the color pink.
A Ana y Arturo les gusta el color de rosa.

place (at table)	PLEIS	nombre	el lugar

I put a napkin at each place.
Yo pongo una servilleta en cada lugar.

planet	PLAN-it	nombre	el planeta

Earth is one of the planets.
La Tierra es uno de los planetas.

plant	PLANT	nombre	la planta

We have some plants in the living room.
Tenemos algunas plantas en la sala.

plate	PLEIT	nombre	el plato

I am putting the plate on the table.
Pongo el plato en la mesa.

to play	PLEI	verbo	jugar

They are playing basketball.
Ellos juegan al básquetbol.

to play a game	expresión idiomática	jugar a

to play a musical instrument	expresión idiomática	tocar

Philip is playing the violin.
Felipe toca el violín.

playground PLEI-grownd nombre el patio de recreo
The swings are in the playground.
Los columpios están en el patio de recreo.

pleasant PLEZ-ént adjetivo agradable;
simpático (masc.),
simpática (fem.)
The grocer is pleasant.
El tendero es agradable.

please PLIZ expresión por favor
idiomática
Please give me a book, Miss Davis.
Déme un libro, por favor, señorita Davis.
Please give me a book. Claire.
Dame un libro, por favor, Clarita.

pleasure PLEZH-ér nombre el placer
What a pleasure to see you again!
¡Qué placer verte otra vez!

pocket PAK-it nombre el bolsillo, la bolsa
I have a handkerchief in my pocket.
Tengo un pañuelo en el bolsillo.

pocketbook (See **handbag**)

to point out (See **to indicate**)

policeman pé-LIS-mén nombre el policía,
el gendarme

302

The policeman is wearing a hat.
El policía lleva sombrero.

---

polite p¢-L**AI**T   adjetivo   cortés

My sister is always polite.
Mi hermana siempre es cortés.

---

pool PUL   nombre   la alberca, la piscina

The pool is clean.
La alberca está limpia.

---

poor PUR   adjetivo   pobre

A poor boy does not have many toys.
Un muchacho pobre no tiene muchos juguetes.

---

post office P**OH**ST **aw-f**is   nombre   el correo

Where is the post office?
¿Dónde está el correo?

postman (See **mailman**)

---

postcard P**OH**ST-kahrd   nombre   la tarjeta postal

Here is a postcard from Barcelona.
Aquí hay una tarjeta postal de Barcelona.

---

potato p¢-TEI-t**oh**   nombre   la papa, la patata

Peter is cutting potatoes.
Pedro corta las papas.

---

to pour P**AW**R   verbo   servir, vaciar, echar

Joan is pouring milk into a glass.
Juanita sirve leche en un vaso.

---

to prefer	prə-FUR	verbo	preferir

Do you prefer autumn or winter?
¿Prefieres tú el otoño o el invierno?

present	PREZ-ənt	nombre	el regalo

I like to get presents.
Me gusta recibir regalos.

present	PREZ-ənt	adjetivo	presente

My friend, Peter, is not present.
Mi amigo Pedro no está presente.

president	PREZ-i-dənt	nombre	el presidente

Who is the president of the United States?
¿Quién es el presidente de los Estados Unidos?

pretty	PRIT-i	adjetivo	bonito (masc.), bonita (fem.)

What a pretty doll!
¡Qué bonita muñeca! (¡Qué muñeca tan bonita!)

prince	PRINS	nombre	el príncipe

The prince is seated in an armchair.
El príncipe está sentado en un sillón.

princess	PRIN-səs	nombre	la princesa

The princess is wearing a pretty dress.
La princesa lleva un vestido bonito.

to promise	PRAM-is	verbo	prometer

I promise to wash the dishes.
Yo prometo lavar los platos.

to pull	PAUHL	verbo	estirar, halar

Bernard is pulling the donkey.
Bernardo estira el burro.

pumpkin	PƏMP-kin	nombre	la calabaza

I am going to buy a large pumpkin.
Voy a comprar una calabaza grande.

to punish PŁN-ish   verbo   castigar
> When Johnny is naughty, his teacher
>   punishes him.
> Cuando Juanito es malcriado, su maestra
>   lo castiga.

pupil PYU-pil   nombre   el alumno (masc.),
                                      la alumna (fem.)
> The pupils are writing on the blackboard.
> Los alumnos escriben en la pizarra (negra).

puppy PŁP-i   nombre   el perrito
> The puppy is cute.
> El perrito es gracioso.

purple PUR-pł   adjetivo   color violeta;
                                       morado (masc.),
                                       morada (fem.)
> I mix blue and red to make purple.
> Yo mezclo el azul y el rojo para hacer el
>   color violeta.

on purpose an PUR-pŁs   adverbio   adrede, con
                                               intención
> My sister is hiding the ball on purpose.
> Mi hermana esconde la pelota adrede.

purse (See **handbag**)

to push PAUHSH   verbo   empujar
> He is pushing me!
> ¡Él me empuja!

to put PAUHT   verbo   poner
> Paul puts the electric trains on the floor
> Pablo pone los trenes eléctricos en el piso.

to put on   expresión   ponerse
                    idiomática
> I am putting on my raincoat because it is raining.
> Yo me pongo el impermeable porque llueve.

305

Q

quarrel KW<u>AR</u>-el   nombre   la riña, el pleito,
                                      la disputa
        I do not like quarrels.
        No me gustan los pleitos.

quarter KW<u>AW</u>-ter   nombre   el cuarto
        It is a quarter after two.
        Son las dos y cuarto. (Es un cuarto después
        de las dos.)

queen KWIN   nombre   la reina
        The queen is wearing jewels.
        La reina lleva joyas.

question KWES-chen   nombre   la pregunta
        The teacher says, "So many questions!"
        El maestro dice, "¡Tantas preguntas!"

quickly KW<u>I</u>K-li   adverbio   pronto, rápido
                                      rápidamente
        You eat too quickly!
        ¡Tú comes demasiado rápido!

quiet KW<u>AI</u>-et   adjetivo   quieto, tranquilo, callado (masc.)
                                quieta, tranquila, callada (fem.)
        During the night all is quiet.
        Durante la noche todo está callado.

  to be quiet   expresión   callarse
                  idiomática
        My brother says, "Be quiet!"
        Mi hermano dice, "¡Cállense!"

R

rabbit RAB-<u>it</u> nombre el conejo
The rabbit runs and jumps.
El conejo corre y salta.

radio REI-di-<u>oh</u> nombre el radio (furniture)
la radio (broadcast)
There is music on the radio.
Hay música por la radio.

railroad REIL-<u>roh</u>d nombre el ferrocarril
There is a railroad from New York to Houston.
Hay un ferrocarril de Nueva York a Houston.

(It is) raining REI-ni<u>ng</u> verbo Llueve
It is raining today.
Llueve hoy.

rainbow REIN-b<u>oh</u> nombre el arco iris
The rainbow is beautiful.
El arco iris es hermoso.

raincoat REIN-k<u>oh</u>t nombre el impermeable
My raincoat is wet.
Mi impermeable está mojado.

to raise REIZ verbo levantar
He raises his foot to kick the ball.
El levanta el pie para patear la pelota.

---

rapid RAP-id adjetivo rápido (masc.)
(fast) rápida (fem.)

The cat is fast when it runs after a mouse.
El gato es rápido cuando corre detrás de
(persigue) un ratón.

rapidly adverbio rápido, rápidamente

---

rat RAT nombre el ratón, la rata

The rat is ugly!
El ratón es feo.

---

to read RID verbo leer

He is reading a book in the park.
El lee un libro en el parque.

---

ready RED-i adjetivo listo (masc.)
lista (fem.)

I am ready to go to work.
Yo estoy listo para ir a trabajar.

---

to receive ri-SIV verbo recibir

He receives a letter from his cousin.
Él recibe una carta de su primo.

---

record REK-ørd nombre el disco

I have two new records.
Tengo dos discos nuevos.

record player (See **phonograph**)

---

red RED adjetivo colorado, rojo (masc.),
colorada, roja (fem.)

The apple is red.
La manzana es roja.

---

refrigerator ri-FRIDJ-ø-rei-tør nombre el refrigerador,
la refrigeradora

Louise puts the salad in the refrigerator.
Luisa pone la ensalada en el refrigerador.

---

to remain (See **to stay**)

---

to remember ri-MEM-ber verbo recordar, acordarse
I cannot remember the name of the book.
Yo no puedo recordar el nombre del libro.

---

to remove (See **to take off**)

---

to repair (See **to fix**)

---

to repeat ri-PIT verbo repetir
Claude repeats the sentence.
Claudio repite la frase.

---

to reply (See **to answer**)

---

to rescue (See **to save**)

---

to rest REST verbo descansar, reposar
Anne is tired; she is resting now.
Ana está cansada; ella descansa ahora.

---

restaurant RES-ter-ent nombre el restaurante
My uncle works in this restaurant.
Mi tío trabaja en este restaurante.

---

to return ri-TURN verbo volver, regresar, devolver
I return the book to the library.
Yo devuelvo el libro a la biblioteca.

---

ribbon RIB-en nombre la cinta
There are ribbons in the store window.
Hay cintas en la vitrina.

309

rice	R<u>AI</u>S	nombre	el arroz

The rice is on the plate.
El arroz está en el plato.

rich	R<u>I</u>CH	adjetivo	rico (masc.), rica (fem.)

The actress is rich.
La actriz es rica.

to ride	R<u>AI</u>D	verbo	pasear, montar, andar

We are riding in a car.
Nosotros andamos en coche.

to ride in a car	expresión idiomática	pasear, (andar) en coche
to ride a bicycle	expresión idiomática	andar (montar) en bicicleta
to ride a horse	expresión idiomática	andar (montar) a caballo

all right (See **agreed**)

right	R<u>AI</u>T	adjetivo	derecho (masc.) derecha (fem.)

I raise my right foot.
Yo levanto el pie derecho.

at the right	expresión idiomática	a la derecha
right away	expresión idiomática	en seguida
to be right	expresión idiomática	tener razón

Sometimes I am right.
A veces tengo razón.

---

ring R<u>I</u>NG nombre el anillo, la sortija
Susan puts the ring on her finger.
Susana se pone el anillo en el dedo.

---

to ring R<u>I</u>NG verbo sonar
The bell is ringing at school.
La campana suena en la escuela.

---

ripe R<u>AI</u>P adjetivo maduro (masc.)
madura (fem.)
When the strawberry is red, it is ripe.
Cuando la fresa está roja, está madura.

---

river R<u>I</u>V-er nombre el río
The river is wide.
El río es ancho.

---

road R<u>OH</u>D nombre el camino
This road leads to the bank.
Este camino va al banco.

---

roast beef R<u>OH</u>ST bif nombre el rosbif, la carne
asada
There is a big roast beef in the restaurant.
Hay un rosbif muy grande en el restaurante.

---

to rob R<u>A</u>B verbo robar
Who robbed the money?
¿Quién robó el dinero?

robber (See **burglar**)

---

rock R<u>A</u>K nombre la piedra, la roca
Alex climbs the rock.
Alejandro trepa la roca.

---

rocket ship R<u>A</u>K-it ship nombre la nave cohete, el
cohete
The astronaut is in the rocket ship.
El astronauta está en la nave cohete.

---

to roll   RO̲HL   verbo   enrollar, rodar
William rolls the marbles.
Guillermo rueda las canicas.

---

roll   RO̲HL   nombre   el panecillo, el bizcocho
We like to eat rolls.
Nos gusta comer panecillos.

---

roller skate   (See **skate**)

---

roof   RUF   nombre   el techo
The chimney is on the roof.
La chimenea está en el techo.

---

room   RUM   nombre   el cuarto, la sala,
                                           la habitación

It is hot in this room.
Hace calor en este cuarto.

bathroom   nombre   el cuarto de baño
dining room   nombre   el comedor
living room   nombre   la sala

---

rooster   RUS-ter   nombre   el gallo
The rooster crows early.
El gallo canta temprano.

---

rope   RO̲HP   nombre   la cuerda
The rope is thick.
La cuerda es gruesa.

| **to jump rope** | | expresión idiomática | brincar la cuerda |

| **round** ROWND | | adjetivo | redondo (masc.), redonda (fem.) |

The record is round.
El disco es redondo.

| **row** ROH | | nombre | la fila |

There are five rows in the classroom.
Hay cinco filas en la sala de clase.

| **rubber** RUB-ər | | nombre | el hule, la goma |

The boots are made of rubber.
Las botas son de hule.

| **rug** RUG | | nombre | la alfombra, el tapete |

The rug is small.
El tapete es pequeño.

| **rule** RUL | | nombre | la regla |

There are so many rules!
¡Hay tantas reglas!

| **ruler** RUL-ər | | nombre | la regla |

I need a ruler.
Yo necesito una regla.

| **to run** RUN | | verbo | correr |

They are running to the playground.
Ellos corren al patio de recreo.

S

| **sack** SAK | | nombre | el costal, el saco |

Here is a sack of oranges.
Aquí hay un costal de naranjas.

| **sad** SAD | | adjetivo | triste |

I cannot go with you. I am sad.
Yo no puedo ir contigo. Estoy triste.

---

safe and sound   expresión   sano y salvo
    SEIF-n-SOWND   idiomática
        Edward returns home safe and sound.
        Eduardo regresa a casa sano y salvo.

---

salad   SAL-əd   nombre   la ensalada
        The salad is delicious.
        La ensalada está deliciosa.

---

saleswoman SEILZ-lei-di nombre   la vendedora
salesman SEILZ-man nombre   el vendedor
(salesperson)
        The salesman shows him some sweaters.
        El vendedor le muestra unos suéteres.

---

salt   SAWLT   nombre   la sal
        The salt is on the stove.
        La sal está en la estufa.

---

same   SEIM   adjetivo   mismo (masc.),
                             misma (fem.)
        My friend and I wear the same hat.
        Mi amigo y yo llevamos el mismo sombrero.

It is all the same to me   expresión   Me es igual
                        idiomática

---

sand   SAND   nombre   la arena
        She takes a sunbath on the sand.
        Ella toma un baño de sol en la arena.

---

sandwich SAND-wich nombre   el sándwich
        I am eating a roast beef sandwich.
        Yo como un sándwich de rósbif.

Saturday   SAT-ər-dei   nombre   el sábado
     We are going to the restaurant on Saturday.
     Vamos al restaurante el sábado.

---

saucer   SAW-sər   nombre   el platito
     I am looking for a saucer in the closet.
     Yo busco un platito en el armario.

---

to save   SEIV   verbo   ahorrar, salvar; guardar
     The policeman saves the child.
     El policía salva al niño.
     I like to save stamps.
     Me gusta guardar timbres.
     They save money.
     Ellos ahorran dinero.

---

to say   SEI   verbo   decir
     He always says the truth.
     Él siempre dice la verdad.

---

school   SKUL   nombre   la escuela, el colegio
     I go to school at eight o'clock.
     Voy a la escuela a las ocho.

---

science   SAI-əns   nombre   la ciencia
     The science book is interesting.
     El libro de ciencia es interesante.

---

scientist   SAI-en-tist   nombre   el hombre de ciencia,
                                   el científico
     Jonas Salk is a famous scientist.
     El señor Jonas Salk es un hombre de
     ciencia famoso.

---

scissors   SIZ-ərz   nombre   las tijeras
     I cut the string with scissors.
     Corto el cordón con las tijeras.

---

to scold   SKOHLD   verbo   regañar
     The grandfather is scolding the little boy.
     El abuelo regaña al niñito.

---

to scream SKRIM verbo   gritar
(shout)   The children are screaming in the playground.
              Los niños gritan en el patio de recreo.

---

sea SI   nombre   el mar
              I like to look at the sea.
              Me gusta mirar el mar.

---

season SI-zøn   nombre   la estación
              Which season do you prefer?
              ¿Qué estación prefiere usted?

---

seat SIT   nombre   el asiento, el lugar
              He returns to his seat.
              Él vuelve a su asiento.

  seated   adjetivo   sentado (masc.),
                                       sentada (fem.)

              He is seated.
              Él está sentado.

---

second SEK-énd   adjetivo   segundo (masc.),
                                       segunda (fem.)
              What is the second day of the week?
              ¿Cuál es el segundo día de la semana?

---

secret SI-kri̱t   nombre   el secreto
              Can you keep a secret?
              ¿Puedes guardar un secreto?

---

secretary SEK-rø-ter-i   nombre   la secretaria,
                                       el secretario
              The secretary is pretty.
              La secretaria es bonita.

---

to see SI   verbo   ver
              I see the helicopter in the sky.
              Veo el helicóptero en el cielo.

  to see again   expresión   volver a ver
                     idiomática

see you soon   expresión   hasta pronto
                 idiomática

---

seesaw   SI-saw   nombre   el vaivén, el sube y baja
            Paul and Mark are on the seesaw.
            Pablo y Marcos están en el vaivén.

---

to sell   SEL   verbo   vender
            He sells fruit.
            Él vende fruta.

---

to send   SEND   verbo   enviar
            I am sending a letter to my friend.
            Yo envío una carta a mi amigo.

---

sentence   SEN-tens   nombre   la oración, la frase
            I write a sentence on the paper.
            Yo escribo una oración en el papel.

September   sep-TEM-ber   nombre   el septiembre,
                                       el setiembre
            September has thirty days.
            El mes de septiembre tiene treinta días.

---

serious   SIR-i-es   adjetivo   serio (masc.),
                                     seria (fem.)
            I am reading a serious book.
            Yo leo un libro serio.

---

to serve   SURV   verbo   servir
            The waiter serves lunch.
            EL mesero sirve el almuerzo.

---

to set (sun)   SET   verbo   ponerse, meterse
            The sun sets at five o'clock.
            El sol se pone a las cinco.

---

to set (the table)   verbo   poner la mesa

setting (at table)   nombre   el lugar
            There are four settings at the table.
            Hay cuatro lugares en la mesa.

---

seven   SEV-ǿn   adjetivo   siete

It is seven thirty.
Son las siete y media.

---

seventeen   sev-ǿn-TIN   adjetivo   diecisiete, diez y
                                             siete

Today is December 17.
Hoy es el diecisiete de diciembre.

---

seventy   SEV-ǿn-ti   adjetivo   setenta

Fifty and twenty are seventy
Cincuenta y veinte son setenta.

---

several   SEV-rǿl   adjetivo   varios (masc.),
                                            varias (fem.)

There are several boats in the sea.
Hay varios barcos en el mar.

---

to sew   S<u>OH</u>   verbo   coser

Julia is learning to sew.
Julia aprende a coser.

sewing needle   nombre   la aguja para coser,
                                            la aguja de coser

---

shadow   SHAD-<u>oh</u>   nombre   la sombra

Do you see the shadow?
¿Ves tú la sombra?

---

to shake   SHEIK   verbo   sacudir, mover

Mary says "No" and shakes her head.
María dice "No" y mueve la cabeza.

to shake hands		expresión idiomática	dar la mano

---

to share	SHEHR	verbo	compartir

Let us share the pie.
Vamos a compartir el pastel.

---

she	SHI	pronombre	ella

She is running.
Ella corre.

---

sheep	SHIP	nombre	la oveja

The sheep is a gentle animal.
La oveja es un animal manso.

---

sheet (of paper) (See **paper**)

---

shell	SHEL	nombre	la concha

It is my shell!
¡Es mi concha!

---

ship	SHIP	nombre	el buque

I dream of traveling on a ship.
Yo sueño viajar en un buque.

---

shirt	SHURT	nombre	la camisa

I am wearing a shirt and tie.
Llevo camisa y corbata.

---

shoe	SHU	nombre	el zapato

Frank is putting on his shoes.
Francisco se pone los zapatos.

---

to shop **to go shopping**	SHAP	verbo	ir de compras

I love to go shopping.
Me encanta ir de compras.

---

shop (See **store**)

---

shore (See **edge**)

---

short	SH<u>AW</u>RT	adjetivo	corto (masc.), corta (fem.)

Mary's coat is very short.
El abrigo de María es muy corto.

---

shoulder	SH<u>OH</u>L-der	nombre	el hombro

She is wearing a pocketbook (purse) on her shoulder.
Ella lleva una bolsa al hombro.

---

to shout (See **to scream**)

---

shovel	SH<u>E</u>V-el	nombre	la pala

The shovel is in the pail.
La pala está en el balde.

---

to show	SH<u>OH</u>	verbo	mostrar, enseñar

Anita is showing me her dress.
Anita me muestra su vestido.

---

shower	SH<u>OW</u>-er	nombre	la regadera, el baño de ducha

My brother is in the shower.
Mi hermano está en el baño de ducha.

---

sick	S<u>I</u>K	adjetivo	enfermo, malo (masc.), enferma, mala (fem.)

Robert is in bed because he is sick.
Roberto está en la cama porque está malo.

(at the) side of (See **next to**)

---

sidewalk	S<u>AI</u>D-w<u>aw</u>k	nombre	la acera

The girls are playing on the sidewalk.
Las niñas juegan en la acera.

---

silent (See **quiet**)

---

silly	S<u>I</u>L-i	adjetivo	tonto (masc.), tonta (fem.)

sixty

That is a silly idea!
¡Es una idea tonta!

---

silver   SIL-ver   nombre   la plata
The watch is made of silver.
El reloj es de plata.

---

similar   (See **alike**)

---

to sing   SING   verbo   cantar
My parakeet is singing.
Mi perico canta.

---

sister   SIS-ter   nombre   la hermana
My sister and I are playing together.
Mi hermana y yo jugamos juntas.

---

to sit (down)   SIT DOWN   verbo   sentarse
My grandfather is sitting down.
Mi abuelo se sienta.

---

six   SIKS   adjetivo   seis
There are six cookies in the plate.
Hay seis galletitas en el plato.

---

sixteen   siks-TIN   adjetivo   dieciséis, diez y seis
Number sixteen comes after number fifteen.
El número dieciséis viene después del
número quince.

---

sixty   SIKS-ti   adjetivo   sesenta
The car is going sixty miles an hour.
El auto va a sesenta millas por hora.

321

---

size SA͟IZ nombre el tamaño
The size of the skyscraper is frightening.
El tamaño del rascacielos es espantoso.

---

skate SKEIT nombre el patín
Do you have roller skates?
¿Tienes patines de ruedas?

to skate SKEIT verbo patinar
The two boys are ice-skating.
Los dos muchachos patinan en hielo.

ice-skate nombre el patín de hielo

---

skin SKI͟N nombre la piel, la cáscara
The banana skin is yellow.
La cáscara del plataño es amarilla.

---

skirt SKU͟RT nombre la falda
Ellen's skirt is short.
La falda de Elena es corta.

---

sky SKA͟I nombre el cielo
The sky is blue today.
El cielo está azul hoy.

---

skyscraper SKA͟I-skrei-pər nombre el rascacielos
My father works in a skyscraper.
Mi padre trabaja en un rascacielos.

---

sled SLED nombre el trineo
I am seated on the sled.
Yo estoy sentado en el trineo.

---

to sleep SLIP verbo dormir
The lion is sleeping.
El león duerme.

to be sleepy expresión tener sueño
idiomática
The clown is sleepy.
El payaso tiene sueño.

---

to slide,   SLAID   verbo   resbalar
   to slip   SLIP

         I slip on the stairs!
         ¡Yo me resbalo en la escalera!

---

slowly   SLOH-li   adverbio   despacio

         The turtle walks slowly.
         La tortuga camina despacio.

---

small   SMAWL   adjetivo   pequeño (masc.)
                                           pequeña (fem.)

         The fly is very small.
         La mosca es muy pequeña.

---

to smell   SMEL   verbo   oler

         Beatrice smells the flower.
         Beatriz huele la flor.

---

to smile   SMAIL   verbo   sonreír

         The baby smiles when he sees the cat.
         El bebé sonríe cuando ve el gato.

---

to smoke   SMOHK   verbo   fumar

         My uncle does not smoke.
         Mi tío no fuma.

   no smoking   expresión   no fumar
                       idiomática

---

snack   SNAK   nombre   la merienda, el bocado

         Mommy gives me a snack.
         Mamá me da un bocado.

---

snake   SNEIK   nombre   la culebra, la víbora

         I am afraid of snakes.
         Yo les tengo miedo a las víboras.

---

to sneeze SNIZ verbo estornudar
I'm cold and I'm sneezing.
Tengo frío y estornudo.

---

to snow SN<u>OH</u> verbo nevar
Does it snow in spring?
¿Nieva en la primavera?

snow nombre la nieve
Look! How pretty the snow is!
¡Mira! ¡Qué bonita está la nieve!

snowman nombre el hombre de nieve,
el mono de nieve

---

so S<u>OH</u> adverbio tan
She is speaking so softly.
Ella habla tan suave.

Isn't that so? expresión ¿No?
idiomática

so much, so many expresión tanto, tantos (masc.)
idiomática tanto, tantas (fem.)

---

soap S<u>OH</u>P nombre el jabón
I wash my hands with soap.
Yo me lavo las manos con jabón.

---

soccer S<u>A</u>K-ø̸r nombre el fútbol
Here is our soccer team.
Aquí está nuestro equipo de fútbol.

---

sock S<u>A</u>K nombre el calcetín
The baby's socks are small.
Los calcetines del bebé son chicos (pequeños).

---

soda SOH-d¢   nombre   el refresco, la soda
I am pouring soda into a glass.
Yo sirvo un refresco en el vaso.

---

sofa SOH-f¢   nombre   el sofá
The sofa is in the living room.
El sofá está en la sala.

---

soft SAWFT   adjetivo   suave;
blando (masc.),
blanda (fem.)
The armchair is soft.
El sillón es suave.

---

softly SAWFT-li   adverbio   suave, suavemente
The radio is playing softly.
El radio toca suave.

---

soldier SOHL-dj¢r   nombre   el soldado
The soldier is on the train.
El soldado está en el tren.

---

somebody, S¢M-bad-i   pronombre   alguien
someone S¢M-w¢n
Someone is screaming!
¡Alguien grita!

---

something S¢M-thing   pronombre   alguna cosa,
algo
Is there something in the closet?
¿Hay alguna cosa en el armario?

---

sometimes S¢M-taimz   adverbio   algunas veces
Sometimes I do not work.
Algunas veces yo no trabajo.

---

son S¢N   nombre   el hijo
I know the dentist's son.
Conozco al hijo del dentista.

---

song SAWNG   nombre   la canción
I like to listen to this song.
Me gusta escuchar esta canción.

---

soon SUN adverbio pronto
George Washington's birthday will come soon.
El cumpleaños de Jorge Washington va a
llegar pronto.

  see you soon expresión hasta pronto
idiomática

(to have a) sore (See **to have**)

(what) sort of? expresión ¿Qué clase de?
idiomática
What kind of dog is that?
¿Qué clase de perro es ése?

---

soup SUP nombre la sopa. el caldo
The soup is delicious.
La sopa está deliciosa.

---

south S<u>OW</u>TH nombre el sur
Mexico is to the south of the United States.
México está al sur de los Estados Unidos.

---

to speak SPIK verbo hablar
I am speaking to my friend.
Yo hablo con mi amigo.

---

to spend (time) SPEND verbo pasar
I spend all day at the library.
Yo paso todo el día en la biblioteca.

  to spend (money) gastar dinero

---

spider SPAI-d<u>e</u>r nombre la araña
What is it? A spider.
¿Qué es? Una araña.

---

to spill SP<u>I</u>L verbo volcar,derramar
The waiter spills the soup.
El mesero vuelca la sopa.

---

spinach SPIN-ǝch   nombre   las espinacas
Do you like spinach?
¿Te gustan las espinacas?

---

spoon SPUN   nombre   la cuchara
Charlotte eats ice cream with a spoon.
Carlota come el helado (la nieve) con cuchara.

---

sport SPAWRT   nombre   el deporte
Baseball is an interesting sport.
El béisbol es un deporte interesante.

---

spot   SPAT   nombre   la mancha
(stain) There is a spot on the shirt.
Hay una mancha en la camisa.

---

spotted SPAT-ǝd   adjetivo   manchado, pinto (masc.),
                                    manchada, pinta (fem.)
The leopard is spotted.
El leopardo es pinto.

---

spring SPRING   nombre   la primavera
You see a lot of birds in the spring.
Se ven muchos pájaros en la primavera.

---

square SKWEHR   adjetivo   cuadrado (masc.),
                                        cuadrada (fem.)
The book is square.
El libro es cuadrado.

---

stain   (See **spot**)

---

staircase, STEHR-keis   nombre   la escalera
stairs STEHRZ

327

I am going down the staircase.
Yo bajo la escalera.

---

stamp (postage)   STAMP   nombre   el timbre, el sello,
                                            la estampilla
This is an interesting stamp.
Es un timbre interesante.

---

to stand   (See **to get up**)

---

standing   STAN-ding   adverbio   de pie
The boy is standing in the store.
El muchacho está de pie en la tienda.

---

star   STAHR   nombre   la estrella
I like to look at the stars.
Me gusta mirar las estrellas.

---

state   STEIT   nombre   el estado
Here is a map of the United States.
Aquí hay un mapa de los Estados Unidos.

---

station   STEI-shen   nombre   la estación
The train stops at the station.
El tren se para en la estación.

---

to stay   STEI   verbo   quedarse
The owl stays in the tree.
La lechuza se queda en el árbol.

---

to steal   STIL   verbo   robar
One must not steal.
No se debe robar.

---

steamship   (See **boat, ship**)

---

step   STEP   nombre   el escalón
David falls on the steps.
David se cae en los escalones.

---

stewardess (airline)   (See **airline stewardess**)

---

stick STĬK nombre el palo
The stick is on the ground.
El palo está en la tierra.

---

still STĬL adverbio todavía
Are you still in the basement?
¿Todavía estás tú en el sótano?

---

to sting STĬNG verbo picar
The mosquitoes are biting me.
Los zancudos me pican.

---

stocking STĂK-ing nombre la media
Here is a pair of stockings.
Aquí hay un par de medias.

---

stomach STĔM-ək nombre el estómago
George has a stomachache.
Jorge tiene dolor de estómago.

---

stone STŌHN nombre la piedra
There are many stones near the mountain.
Hay muchas piedras cerca de la montaña.

---

to stop STĂP verbo detener (se),
parar (se)
The car stops on the bridge.
El auto se para en el puente.

---

store STAWR nombre la tienda
(shop) The store is open.
La tienda está abierta.

---

storm STAWRM nombre la tormenta
It is windy during a storm.
Hace mucho viento durante una tormenta.

story STAWR-i nombre el cuento, la historia
The teacher is reading a story to the children.
La maestra les lee un cuento a los niños.

stove STOHV nombre la estufa
The stove is dangerous for children.
La estufa es peligrosa para los niños.

electric stove nombre la estufa eléctrica

gas stove nombre la estufa de gas

strange STREINDJ adjetivo raro, extraño (masc.),
rara, extraña (fem.)
It is strange. It is cold in summer.
¡Qué raro! Hace frío en verano.

stranger STREIN-djør nombre el extraño,
el forastero
Who is that man? He is a stranger.
¿Quién es ese hombre? Es un extraño (forastero).

strawberry STRAW-ber-i nombre la fresa
I have strawberries for dessert.
Yo tomo fresas de postre.

street STRIT nombre la calle
It is dangerous to skate in the street.
Es peligroso patinar en la calle.

wide street, boulevard	nombre	el bulevar

street cleaner	nombre	el limpiador de calles

---

string STR<u>I</u>NG nombre el cordón
There is a string on the rug.
Hay un cordón en el tapete.

---

string bean STR<u>I</u>NG-bin nombre los ejotes, las
habichuelas
(tiernas)

I am cutting string beans.
Yo corto las habichuelas (tiernas).

---

strong STR<u>AW</u>NG adjetivo fuerte
The mailman is strong.
El cartero es fuerte.

---

student STUD-nt nombre el estudiante
la estudiante
The students are in the library.
Los estudiantes están en la biblioteca.

---

to study ST<u>E</u>D-i verbo estudiar
We are studying together.
Nosotros estudiamos juntos.

---

stupid STU-p<u>i</u>d adjetivo estúpido (masc.),
estúpida (fem.)
The fox is not a stupid animal.
La zorra no es un animal estúpido.

---

subway S<u>E</u>B-wei nombre el metro, el subterráneo
The nurse takes the subway.
La enfermera toma el metro.

---

to succeed s<u>e</u>k-SID verbo tener éxito, lograr
She succeeds in putting on her boots.
Ella logra ponerse las botas.

---

suddenly S<u>E</u>D-<u>e</u>n-li adverbio de repente
Suddenly the telephone rings.
El teléfono suena de repente.

---

sugar	SHAUHG-ǝr	nombre	el azúcar

I put sugar on my grapefruit.
Yo pongo azúcar en la toronja.

suit	SUT	nombre	el traje

I am looking at the suits.
Yo miro los trajes.

bathing suit	nombre	el traje de baño

suitcase	SUT-keis	nombre	la maleta
(valise)			

He is carrying a suitcase.
Él lleva una maleta.

summer	SEM-ǝr	nombre	el verano

Charles is lazy in summer.
Carlos es perezoso en el verano.

summer vacation	expresión idiomática	las vacaciones de verano

sun	SEN	nombre	el sol

What time does the sun set?
¿A qué hora se pone el sol?

sunbath	nombre	el baño de sol

The sun is shining, It is sunny	expresión idiomática	Hace sol

supermarket (See **market**)

sure (See **certain**)

surprise	sǝr-PRAIZ	nombre	la sorpresa

I like surprises.
Me gustan las sorpresas.

surprising	adjetivo	sorprendente

sweater	SWET-ǝr	nombre	el suéter

The sweater is made of wool.
El suéter es de lana.

sweet SWIT adjetivo dulce
Cherries are sweet.
Las cerezas son dulces.

to swim SWIM verbo nadar
The turtle swims in the lake.
La tortuga nada en el lago.

swimming pool nombre la piscina, la alberca

swing SWING nombre el columpio
The little girl is on the swing.
La niña está en el columpio.

switch SWICH nombre el enchufe, el conmutador

The switch is near the door.
El enchufe está cerca de la puerta.

T

table TEI-bel nombre la mesa
The knife is on the table.
El cuchillo está en la mesa.

tablecloth nombre el mantel

to set the table expresión idiomática poner la mesa

Who sets the table in your house?
¿Quién pone la mesa en tu casa?

tail TEIL nombre el rabo, la cola
The cow is moving its tail.
La vaca mueve la cola.

---

tailor TEI-lər nombre el sastre
I am going to the tailor.
Yo voy al sastre.

---

to take TEIK verbo llevar
She takes an umbrella.
Ella lleva un paraguas.

to take food verbo tomar

to take a bath expresión idiomática bañarse, tomar un baño
She takes a bath before going to bed.
Ella se baña antes de acostarse.

to take off expresión idiomática quitarse
Jack is taking off his shoe.
Jaime se quita el zapato.

to take a trip expresión idiomática hacer un viaje

to take a walk expresión idiomática dar un paseo

---

tale (See **story**)

---

to talk TAWK verbo hablar
Grandmother is talking softly.
La abuela habla suave.

---

tall TAWL adjetivo grande; alto (masc.), alta (fem.)
The skyscraper is tall.
El rascacielos es alto.

---

tank (fish) (See **fish**)

---

tape recorder teip rə-KAWR-dər nombre el grabador, la grabadora
The tape recorder is expensive.
El grabador magnetofónico es caro.

334

taxi   tak-SI   nombre   el taxi

           What color is the taxi?
           ¿De qué color es el taxi?

---

tea   TI   nombre   el té

           My aunt always drinks tea.
           Mi tía siempre toma té.

---

to teach   TICH   verbo   enseñar

           Daddy is teaching me the letters of the alphabet.
           Papá me enseña las letras del alfabeto.

---

teacher   TI-chⱸr   nombre   la maestra, el
                                          maestro, el profesor

           The teacher is writing on the blackboard.
           La maestra escribe en la pizarra.

---

team   TIM   nombre   el equipo

           The members of the team play together.
           Los socios (los jugadores) del equipo
               juegan juntos.

---

tear   TIR   nombre   la lágrima

           When I cry my eyes are filled with tears.
           Cuando lloro, los ojos están llenos de lágrimas.

---

teeth   (See **tooth**)

---

telephone   TEL-ⱸ-fohn   nombre   el teléfono

           The telephone rings at ten o'clock.
           El teléfono suena a las diez.

television   TEL-ə̸-V̲IZH-ə̸n   nombre   la televisión
Do you like the movies on television?
¿Te gustan las películas de la televisión?

television antenna   nombre   la antena de televisión

television set   nombre   el televisor
The television set has just come from the store.
El televisor acaba de llegar de la tienda.

to tell   TEL   verbo   contar
The teacher is telling us a fairy tale.
La maestra nos cuenta un cuento de hadas.

ten   TEN   adjetivo   diez
I have ten fingers.
Tengo diez dedos.

tent   TENT   nombre   la tienda (de campaña)
There are three tents near the lake.
Hay tres tiendas cerca del lago.

test   TEST   nombre   el examen, la prueba
I am afraid of tests.
Yo les tengo miedo a los exámenes.

thank you,   THANGK yu   nombre   gracias
thanks   THANGKS
Susan receives a gift and says "Thank you."
Susana recibe un regalo y da las gracias
(dice gracias).

that   (See **which**)

that   T̲HAT   pronombre   eso
What do you think of that?
¿Qué piensas de eso?

.That's too bad!   expresión   ¡Qué lástima!
idiomática

the   T̲HE̸   artículo   el, la, los, las
The children are ready.
Los niños están listos.

---

theater THI-ø-tør   nombre   el teatro
The actor is playing a part in the theater.
El actor hace un papel en el teatro.

---

their   THEHR   adjetivo   su, sus
The boys are pulling their sleds.
Los muchachos halan sus trineos.

---

them   THEM   pronombre   los, las
Here are the toys. I'll give them to the baby.
Aquí están los juguetes. Yo se los doy al bebé.

---

to them   THEM   pronombre   les, a ellos, a ellas
I show my photographs to them.
Yo les muestro mis fotografías a ellos.

---

then   THEN   adverbio   entonces
I get up; then I eat breakfast.
Me levanto; entonces me desayuno.

---

there   THEHR   adverbio   allí
Put the hammer there.
Ponga usted el martillo allí.

   over there   allá

---

there is,   thehr IZ   adverbio   hay
there are   thehr AHR
Are there any trees in the field?
¿Hay árboles en el campo?

---

they   THEI   pronombre   ellos, ellas
They are laughing at the monkeys.
Ellos se ríen de los monos.

---

thick	THIK	adjetivo	grueso (masc.), gruesa (fem.)

The wood on the see-saw is thick.
La madera del sube y baja es gruesa.

---

thief (See **burglar**)

---

thin	THIN	adjetivo	delgado, flaco (masc.), delgada, flaca (fem.)

The little boy is thin.
El niño es delgado.

---

thing	THING	nombre	la cosa

I put many things into the trunk.
Yo meto muchas cosas en el baúl.

---

to think	THINGK	verbo	pensar

What do you think of the new teacher?
¿Qué piensas tú del profesor nuevo?

---

to be thirsty	THURS-ti	expresión idiomática	tener sed

The little girl is thirsty.
La niña tiene sed.

---

thirteen	thur-TIN	adjetivo	trece

There are thirteen boys in this class.
Hay trece niños en esta clase.

---

thirty	THUR-ti	adjetivo	treinta

It is ten thirty.
Son las diez y media (treinta).

---

this (these,plural)	THIS	adjetivo	este, estos (masc.), esta, estas (fem.)

This hoop is round.
Este aro es redondo.

---

this (one)	THIS	pronombre	éste (masc.), ésta (fem.)

I am going to eat this; I am not going to eat that.
Yo voy a comer éste, yo no voy a comer ése.

---

thousand TH<u>OW</u>-z¢nd adjetivo mil
I would like to have a thousand dollars.
Me gustaría tener mil dólares.

---

three THRI adjetivo tres
Do you know the song, "Three Blind Mice"?
¿Sabes la canción "Los tres ratones ciegos"?

---

throat THR<u>OH</u>T nombre la garganta

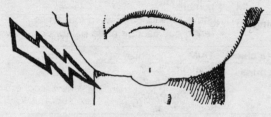

Do you have a sore throat?
¿Tienes dolor de garganta?

---

through THRU preposición por, a través de
The bear is walking through the forest.
El oso camina por el bosque.

---

to throw THR<u>OH</u> verbo tirar, lanzar
Throw the ball to me!
¡Tírame la pelota!

---

thunder TH<u>E</u>N-d¢r nombre el trueno
Thunder makes a loud noise.
El trueno hace mucho ruido.

Thursday TH<u>URZ</u>-dei nombre el jueves
Are we going to the zoo on Thursday?
¿Vamos al parque zoológico el jueves?

---

ticket T<u>I</u>K-<u>it</u> nombre el boleto, el billete
I would like to buy a ticket.
Me gustaría comprar un boleto.

---

tiger   TA̱I-gər   nombre   el tigre
The tiger jumps from the tree.
El tigre salta del árbol.

---

tight   TA̱IT   adjetivo   apretado (masc.),
                                         apretada (fem.)
This coat is too tight for me.
Este saco está muy apretado para mí.
   (Este abrigo me queda muy apretado.)

---

time   TA̱IM   nombre   la vez
I have to write each word four times.
Tengo que escribir cada palabra cuatro veces.

---

time (o'clock)   TA̱IM   nombre   la hora
What time is it?
¿Qué hora es?
It is three o'clock.
Son las tres.
It is six thirty.
Son las seis y media.
It is a quarter after two.
Son las dos y cuarto.
It is dinner time.
Es la hora de cenar.

   to have a good time   expresión   divertirse
                            idiomática

---

tip   TI̱P   nombre   la propina
Mother gives a tip to the waiter.
Mamá le da una propina al mesero.

---

tired   TA̱IRD   adjetivo   cansado (masc.),
                                          cansada (fem.)
After a baseball game we are tired.
Después de un juego de béisbol
   estamos cansados.

---

to   TU̵   preposición   a
He is going to the airport.
Él va al aeropuerto.

---

toast T<u>OH</u>ST nombre   el pan tostado
MMM, I like toast!
UM, me gusta el pan tostado.

---

today te-DEI adverbio   hoy
What day is today?
¿Qué día es hoy?

---

toe T<u>OH</u> nombre   el dedo (del pie)
I have ten toes.
Yo tengo diez dedos en los pies.

---

together tø-GE<u>TH</u>-ør adjetivo,   juntos (masc.),
                       adverbio   juntas (fem.), junto
We are going to the playground together.
Vamos al patio de recreo juntos.

---

tomato tø-MEI-<u>toh</u> nombre   el tomate
My friend is cutting tomatoes.
Mi amigo corta los tomates.

---

tomorrow tø-MAR-<u>oh</u> nombre   mañana
Tomorrow I am going fishing.
Mañana voy a la pesca.
  (Mañana voy de pesca.)

---

tongue TÉNG nombre   la lengua
I see the dog's tongue.
Veo la lengua del perro.

---

too bad! TU BAD expresión   ¡Qué lástima!
                       idiomática
Too bad! We can't go now.
¡Qué lástima! Ahora no podemos ir.

---

too much   adverbio   demasiado
Mama says, "That is too much pie."
Mamá dice "Es demasiado pastel."

---

too many   adjetivo   demasiados,
                                   demasiadas

341

tooth TUTH nombre   el diente
  teeth (plural) TITH
                Larry brushes his teeth.
                Lorenzo se cepilla los dientes.

  to have a toothache expresión   tener dolor de muelas
                           idiomática

  toothbrush   nombre   el cepillo de dientes

  toothpaste   nombre   la pasta de dientes

top TAP nombre   el trompo
                A top is a toy.
                Un trompo es un juguete.

to touch TECH verbo   tocar
                The child is touching the radio.
                El niño toca el radio.

towards TAWRDZ preposición   hacia
                We are going toward the hospital.
                Vamos hacia el hospital.

towel TOW-el nombre   la toalla
                What a dirty towel!
                ¡Qúe toalla tan sucia!

tower TOW-er nombre   la torre
                The castle has two towers.
                El castillo tiene dos torres.

toy TOI nombre   el juguete
                I like to look at the toys in the store window.
                Me gusta mirar los juguetes en la vitrina.

traffic TRAF-ik nombre   la circulación, el tráfico
                The traffic stops when the policeman raises
                    his hand.
                La circulación se para cuando el policía
                    levanta la mano.

---

train   TREIN   nombre   el tren
            The airplane goes faster than the train.
            El avión va más rápido que el tren.

---

to travel   TRAV-él   verbo   viajar
            We are traveling by car.
            Nosotros viajamos en auto.

   to take a trip   expresión   hacer un viaje
                           idiomática

---

traveler   TRAV-él-ér   nombre   el viajero
            The traveler is carrying a suitcase.
            El viajero lleva una maleta.

---

tree   TRI   nombre   el árbol
            We are seated under a tree.
            Estamos sentados debajo de (bajo) un árbol.

(to take a) trip   (See **to travel**)

---

truck   TREK   nombre   el camión
            The truck is carrying oil.
            El camión lleva petróleo.

fire truck   nombre   el camión de
                                         bomberos

---

true   TRU   nombre   la verdad
            Is it true that the Earth is larger than the moon?
            ¿Es verdad que la Tierra es más grande
               que la luna?
Isn't that true?   expresión   ¿No es verdad? ¿No?
                       idiomática   ¿Verdad?

---

trunk	TRÉNGK	nombre	el baúl

They are putting the trunk on the train.
Ellos ponen el baúl en el tren.

---

to try	TRAI	verbo	tratar de

I am trying to study.
Yo trato de estudiar.

Tuesday	TUZ-dei	nombre	el martes

I am going to the dentist on Tuesday.
Voy al dentista el martes.

---

turkey	TUR-ki	nombre	el pavo, el guajolote

We eat turkey for a whole week!
¡Nosotros comemos pavo por una
    semana entera!

---

turn	TURN	nombre	el turno

It's not your turn!
¡No es tu turno!

---

to turn	TURN	verbo	doblar, voltear

My uncle turns the page of the newspaper.
Mi tío voltea la página del periódico.

---

to turn off		expresión idiomática	apagar

Turn off the electric light.
Apaga la luz eléctrica.

---

turtle	TUR-tøl	nombre	la tortuga

The turtle likes the sun.
A la tortuga le gusta el sol.

---

twelve TWELV adjetivo doce
There are twelve months in a year.
Hay doce meses en un año.

---

twenty TWEN-ti adjetivo veinte
We have twenty plates.
Tenemos veinte platos.

---

twice TWAIS adverbio dos veces
Write the word twice.
Escribe la palabra dos veces.

---

two TU adjetivo dos
There are two zebras in the field.
Hay dos cebras en el campo.

---

type of TAIP əf expresión tipo de
idiomática
I don't like that type of notebook.
No me gusta ese tipo de cuaderno.

---

typewriter TAIP-rai-tər nombre la máquina de
escribir
My brother is using a typewriter.
Mi hermano usa una máquina de escribir.

electric typewriter nombre la máquina de
escribir eléctrica

---

typist TAIP-ist nombre la mecanógrafa
(el mecanógrafo)
The typist works in the office.
La mecanógrafa trabaja en la oficina.

U

---

ugly ƏG-li adjetivo feo (masc.),
fea (fem.)
I look ugly in this photograph.
Yo estoy feo en esta foto.

---

umbrella ŭm-BREL-ə nombre el paraguas
I would like to buy a pretty umbrella.
Me gustaría comprar un paraguas bonito.

---

uncle ŬNG-kəl nombre el tío
My uncle is my father's brother.
Mi tío es el hermano de mi padre.

  my uncle's house expresión la casa de mi tío
idiomática

---

under ŬN-dər preposición debajo de
The potato grows under the ground.
La papa crece debajo de la tierra.

---

to understand ən-dər-STAND verbo comprender,
entender

Do you understand the question?
¿Comprendes la pregunta?

---

unhappy ən-HAP-i adjetivo infeliz, triste
She is unhappy because she cannot go
  to the beach.
Ella está infeliz porque no puede ir a la playa.

---

united u-NAIT-əd adjetivo unido (masc.),
unida (fem.)
Here is a map of the United States.
Aquí hay un mapa de los Estados Unidos.

  United Nations nombre las Naciones Unidas

---

university yu-ni-VUR-si-TI nombre la universidad
Is the university far from here?
¿Está lejos la universidad?

---

until ən-TIL adjetivo hasta
The bank is open until three o'clock.
El banco está abierto hasta las tres.

---

unusual ən-YU-zhu-əl adjetivo extraordinario (masc.),
extraordinaria (fem.)

What unusual glasses!
¡Qué lentes tan extraordinarios!

---

upstairs #p-STEHRZ   adverbio   arriba

My apartment is upstairs.
Mi apartamento está arriba.

---

us, to us ÉS   pronombre   nos, a nosotros

She gives us candy.
Ella nos da dulces.

---

to use YUZ   verbo   usar, utilizar

He uses a handkerchief when he sneezes.
Él usa un pañuelo cuando estornuda.

---

useful YUS-f#l   adjetivo   útil

Scissors are useful.
Las tijeras son útiles.

V

---

vacation vei-KEI-sh#n   nombre   las vacaciones

What are you going to do during the summer
vacation?
¿Qué vas a hacer durante las vacaciones
de verano?

---

to vaccinate VAK-sin-eit   verbo   vacunar

The doctor vaccinates the boy.
El doctor vacuna al niño.

---

vacuum cleaner   nombre   la aspiradora
VAK-yu-#m kli-n#r

The vacuum cleaner is a useful machine.
La aspiradora es una máquina útil.

---

valise (See **suitcase**)

---

valley VAL-i   nombre   el valle

The lake is in a valley.
El lago está en un valle.

---

vanilla vǝ-NIL-ǝ nombre la vainilla
They only sell vanilla ice cream.
Se vende helado de vainilla solamente.

---

vegetable VEDJ-tǝ-bǝl nombre la legumbre, la verdura, el vegetal
Cabbage is a vegetable.
El repollo es una legumbre.

---

very VER-i adverbio muy
The mouse is very small.
El ratón es muy pequeño.

---

village VIL-idj nombre el pueblo
There is only one store in the village.
Hay solamente una tienda en el pueblo.

---

violet (See **purple**)

---

violin VAI-oh-lin nombre el violín
The violin is on the piano.
El violín está en el piano.

---

to visit VIZ-it verbo visitar
I'd like to visit San Francisco.
Me gustaría visitar San Francisco.

---

voice VOIS nombre la voz
His voice is different when he has a cold.
Su voz es diferente cuando tiene catarro.

loud, in a expresión en voz alta, fuerte

loud voice idiomática
The man on television is speaking in a loud voice.
El hombre en la televisión habla en voz alta.

in a low voice expresión en voz baja
idiomática
The dentist speaks in a low voice.
El dentista habla en voz baja.

W

waitress   WEI-tr¢s   nombre   la mesera, la moza
The waitress is very pretty.
La mesera es muy bonita.

to wag   WAG   verbo   mover
The dog wags his tail when he is happy.
El perro mueve la cola cuando está feliz.

waist   WEIST   nombre   la cintura
I wear a belt around my waist.
Yo llevo un cinto alrededor de la cintura.

to wait for   WEIT f¢r   verbo   esperar
I am waiting for the mailman.
Yo espero al cartero.

I have been waiting for the mailman for an hour.
Hace una hora que espero al cartero.

waiter   WEI-t¢r   nombre   el mesero, el mozo
The waiter serves ice cream.
El mozo sirve helado.

to wake up   WEIK ¢p   verbo   despertarse
I wake up when the sun rises.
Yo me despierto cuando sale el sol.

to walk,   WAWK   verbo   andar, pasear, dar un paseo
(to take a walk)
I am walking in the garden.
Yo doy un paseo en el jardín.

wall   WAWL   nombre   la pared
Virginia puts the broom against the wall.
Virginia pone la escoba contra la pared.

to want   WAHNT   verbo   querer, desear
I want to listen to records.
Yo quiero escuchar discos.

war	WA<u>W</u>R	nombre	la guerra

I do not like war movies.
No me gustan las películas de guerra.

warm	WA<u>W</u>RM	adjetivo	caliente

The coffee is warm.
El café está caliente.

to be warm	expresión idiomática	tener calor

John is warm.
Juan tiene calor.

it is warm (weather)	expresión idiomática	Hace calor.

to wash (oneself)	WAHSH	verbo	lavarse

She is washing her hair.
Ella se lava el pelo.

to wash	verbo	lavar

She is washing the car.
Ella lava el coche.

washing machine	nombre	la máquina de lavar

watch	WACH	nombre	el reloj (de pulsera)

According to my watch it is four thirty.
Según mi reloj, son las cuatro y media.

to watch   (See **to look at**)

to watch over   (See **to look after**)

---

water   W<u>AW</u>-tø̸r   nombre   el agua
There is water in the pail.
Hay agua en el cubo.

---

watermelon   W<u>AW</u>-tø̸r-mel-ø̸n   nombre   la sandía
The boy is carrying a large watermelon.
El muchacho lleva una sandía grande.

---

wave   WEIV   nombre   la ola
The waves are frightening.
Las olas están espantosas.

---

we   WI   pronombre   nosotros
We are going to the circus.
Nosotros vamos al circo.

---

weak   WIK   adjetivo   débil
The nurse helps the boy because he is weak.
La enfermera ayuda al muchacho porque
  está débil.

---

to wear   WEHR   verbo   llevar
I am wearing my sister's coat.
Yo llevo el abrigo de mi hermana.

---

weather   WE<u>TH</u>-ø̸r   nombre   el tiempo
What is the weather?
¿Qué tiempo hace?
It is bad weather.
Hace mal tiempo.
It is cold.
Hace frío.
It is good weather.
Hace buen tiempo.
It is hot. (It is warm.)
Hace calor.
It is sunny.
Hace sol.

It is windy.
Hace viento.

Wednesday   WENZ-dei   nombre   el miércoles
I go to the library on Wednesdays.
Yo voy a la biblioteca los miércoles.

---

week   WIK   nombre   la semana
I am drawing a calendar of the week.
Yo dibujo un calendario de la semana.

---

to weep   (See **to cry**)

---

you're welcome   expresión   de nada, ¡No hay de qué!
   YUR   kem   idiomática
When I say "Thank you," my friend says
   "You're welcome."
Cuando yo digo "Gracias," mi amigo dice
   "De nada."

---

well   WEL   adverbio   bien
John skates well.
Juan patina bien.

Well!   interjección   ¡Oye! ¡Pues!

to behave well   expresión   portarse bien
   idiomática
My father says that I behave well.
Mi papá dice que me porto bien.

Well done!   (See **Hurray!**)

---

west   WEST   nombre   el oeste

When I go from New York to Chicago, I go
   toward the west.
Cuando yo voy de Nueva York a Chicago, yo
   voy hacia el oeste.

---

wet WET   adjetivo   mojado, húmedo (masc.),
                                               mojada, húmeda (fem.)
                My hair is wet.
                Mi cabello está mojado.

---

what? WH<u>A</u>T   interjección   ¿Cómo?
                What? Repeat it, please.
                ¿Cómo? Repita, por favor.

What's the matter? (See **matter**)

---

wheat WHIT   nombre   el trigo
                The farmer is cutting the wheat.
                El agricultor corta el trigo.

---

wheel WHIL   nombre   la rueda
                The car has four wheels.
                El coche tiene cuatro ruedas.

---

when WHEN   adverbio   cuando, ¿cuándo?
                When are you coming?
                ¿Cuándo vienes tú?

---

where WHEHR   adverbio   ¿dónde?
                Where is the grasshopper?
                ¿Dónde está el chapulín?

---

whether (See **if**)

---

which (See **that**)

---

which WH<u>I</u>CH   adjetivo , pronombre   ¿cuál? ¿cuáles?
                Which pen do you want?
                ¿Cuál de las plumas quieres?

(In a little) while   expresión   en un ratito
    in ø <u>lit</u>-l WH<u>AI</u>L   idiomática
                Is he coming? In a little while.
                ¿El viene? En un ratito.

---

to whistle	WHIS-∅l	verbo	silbar

He is whistling because he is happy.
Él silba porque está contento.

white	WHAIT	adjetivo	blanco (masc.), blanca (fem.)

The house is white.
La casa es blanca.

who	HU	pronombre	¿quién?, ¿quiénes?

Who is that boy?
¿Quién es ese muchacho?

whole	HOHL	adjetivo	entero, todo el (masc.), entera, toda la (fem.)

I would like to eat the whole apple.
Me gustaría comer toda la manzana.

why?	WHAI	adverbio	¿por qué?

Why are you smiling?
¿Por qué sonríe usted?

wide	WAID	adjetivo	ancho (masc.), ancha (fem.)

The fish tank is wide.
El acuario es ancho.

wife	WAIF	nombre	la esposa, la mujer

What is the name of the doctor's wife?
¿Cómo se llama la esposa del doctor?

wild	WAILD	adjetivo	feroz, salvaje

The hunter catches the wild bear.
El cazador captura el oso salvaje.

to win	WIN	verbo	ganar

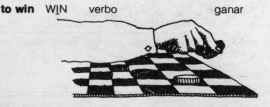

Mark wins the game of checkers.
Marcos gana el juego de damas.

---

wind   W<u>I</u>ND   nombre   el viento
It is windy and I lose my umbrella.
Hace viento y yo pierdo mi paraguas.

---

window   W<u>I</u>N-doh   nombre   la ventana
The window is open.
La ventana está abierta.

  store window   nombre   la vitrina, el aparador

---

wine   W<u>AI</u>N   nombre   el vino
The wine is in the bottle.
El vino está en la botella.

---

wing   W<u>I</u>NG   nombre   el ala
The bird has two wings.
El pájaro tiene dos alas.

---

winter   W<u>I</u>N-ter   nombre   el invierno
Winter comes after autumn.
El invierno viene después del otoño.

---

wise   W<u>AI</u>Z   adjetivo   sabio (masc.),
sabia (fem.)
My grandfather is very wise.
Mi abuelo es muy sabio.

---

wish   W<u>I</u>SH   nombre   el deseo
I look at the star and I make a wish.
Yo veo la estrella y expreso un deseo.

  to wish   (See **to want**)

---

with   W<u>I</u>TH   preposición   con
I skate with my skates.
Yo patino con los patines.

---

without   with-<u>OWT</u>   preposición   sin
Robert goes out without a hat.
Roberto va (sale) sin sombrero.

---

wolf WAUHLF nombre el lobo
Is it a dog or a wolf?
¿Es un perro o un lobo?

woman WAUHM-ən nombre la mujer
women (plural) las mujeres
The woman is carrying a handbag.
La mujer lleva una bolsa.

wonderful adjetivo maravilloso, extraordinario,
WEN-der-fel divino (masc.),
maravillosa, extraordinaria,
divina (fem.)
It is a wonderful toy!
¡Es un juguete maravilloso!

wood WAUHD nombre la madera
The desk is made of wood.
El escritorio es de madera.

woods (See **forest**)

wool WAUHL nombre la lana
My gloves are made of wool.
Mis guantes son de lana.

word WURD nombre la palabra
I am writing the word "yes."
Yo escribo la palabra "sí."

work WURK nombre el trabajo
The work is difficult.
El trabajo es difícil.

to work WURK verbo trabajar
The salesman works in a store.
El vendedor trabaja en una tienda.

to work (machine) verbo andar, funcionar
Is the refrigerator working well?
¿Anda bien el refrigerador?

---

world W<u>U</u>RLD nombre el mundo
How many people are there in the world?
¿Cuántas personas hay en el mundo?

---

worm W<u>U</u>RM nombre el gusano

I am looking for worms.
Yo busco gusanos.

---

would like expresión me gustaría, te gustaría,
  WAUHD L<u>AI</u>K idiomática le gustaría, nos gustaría,
  (os gustaría), les gustaría
He would like to go to the moon.
Le gustaría ir a la luna.

---

to write R<u>AI</u>T verbo escribir
She is writing in the sand.
Ella escribe en la arena.

(to be) wrong R<u>A</u>WNG expresión no tener razón,
  idiomática estar mal, estar
  equivocado
You are wrong. I have the correct answer.

Tú estás equivocado. Yo tengo la respuesta
  correcta.

Y

---

year YIR nombre el año
There are fifty-two weeks in a year.
Hay cincuenta y dos semanas en un año.

---

yellow YEL-<u>oh</u> adjetivo amarillo (masc.),
amarilla (fem.)

The lemon is yellow.
El limón es amarillo.

---

yes YES adverbio sí

Do you want some watermelon? Yes, of course!
¿Quieres sandía? Sí, ¡cómo no!

---

yesterday YES-t<u>e</u>r-dei adjetivo ayer

My cousin cannot say the word "yesterday."
Mi prima no puede decir "ayer."

---

you YU pronombre usted, tú, ustedes

Do you have a telephone?
¿Tienes un teléfono?

---

to you YU pronombre a usted, a ti, le, te, les

She is giving you another spoon.
Ella te da otra cuchara.

---

young Y<u>E</u>NG adjetivo joven

The puppy is young; it is six weeks old.
El perrito es joven; tiene seis semanas.

---

your Y<u>AW</u>R adjetivo su, sus, tu, tus

Is this your bicycle?
¿Es tu bicicleta?

Z

---

zebra ZI-br<u>e</u> nombre la cebra

The zebra is an interesting animal.
La cebra es un animal interesante.

---

zero ZIR-<u>oh</u> nombre el cero

Zero is a bad mark.
El cero es una nota mala.

---

zoo ZU nombre el jardín zoológico, el zoológico

What time do the animals eat at the zoo?
¿A qué hora comen los animales en
el zoológico?

ENGLISH-SPANISH WORD FINDER LIST

How to Use the Word Finder List: To find the Spanish equivalent of an English word or expression, *first* look for the English word in this list. Opposite it you will see one or more Spanish equivalents. *Then* look up the Spanish word or expression in the Spanish-English vocabulary where you will find the pronunciation, other possible meanings, use in a complete sentence, and frequently, a picture. The English-Spanish vocabulary also provides a complete sentence in English and in Spanish.

A

a	un, una
able to, can	poder
above all	sobre todo
absent	ausente
according to	según
to be acquainted with	conocer
to do addition, to add	sumar
address	la dirección
(no) admittance, (no) admission	prohibido entrar
adventure	la aventura
afraid, to be afraid	tener miedo
after	después
afternoon	la tarde
again	otra vez
once again	una vez más
against	contra
age	la edad
to aid	ayudar
airplane	el avión
by airmail	por avión
by airplane	en avión
jet airplane	el avión a chorro
airplane pilot	el piloto de avión
(airline) flight attendant	la aeromoza

airport	el aeropuerto
alarm clock	el despertador
alike	igual, parecido
aloud	en voz alta
all	todo
almost	casi
alone	solo
alphabet	el alfabeto
already	ya
also	también
always	siempre
ambulance	la ambulancia
American	americano
amusing	divertido
an	un, una
and	y
angry	enojado
animal	el animal
anniversary	el aniversario
annoyed	molesto
another, other	otro
answer	la respuesta
to answer, to respond	responder
ant	la hormiga
antenna (television)	la antena de televisión
any	cualquier
apartment	el apartamento
appearance	la apariencia, la presentación
appetitie	el apetito
apple	la manzana
apricot	el chabacano, el albaricoque
April	el abril
apron	el delantal
aquarium	el acuario
How are you?	¿Cómo está?
arm	el brazo
armchair	el sillón
army	el ejército
around	alrededor

to arrest	arrestar
to arrive	llegar
artist	el artista
as	como
to be ashamed	tener vergüenza, avergonzarse
to ask (for)	preguntar, pedir
astronaut	el astronauta
at	en
to attend (to go)	asistir
August	el agosto
aunt	la tía
auto, car	el automóvil, el coche
autumn	el otoño
avenue	la avenida

B

baby	el bebé
baby carriage	el coche (del bebé)
back	la espalda
to give back	devolver
bad	malo
Too bad!	¡Qué lástima!
bag	la bolsa
baggage	el equipaje
baker	el panadero
bakery	la panadería
ball	la pelota
balloon	el globo
banana	el plátano
bank	el banco
baseball	el béisbol
basement	el sótano
basket	la cesta, el cesto
basketball	el básquetbol
bath	el baño
to take a bath	bañarse
bathroom	el cuarto de baño
sunbath	el baño de sol
bathing suit	el traje de baño

to be	estar, tener, ser
beach	la playa
beak	el pico
bear	el oso
beard	la barba
beast	la bestia, el animal
beautiful	bello, hermoso
because	porque
because of	a causa de
to become	hacerse, volverse
bed	la cama
to go to bed	acostarse
bedroom	la recámara, la alcoba
bee	la abeja
beefsteak	el bistek
roast beef	el rósbif
before	antes
to begin	comenzar, empezar
to behave	portarse
behind	detrás (de)
to believe	creer
bell	la campana
doorbell	el timbre
belt	el cinturón, la faja, el cinto
better	mejor
between	entre
bicycle	la bicicleta
big	grande
bigger	más grande (que)
bill (of money)	el billete
bird	el pájaro
birthday	el cumpleaños, la fiesta
Happy Birthday!	¡Feliz cumpleaños!
to bite	picar (insects), morder
black	negro
blackboard (chalkboard)	la pizarra
blanket	la cobija
blind	ciego
to play blind-man's buff	jugar a la gallina ciega

blond	rubio
blood	la sangre
blow	el golpe
blue	azul
boat	el barco
book	el libro
boot	la bota
to be bored	aburrirse
born	nacido
to be born	nacer
to borrow	prestar
bottle	la botella
boulevard	el bulevar
bowl	el sopero
box	la caja
boy	el muchacho, el chico, el niño
branch	la rama
bread	el pan
to break	romper
breakfast	el desayuno
bridge	el puente
briefcase	el portafolio
to bring	traer
broad	ancho
broom	la escoba
brother	el hermano
brown	color café
brush	el cepillo
hairbrush	el cepillo de pelo
toothbrush	el cepillo de dientes
to brush	cepillar
bucket	la cubeta, el cubo
building	el edificio
burglar (thief)	el ladrón
to burn	quemar
bus	el autobús
busy	ocupado
but	pero
butcher	el carnicero

butcher shop	la carnicería
butter	la mantequilla
button	el botón
to buy	comprar
by	por, en, a través
by air	en avión
by car	en auto
by airmail	por avión

C

cabbage	el repollo, la col
cake	la torta
calendar	el calendario
to call	llamar
to call oneself	llamarse
calm	tranquilo
camera	la cámara
camp	el campo (de vacaciones)
can (to be able to)	poder
candy	el dulce
capital	la capital
car	el automóvil, el coche
by car	en auto
car (on train)	el vagón
card	la tarjeta
postcard	la tarjeta postal
to play cards	jugar a las cartas
carefully	con cuidado
carrot	la zanahoria
to carry	llevar
castle	el castillo
cat	el gato
to catch	agarrar, capturar
ceiling	el cielo raso
celery	el apio
cellar	la bodega, el sótano
certain (sure)	seguro
chair	la silla
chalk	la tiza
to change	cambiar

change	el cambio
cheap	barato
check (in restaurant)	la cuenta
cheerful	alegre
cheese	el queso
cherry	la cereza
chicken	el pollo
child	el niño
children	los niños
chimney	la chimenea
chin	la barba
chocolate	el chocolate
to choose	escoger
church	la iglesia
cigarette	el cigarrillo
circle	el círculo
circus	el circo
city	la ciudad
class	la clase
classrooom	la sala de clase
clean	limpio
to clean	limpiar
clear	claro
clever	listo
to climb	subir
clock	el reloj
to close	cerrar
close to	cerca de
closet	el ropero, el armario
clothes	la ropa
cloud	la nube
clown	el payaso
coat	el abrigo, el sobretodo, el saco
coffee	el café
cold	frío
It is cold	hace frío
cold (illness)	el resfriado
color	el color
to color	colorear, pintar

comb	el peine
to comb	peinarse
to come	venir
comfortable	cómodo
company	la compañía
to complain	quejarse
completely	completamente
to continue	continuar, seguir
to cook	cocinar
cookie	la galletita, la galleta
cool	fresco
to copy	copiar
corn	el maíz
corner	la esquina
correct	correcto
to cost	costar
cotton	el algodón
to cough	toser
to count	contar
country	el país
courageous	valiente
of course	por supuesto
cousin	el primo
covered	cubierto
cow	la vaca
cradle	la cuna
crayon	el lápiz de color
crazy	loco
to cross	cruzar
to cry	llorar
cunning	astuto
cup	la taza
cupboard	el armario
curious	curioso
curtain	la cortina
to cut	cortar
cute	gracioso
cutlet	la chuleta

D

dad, daddy	papá
damp	húmedo
to dance	bailar
dangerous	peligroso
to dare	atreverse
dark	obscuro
darling	precioso
date	la fecha
dear	querido
to deceive	engañar
December	el diciembre
to decorate	decorar
deep	profundo
delicious	delicioso
delighted	encantado
dentist	el dentista
desert	el desierto
desk	el escritorio
dessert	el postre
to detest	detestar
dictionary	el diccionario
different	diferente
difficult	difícil
dining room	el comedor
dinner	la cena, la comida
to direct	dirigir
dirty	sucio
dishes	los platos
displeased	disgustado
distant (far away)	alejado
to do	hacer
doctor	el médico, el doctor
dog	el perro
doll	la muñeca
dollhouse	la casa de muñecas
dollar	el dólar
dominoes	el dominó

donkey	el burro
Don't you think so?	¿Verdad? ¿No?
door	la puerta
doorbell	el timbre
doorknob	la manecilla, la bola
dozen	la docena
to drag	arrastrar
to draw	dibujar
drawer	el cajón
to dream	soñar
dress	el vestido
to dress oneself	vestirse
to drink	beber, tomar
to drive (car)	conducir
driver	el chófer
drugstore	la farmacia
drum	el tambor
dry	seco
duck	el pato
during	durante

E

each	cada
ear	la oreja
early	temprano
to earn	ganar
earth	la tierra
east	el este
easy	fácil
to eat	comer
edge (shore)	la orilla
egg	el huevo
eight	ocho
eighteen	dieciocho
eighty	ochenta
electric	eléctrico
elephant	el elefante
eleven	once
empty	vacío

end	el fin
engineer	el ingeniero
enough	bastante
to enter	entrar
envelope	el sobre
equal	igual
to erase	borrar
eraser	el borrador
error	la falta, el error
especially	especialmente
evening	la noche
every	cada, todos, todas
everybody, everyone	todo el mundo
everywhere	por todas partes
examination	el examen
excellent	excelente
excuse me	dispénseme usted
expensive	caro
to explain	explicar
extraordinary	extraordinario
eye	el ojo

F

face	la cara
factory	la fábrica
fair	la feria
fair	justo
fairy	el hada
fall	el otoño
to fall	caer, caerse
family	la familia
famous	famoso
fan	el ventilador
far	lejos
farm	la granja
farmer	el agricultor
fast	rápido
fat	gordo
father	el padre

favorite	favorito
February	el febrero
to feel	sentir
feet	los pies
ferocious	feroz
fever	la fiebre
field	el campo
fierce	feroz
fifteen	quince
fifty	cincuenta
to fill	llenar
film	la película
finally	por fin
to find	encontrar, hallar
finger	el dedo
to finish	terminar
fire	el fuego
fireman	el bombero
fireplace	la chimenea
fire truck	el camión de bomberos
first	primero
fish	el pez
to go fishing	ir de pesca
fish tank	el acuario
five	cinco
to fix	arreglar
flag	la bandera
flat	plano
floor	el piso, el suelo
ground floor	el piso bajo, la planta baja
flower	la flor
fly	la mosca
to fly	volar
fog	la niebla
to follow	seguir
foot	el pie
feet	los pies
on foot	a pie

for	para, por
to wait for	esperar a
(It is) forbidden	Se prohibe, Prohibido
forest	el bosque
forever	siempre
to forget	olvidar
fork	el tenedor
forty	cuarenta
four	cuatro
fourteen	catorce
fox	la zorra
French	francés
fresh	fresco
Friday	el viernes
friend	el amigo
frightening	espantoso
frog	la rana
from	de
in front of	delante de
fruit	la fruta
full	lleno
funny	gracioso
future	el futuro

G

game	el juego
garage	el garaje
garden	el jardín
gas	el gas
gasoline (gas)	la gasolina
gay (happy)	alegre
gentle	suave, apacible, manso
geography	la geografía
to get	agarrar, conseguir, obtener
to get up	levantarse
giant	el gigante
gift	el regalo
girl	la niña, la muchacha

to give	dar
to give back	devolver
glad	feliz, contento
glass	el vaso
made of glass	hecho de vidrio
glasses	los lentes
glove	el guante
to glue	pegar
to go	ir
to go (to work)	andar
to go back	volver
to go to bed	acostarse
to go down	descender, bajar
to go fishing	ir de pesca
to go out	salir
to go shopping	ir de compras
to go up	subir
goat	el chivo, la chiva
gold	el oro
good	buen
Good afternoon	Buenas tardes
Good-bye	Adiós
Good evening	Buenas tardes
Good luck	Buena suerte
Good morning	Buenos días
Good night	Buenas noches
granddaughter	la nieta
grandfather	el abuelo
grandmother	la abuela
grandson	el nieto
grape	la uva
grapefruit	la toronja
grass	la hierba
grasshopper	el saltamontes
gray	gris
great!	¡Magnífico!
great	gran
green	verde
grocer	el tendero

grocery (store)	la tienda
ground	la tierra
ground floor	el piso bajo
playground	el sitio de recreo
to grow	crecer
to guard	vigilar, proteger, cuidar
to guess	adivinar
guitar	la guitarra
gun	el fusil

H

hair	el cabello, el pelo
hairbrush	el cepillo de pelo
half	la mitad
half hour	la media hora
ham	el jamón
hammer	el martillo
hand	la mano
left hand	la mano izquierda
right hand	la mano derecha
to shake hands	dar la mano
handbag	la bolsa de mano
handkerchief	el pañuelo
handsome	guapo
happy	feliz, contento
Happy birthday!	¡Feliz cumpleaños!
hard	duro
hat	el sombrero
to hate	odiar
to have	tener
to have to	tener que
to have a good time	divertirse
to have a headache	tener dolor de cabeza
to have just	acabar de
hay	el heno, la hierba seca
he	él
head	la cabeza
health	la salud
to hear	oír

heart	el corazón
Hearty appetite!	¡Buen provecho!
heavy	pesado
helicopter	el helicóptero
hello	¡Hola!
help!	¡Socorro!
to help	ayudar
her, to her	le, la, a ella
her	su, sus
here	aquí
to hide	esconder
(to play) hide-and-seek	jugar a las escondidas
high	alto
highway	la carretera
him, to him	le, lo, a él
his	su, sus
history	la historia
to hit	pegar
hole	el agujero
holiday	el día de fiesta
home	la casa
at the home of	en casa de
homework	la tarea, las tareas
(in) honor of	en honor de
to hope	esperar
hoop	el aro
horse	el caballo
hospital	el hospital
hot (It is)	hace calor
hot (to be)	tener calor
hotel	el hotel
hour	la hora
half hour	la media hora
house	la casa
how much, how many	¿cuánto?
humid	húmedo
hundred	cien
one hundred	ciento
(to be) hungry	tener hambre

| hunter | el cazador |
| Hurray! | ¡Bravo! ¡Olé! |

I

I	yo
ice	el hielo
ice cream	el helado, la nieve
ice skate	el patín de hielo
to ice skate	patinar en el hielo
idea	la idea
if	si
immediately	inmediatamente, en seguida
important	importante
impossible	imposible
in	en
inexpensively	barato
insect	el insecto
intelligent	inteligente
intentionally	adrede
interesting	interesante
into	en
to introduce	presentar
to invite	invitar
iron (metal)	el hierro
to iron	planchar
is	Él es, Ella es, Uno es…
is located	se encuentra
island	la isla
it	lo, la
its	su

J

jacket	la chaqueta, el saco
jam	la conserva
January	el enero
jewel (jewelry)	la joya
jewelry shop	la joyería
juice	el jugo
orange juice	el jugo de naranja

July	el julio
to jump	brincar, saltar
to jump rope	brincar la cuerda
June	el junio

K

kangaroo	el canguro
to keep	guardar
key	la llave
to kick	dar patadas
to kill	matar
kilometer	el kilómetro
kind	bondadoso, generoso
What kind of?	¿Qué clase de…?
	¿Qué tipo de…?
king	el rey
kiss	el beso
kitchen	la cocina
kite	el papalote
kitten	el gatito
knee	la rodilla
knife	el cuchillo
to knit	tejer
to knock	tocar
to know	saber, conocer
to know how to	saber

L

lake	el lago
lamb chop	la chuleta de ternera
lamp	la lámpara
large	grande
last	último
last one	el último
late	tarde
later	más tarde
to laugh	reír
lawyer	el abogado
lazy	perezoso

to lead	dirigir
leader	el jefe
leaf	la hoja
to leap	saltar
leapfrog (to play)	jugar a "salta la burra"
to learn	aprender
leather	el cuero
to leave	irse, salir, partir
to leave something	dejar
left	izquierda
leg	la pierna
lemon	el limón
to lend	prestar
leopard	el leopardo
less	menos
lesson	la lección
Let's (let us)	Vamos a
letter	la carta
lettuce	la lechuga
library	la biblioteca
lie	la mentira
light	la luz
light	claro
lightning	el relámpago
to like	gustar
liner (ocean)	el transatlántico, el trasatlántico
lion	el león
lip	el labio
to listen	escuchar
little	pequeño
(a) little	un poco, un poquito
to live	vivir
living room	la sala
lollipop	el caramelo
no longer	ya no
to look (at)	mirar
to look after (to watch over)	cuidar de
to look for	buscar
to lose	perder

a lot	mucho
loud	fuerte
in a loud voice	en voz alta
loudly	fuerte
to love	amar, querer
love	el amor
low	bajo
in a low voice	en voz baja
to lower	bajar
luck	la suerte
Good luck!	¡Buena suerte!
to be lucky	tener suerte
luggage	el equipaje
lunch	el almuerzo
lunchtime	la hora del almuerzo

M

machine	la máquina
washing machine	la máquina de lavar
mad	loco
made of	de, hecho de
maid	la sirvienta, la criada
to mail (a letter)	echar una carta
mailbox	el buzón
mailman	el cartero
to make	hacer
man	el hombre
many	muchos
how many	¿Cuántos?
so many	tantos
too many	demasiado
map	el mapa
marble	la canica
March	el marzo
mark (in school)	la nota
market	el mercado
to marry	casarse
marvelous!	¡maravilloso!
match	el cerillo

378

no matter!	No importa
What's the matter?	¿Qué pasa?
May	el mayo
maybe	quizás
May I?	¿Yo puedo? ¿Puedo yo?
me, to me	me, a mí
meal	la comida
to mean	querer decir
meat	la carne
mechanic	el mecánico
medicine	la medicina
to meet	encontrar
member	el socio
menu	el menú, la carta
merry-go-round	el tiovivo
in the middle of	en medio de
midnight	la medianoche
mile	la milla
rnilk	la leche
million	el millón
minute	el minuto
mirror	el espejo
Miss, Ms.	la señorita
mistake	la falta, el error
to mix	mezclar
moist	húmedo
moment	el momento
Monday	el lunes
money	el dinero
monkey	el mono
month	el mes
moon	la luna
more	más
morning	la mañana
mosquito	el zancudo, el mosquito
mother	la madre
mother, mom	mamá, mamacita
mountain	la montaña
mouse	el ratón

mouth	la boca
to move	mover
movie	la película
movies	el cine
Mr. (Mister)	el señor
much	mucho
how much (many)?	¿Cuánto?
so much (many)	tanto
too much (many)	demasiado
mud	el lodo
museum	el museo
music	la música
musician	el músico
(one) must, (you) must	hay que
my	mi, mis
myself	me, mismo

N

nail	la uña
nail (metal)	el clavo
name	el nombre
napkin	la servilleta
narrow	estrecho
nation	la nación
national	nacional
naughty	desobediente, pícaro
near	cerca de
(It is) necessary	hay que
neck	el cuello
to need	necesitar
needle	la aguja
neighbor	el vecino
nephew	el sobrino
nest	el nido
never	nunca, jamás
new	nuevo
New Year's Day	el Día de Año Nuevo
newspaper	el periódico
next	próximo

next to (at the side of)	al lado de, próximo a
nice	agradable
niece	la sobrina
night	la noche
nine	nueve
nineteen	diecinueve
ninety	noventa
no	no
No admission	Prohibido entrar, No entrar, No hay entrada
No smoking	Prohibido fumar, No fumar
no longer	ya no
noise	el ruido
none	nada
noon	el mediodía
north	el norte
nose	la nariz
not	no
note (musical)	la nota
notebook	el cuaderno
nothing	nada
November	el noviembre
now	ahora
number	el número
nurse	la enfermera
nylon	el nylón

O

to obey	obedecer
occupied (busy)	ocupado
ocean	el océano
October	el octubre
odd	raro
of	de
(a day) off	un día libre
office	la oficina
often	con frecuencia, a menudo, frecuentemente
oil	el aceite

O.K., all right	de acuerdo
old	viejo
on	en, encima de, sobre
once again	una vez más
one	un
the one(s) who (that)	el que, la que, el de, la de
onion	la cebolla
only	único, solo
only (adv.)	sólo, solamente
open	abierto
to open	abrir
or	o
orange	la naranja
orange juice	el jugo de naranja
orange	anaranjado
to order	mandar, ordenar
(in) order (to)	para
other, another	otro
other	el otro
our	nuestro
out of	de, por
to go out	salir
outside	afuera
over there	allá
to overturn	volver al revés, volcar
owl	el tecolote, la lechuza, el buho
own	propio

P

package	el paquete
page	la página
pail	la cubeta, el cubo
pain	dolor
to paint	pintar
pair	el par
pajamas	las pijamas
palace	el palacio
pants	los pantalónes
paper	el papel

parachute	el paracaídas
parade	el desfile
parakeet	el perico
pardon me	¡perdóneme!
parents	los padres
park	el parque
parrot	el perico, el loro
part (in theater)	el papel
party	la fiesta
to pass	pasar
to paste	pegar
path	la senda
paw	la pata
to pay (for)	pagar
Pay attention!	¡Ponga atención!
	¡Presta atención!
peach	el durazno
peanut	el cacahuete
pear	la pera
peas	los chícharos
pen	la pluma
pencil	el lápiz
people	la gente
perhaps	quizás
permission	el permiso
pet	el animal consentido, el animal mimado
pharmacy	la farmacia
phonograph	el fonógrafo, el tocadiscos
photograph	la fotografía
piano	el piano
to pick	escoger, recoger
picnic	un paseo (en el campo)
picture	el cuadro, el retrato
pie	el pastel
apple pie	el pastel de manzana
piece	el pedazo
pig	el cochino
piggy bank	la alcancía

pillow	la almohada
pilot (airplane)	el piloto (de avión)
pin	el prendedor
pink	color de rosa, rosado
place (at table)	el lugar
planet	el planeta
plant	la planta
plate	el plato
to play	jugar
to play a game	jugar a
to play a musical instrument	tocar
playground	el patio de recreo
pleasant	agradable, simpático
please	por favor
pleasure	el placer
pocket	el bolsillo, la bolsa
policeman	el policía, el gendarme
polite	cortés
pool	la alberca, la piscina
poor	pobre
postcard	la tarjeta postal
post office	el correo
potato	la papa, la patata
to pour	servir, vaciar
to prefer	preferir
present	el regalo
present	presente
president	el presidente
pretty	bonito
prince	el príncipe
princess	la princesa
to promise	prometer
to pull	estirar
pumpkin	la calabaza
to punish	castigar
pupil	el alumno
puppy	el perrito
purple	color violeta, morado

on purpose	adrede
to push	empujar
to put	poner
to put on	ponerse

Q

quarrel	la riña, el pleito
quart	el cuarto
quarter	el cuarto
queen	la reina
question	la pregunta
quick, quickly	rápido, pronto
quiet	quieto, tranquilo, callado
to be quiet	callarse

R

rabbit	el conejo
radio	el radio
railroad	el ferrocarril
rainbow	el arco iris
raincoat	el impermeable
(It is) raining	Llueve
to raise	levantar
rapid (fast)	rápido
rat	la rata
to read	leer
ready	listo
to receive	recibir
record	el disco
red	rojo, colorado
refrigerator	el refrigerador
to remain	quedarse
to remember	recordar, acordarse
to remove	quitar
to repair	arreglar
to repeat	repetir
to reply	responder
to rescue	salvar

385

to rest	descansar
restaurant	el restaurante
to return	volver, regresar, devolver
ribbon	la cinta
rice	el arroz
rich	rico
to ride	pasear, montar, andar
to ride in a car	pasear, andar
to ride a bicycle	andar, montar
to ride a horse	andar, montar
right	derecho
at the right	a la derecha
right away	en seguida
to be right	tener razón
ring	el anillo, la sortija
to ring	sonar
ripe	maduro
river	el río
road	el camino
roast beef	el rosbif
to rob	robar
rock	la piedra
to roll	enrollar
roll (bread)	el panecillo
roof	el techo
room	el cuarto, la sala
bathroom	el cuarto de baño
dining room	el comedor
living room	la sala
rooster	el gallo
rope	la cuerda
to jump rope	brincar la cuerda
round	redondo
row	la fila
rubber	el hule
rug	la alfombra, el tapete
rule, ruler	la regla
to run	correr

S

sack	el costal, el saco
sad	triste
safe and sound	sano y salvo
salad	la ensalada
salesman (salesperson)	el vendedor
saleswoman	la vendedora
salt	la sal
same	mismo
sand	la arena
sandwich	el sándwich
Saturday	el sábado
saucer	el platito
to save	ahorrar, salvar, guardar
to say	decir
school	la escuela
science	la ciencia
scientist	el hombre de ciencia, el científico
scissors	las tijeras
to scold	regañar
to scream (shout)	gritar
sea	el mar
season	la estación
seat	el asiento
seated	sentado
second	segundo
secret	el secreto
secretary	la secretaria
to see	ver
to see again	volver a ver
see you soon	hasta pronto
see you later	hasta luego
seesaw	el vaivén, el sube y baja
to sell	vender
to send	enviar
sentence	la oración, la frase
September	el septiembre

serious	serio
to serve	servir
to set (sun)	ponerse, meterse
to set (the table)	poner la mesa
setting (at table)	el lugar
seven	siete
seventeen	diecisiete
seventy	setenta
several	varios
to sew	coser
sewing needle	la aguja para coser
shadow	la sombra
to shake	sacudir, mover
to shake hands	dar la mano
to share	compartir
she	ella
sheep	la oveja
shell	la concha
ship	el buque
shirt	la camisa
shoe	el zapato
to shop, to go shopping	ir de compras
shop	la tienda
shore	la orilla
short	corto
shoulder	el hombro
to shout	gritar
shovel	la pala
to show	mostrar, enseñar
shower	la regadera, el baño de ducha
sick	enfermo, malo
sidewalk	la acera
silent	quieto
silly	tonto
silver	la plata
similar	igual
to sing	cantar
sister	la hermana
to sit (down)	sentarse

six	seis
sixteen	dieciséis
sixty	sesenta
size	el tamaño
skate	el patín
to skate	patinar
ice skate	el patín de hielo
skin	la piel
skirt	la falda
sky	el cielo
skyscraper	el rascacielos
sled	el trineo
to sleep	dormir
to be sleepy	tener sueño
to slide, to slip	resbalar
slowly	despacio
small	pequeño
to smell	oler
to smile	sonreír
to smoke	fumar
no smoking	no fumar
snack	la merienda
snake	la culebra, la víbora
to sneeze	estornudar
to snow	nevar
snow	la nieve
snowman	el hombre de nieve
so	tan
so much, so many	tanto
soap	el jabón
soccer	el fútbol
sock	el calcetín
soda	el refresco, la soda
sofa	el sofá
soft	suave, blando
softly	suave, suavemente
soldier	el soldado
somebody, someone	alguien
something	alguna cosa, algo

ENGLISH-SPANISH WORD FINDER LIST

sometimes	algunas veces
son	el hijo
song	la canción
soon	pronto
see you soon	hasta pronto
sore (to have a…)	tener dolor de
soup	la sopa
south	el sur
to speak	hablar
to spend (time)	pasar
to spend (money)	gastar dinero
spider	la araña
to spill	volcar
spinach	las espinacas
spoon	la cuchara
sport	el deporte
spot (stain)	la mancha
spotted	manchado
spring	la primavera
square	cuadrado
staircase, stairs	la escalera
stamp (postage)	el timbre, el sello
to stand	levantarse
standing	de pie
star	la estrella
state	el estado
station	la estación
to stay	quedarse
to steal	robar
step	el escalón
stick	el palo
still	todavía
to sting	picar
stocking	la media
stomach	el estómago
stone	la piedra
to stop	detener, parar
store (shop)	la tienda
storm	la tormenta

story	el cuento, la historia
stove	la estufa
strange	raro, extraño
stranger	el extraño
strawberry	la fresa
street	la calle
street cleaner	el limpiador de calles
string	el cordón
string beans	los ejotes
strong	fuerte
student	el estudiante
to study	estudiar
stupid	estúpido
subway	el metro
to succeed	tener éxito, lograr
suddenly	de repente
sugar	el azúcar
suit	el traje
bathing suit	el traje de baño
suitcase (valise)	la maleta
summer	el verano
summer vacation	las vacaciones de verano
sun	el sol
sunbath	el baño de sol
the sun is shining, it is sunny	hace sol
sure	seguro
surprise	la sorpresa
surprising	sorprendente
sweater	el suéter
sweet	dulce
to swim	nadar
swimming pool	la piscina, la alberca
swing	el columpio
switch	el enchufe

T

table	la mesa
tablecloth	el mantel

to set the table	poner la mesa
tail	el rabo, la cola
tailor	el sastre
to take	llevar
to take food	tomar
to take a bath	bañarse
to take off	quitar
to take a trip	hacer un viaje
to take a walk	dar un paseo
tale	el cuento
to talk	hablar
tall	grande, alto
tape recorder	la grabadora
taxi	el taxi
tea	el té
to teach	enseñar
teacher	el maestro, el profesor
team	el equipo
tear	la lágrima
telephone	el teléfono
television	la televisión
television antenna	la antena de televisión
television set	el televisor
to tell	contar
ten	diez
tent	la tienda
test	el examen, la prueba
thank you, thanks	gracias
that (*See* which)	
that	eso
That's too bad	¡Qué lástima!
the	el, la, los, las
theater	el teatro
their	su, sus
them	los, las
to them	les, a ellos, a ellas
then	entonces
there	allí
over there	allá

there is, there are	hay
they	ellos, ellas
thick	grueso
thief	el ladrón
thin	delgado
thing	la cosa
to think	pensar
to be thirsty	tener sed
thirteen	trece
thirty	treinta
this (these, plural)	este, estos
this (one)	éste
thousand	mil
three	tres
throat	la garganta
through	por, a través de
to throw	tirar, lanzar
thunder	el trueno
Thursday	el jueves
ticket	el boleto, el billete
tiger	el tigre
tight	apretado
time	la vez
time (o'clock)	la hora
to have a good time	divertirse
What time is it?	¿Qué hora es?
tip	la propina
tired	cansado
to	a
toast	el pan tostado
today	hoy
toe	el dedo (del pie)
together	juntos
tomato	el tomate
tomorrow	mañana
tongue	la lengua
too bad!	¡Qué lástima!
too much	demasiado
too many	demasiados

tooth, teeth	el diente, los dientes
to have a toothache	tener dolor de muelas
toothbrush	el cepillo de dientes
toothpaste	la pasta de dientes
top	el trompo
to touch	tocar
toward	hacia
towel	la toalla
tower	la torre
toy	el juguete
traffic	la circulación, el tráfico
train	el tren
to travel	viajar
to take a trip	hacer un viaje
traveler	el viajero
tree	el árbol
(to take a) trip	viajar
truck	el camión
fire truck	el camión de bomberos
true	la verdad
Isn't that true?	¿No es verdad? ¿No? ¿Verdad?
trunk	el baúl
to try	tratar de
Tuesday	el martes
turkey	el pavo, el guajolote
turn	el turno
to turn	doblar, voltear
to turn off	apagar
turtle	la tortuga
twelve	doce
twenty	veinte
twice	dos veces
two	dos
type of	tipo de
typist	el mecanógrafo, la mecanógrafa
typewriter	la máquina de escribir
electric typewriter	la máquina de escribir eléctrica

U

ugly	feo
umbrella	el paraguas
uncle	el tío
my uncle's house	la casa de mi tío
under	debajo de
to understand	comprender, entender
unhappy	infeliz, triste
united	unido
United Nations	las Naciones Unidas
university	la universidad
until	hasta
unusual	extraordinario
upstairs	arriba
us, to us	nos, a nosotros
to use	usar, utilizar
useful	útil

V

vacation	las vacaciones
to vaccinate	vacunar
vacuum cleaner	la aspiradora
valise (*See* suitcase)	la maleta
valley	el valle
vanilla	la vainilla
vegetable	la legumbre, la verdura, el vegetal
very	muy
village	el pueblo
violet	color violeta
violin	el violín
to visit	visitar
voice	la voz
loud, in a	en voz alta, fuerte
in a low voice	en voz baja

W

to wag	mover
waist	la cintura

to wait for	esperar
waiter	el mesero, el mozo
waitress	la mesera, la moza
to wake up	despertar
to walk (to take a walk)	andar, pasear, dar un paseo
wall	la pared
to want	querer, desear
war	la guerra
warm	caliente
to be warm	tener calor
It is warm (weather)	Hace calor
to wash (oneself)	lavarse
to wash	lavar
washing machine	la máquina de lavar
watch	el reloj
to watch	mirar
to watch over	cuidar de
water	el agua
watermelon	la sandía
wave	la ola
we	nosotros
weak	débil
to wear	llevar
weather	el tiempo
Wednesday	el miércoles
week	la semana
to weep	llorar
welcome (you're)	de nada, ¡No hay de que!
well	bien
Well!	¡Oye! ¡Pues!
to behave well	portarse bien
Well done!	¡Bravo! ¡Olé!
west	el oeste
wet	mojado
what?	¿Cómo?
What's the matter? (See matter)	¿Que pasa?
wheat	el trigo
wheel	la rueda

when?	¿cuándo?
where?	¿dónde?
whether (See if)	si
which (See that)	
which?	¿cuál? ¿cuáles?
(in a little) while	en un ratito
to whistle	silbar
white	blanco
who?	¿quién? ¿quiénes?
whole	entero, todo el…
why?	¿por qué?
wide	ancho
wife	la esposa, la mujer
wild	feroz, salvaje
to win	ganar
wind	el viento
window	la ventana
store window	la vitrina, el aparador
wine	el vino
wing	el ala
winter	el invierno
wise	sabio
wish	el deseo
to wish	querer, desear
with	con
without	sin
wolf	el lobo
woman, women	la mujer, las mujeres
wonderful	maravilloso, extraordinario
wood	la madera
woods	el bosque
wool	la lana
word	la palabra
work	el trabajo
to work	trabajar
to work (machine)	andar, funcionar
world	el mundo
worm	el gusano
I would like	me gustaría

to write	escribir
(to be) wrong	no tener razón, estar mal, estar equivocado

Y

year	el año
yellow	amarillo
yes	sí
yesterday	ayer
you	usted, tú, ustedes
to you	a usted, a ti, le, te, les
young	joven
your	su, sus, tu, tus

Z

zebra	la cebra
zero	el cero
zoo	el jardín zoológico, el zoológico

DAYS OF THE WEEK
Los días de la semana

English Inglés	Español Spanish
Monday	lunes
Tuesday	martes
Wednesday	miércoles
Thursday	jueves
Friday	viernes
Saturday	sábado
Sunday	domingo

MONTHS OF THE YEAR
Los meses del año

English Inglés	Español Spanish
January	enero
February	febrero
March	marzo
April	abril
May	mayo
June	junio
July	julio
August	agosto
September	septiembre
October	octubre
November	noviembre
December	diciembre

PERSONAL NAMES
Los Nombres

BOYS
LOS MUCHACHOS

English Inglés	Español Spanish
Albert	Alberto
Andrew	Andrés
Anthony	Antonio
Arthur	Arturo
Charles	Carlos
Christopher	Cristóbal
Dominic	Domingo
Edward	Eduardo
Frederick	Federico
Frank	Francisco, Paco
George	Jorge
Henry	Enrique
James	Jaime, Diego
John	Juan
Joseph	José, Pepe
Julius	Julio
Louis	Luis
Mark	Marcos
Michael	Miguel
Paul	Pablo
Philip	Felipe
Peter	Pedro
Richard	Ricardo
Steven	Esteban
William	Guillermo

GIRLS
LAS MUCHACHAS

English Inglés	Spanish Español
Adele	Adela
Amy	Amata
Ann	Ana
Beatrice	Beatriz
Beth	Isabel
Charlotte	Carlota
Dolores	Dolores, Lola
Dorothy	Dorotea
Helen, Ellen	Elena
Frances	Francisca
Jane, Jean, Joan	Juana
Jacqueline, Janet	Juanita
Louise	Luisa
Mary	María
Pearl	Perla
Rita	Rita
Rosalyn	Rosita, Rosalinda
Susan	Susana
Sylvia	Silvia

NUMBERS 1-100
Números 1-100

English Inglés	Spanish Español
one	uno
two	dos
three	tres
four	cuatro
five	cinco
six	seis
seven	siete

English Inglés	Español Spanish
eight	ocho
nine	nueve
ten	diez
eleven	once
twelve	doce
thirteen	trece
fourteen	catorce
fifteen	quince
sixteen	dieciséis
seventeen	diecisiete
eighteen	dieciocho
nineteen	diecinueve
twenty	veinte
twenty-one	veintiuno
twenty-two	veintidós
twenty-three	veintitrés
twenty-four	veinticuatro
twenty-five	veinticinco
twenty-six	veintiséis
twenty-seven	veintisiete
twenty-eight	veintiocho
twenty-nine	veintinueve
thirty	treinta
forty	cuarenta
fifty	cincuenta
sixty	sesenta
seventy	setenta
eighty	ochenta
ninety	noventa
one hundred	ciento (cien)

WEIGHTS AND MEASURES*
Peso y Medidas

English Inglés	Español Spanish
0.39 inches	1 centímetro
0.62 miles	1 kilómetro
6.21 miles	10 kilómetros
0.035 ounces	1 gramo
2.20 pounds	1 kilogramo
1 inch	2.54 centímetros
1 foot	30.5 centímetros
1 yard	91.4 centímetros
1 mile	1.61 kilómetros
1 ounce	28.3 gramos
1 pound	453.6 gramos

*Approximately (aproximadamente)

PARTS OF SPEECH
Palabras Gramaticales

English Inglés	Español Spanish
adjective	el adjetivo
article	el artículo
adverb	el adverbio
conjunction	la conjunción
idiomatic expression	la expresión idiomática
interjection	la interjección
noun, feminine (fem.)	el nombre (femenino)
noun, masculine (masc.)	el nombre (masculino)
preposition	la preposición
pronoun	el pronombre
verb	el verbo
verb form	la forma de verbo

SPANISH VERB SUPPLEMENT
Los Verbos

REGULAR VERBS, PRESENT TENSE

Cantar

Yo canto	Nosotros cantamos
Tú cantas	(Vosotros cantáis)
Él, Ella, Usted canta	Ellos, Ellas, Ustedes cantan

Comer

Yo como	Nosotros comemos
Tú comes	(Vosotros coméis)
Él, Ella, Usted come	Ellos, Ellas, Ustedes comen

Vivir

Yo vivo	Nosotros vivimos
Tú vives	(Vosotros vivís)
Él, Ella, Usted vive	Ellos, Ellas, Ustedes viven

IRREGULAR VERBS, PRESENT TENSE

Hacer

Yo hago	Nosotros hacemos
Tú haces	(Vosotros hacéis)
Él, Ella, Usted hace	Ellos, Ellas, Ustedes hacen

Saber

Yo sé	Nosotros sabemos
Tú sabes	(Vosotros sabéis)
Él, Ella, Usted sabe	Ellos, Ellas, Ustedes saben

Ir

Yo voy	Nosotros vamos
Tú vas	(Vosotros vais)
Él, Ella, Usted va	Ellos, Ellas, Ustedes van

Tener

Yo tengo	Nosotros tenemos
Tú tienes	(Vosotros tenéis)
Él, Ella, Usted tiene	Ellos, Ellas, Ustedes tienen

Ser

Yo soy	Nosotros somos
Tú eres	(Vosotros sois)
Él, Ella, Usted es	Ellos, Ellas, Ustedes son

Estar

Yo estoy	Nosotros estamos
Tú estás	(Vosotros e____)
Él, Ella, Usted está	Ellos, Ellas, ____ están